高职高专旅游管理专业规划教材

客源国（地区）概况

第2版

主　编　周凤杰　舒惠芳　宝　胜

参　编　曲玉镜　陈淑媛

机械工业出版社

本教材选取来华旅游人次稳定居于前列的17个国家，作为主要客源国加以阐述。中国港、澳、台地区游客目前是我国入境主要客流，作为主要客源地区加以阐述。

本教材内容包括绪论和客源国（地区）概况四章。绪论部分主要阐述中国海外客源分析、海外客源市场开发前景探讨、世界旅游业和旅游组织简介、世界六大旅游区划分、中国重要旅游组织等内容。各客源国（地区）部分主要介绍了各国（地区）自然环境特征、人文环境特征、名城与名胜古迹。其中自然环境特征主要包括位置、地形、气候、河湖、资源等内容；人文环境特征主要包括人口、民族、宗教等简况，发展简史，政治和经济状况，文化、习俗等内容。本书简明扼要，既涉及广泛，又突出重点。

本教材最适合于高职旅游专业师生使用，也适用于高等学校本、专科及各类旅游专业培训。

为方便教学，本书配备电子课件等教学资源。凡选用本书作为教材的教师均可登录机械工业出版社教材服务网 www.cmpedu.com 免费下载。如有问题请致信 cmpgaozhi@sina.com，或致电 010-88379375 联系营销人员。

图书在版编目（CIP）数据

客源国（地区）概况/周凤杰，舒惠芳，宝胜主编. —2版. —北京：机械工业出版社，2009.1（2019.7重印）
高职高专旅游管理专业规划教材
ISBN 978-7-111-13131-1

Ⅰ. 客… Ⅱ. ①周… ②舒… ③宝… Ⅲ. 旅游客源—概况—世界—高等学校：技术学校—教材 Ⅳ. F591

中国版本图书馆CIP数据核字（2008）第153430号

机械工业出版社（北京市百万庄大街22号 邮政编码100037）
策划编辑：徐春涛 责任编辑：徐春涛
封面设计：马精明 责任印制：常天培

北京九州迅驰传媒文化有限公司印刷

2019年7月第2版·第11次印刷
169mm×239mm·17.25印张·312字
30 301—31 300册
标准书号：ISBN 978-7-111-13131-1
定价：34.90元

电话服务
客服电话：010-88361066
010-88379833
010-68326294

网络服务
机 工 官 网：www.cmpbook.com
机 工 官 博：weibo.com/cmp1952
金 书 网：www.golden-book.com
机工教育服务网：www.cmpedu.com

高职高专旅游管理专业
规划教材编审委员会

第2版前言

《客源国（地区）概况》的出版，得到了很多教学同行的认可和支持，也受到学生们的欢迎，在此对广大读者、使用者表示感谢。

随着时间的推移，本教材使用的一些观点和数据、材料渐渐落后于现实的发展，为了保持本教材的质量，保证其在教学使用过程中的效果，作者采用最新数据、材料和观点，对本教材进行认真修订。

在修订过程中，本教材使用、参考了部分专家、学者的书籍资料以及一些网络材料，在此一并表示感谢。

希望各位读者对本书给予一如既往的关注与支持，并诚恳希望提出宝贵意见！

为了推行和贯彻国家法定计量单位，本书均采用国家法定的计量单位，具体如下：

米用 m，厘米用 cm，毫米用 mm，千米（公里）用 km，英尺用 ft（非法定计量单位）；

小时用 h，分钟用 min；

度（电量单位）用 kW·h，千瓦（功率单位）用 kW，兆瓦用 MW；

吨（重量单位）用 t。

编　者

目　录

绪　论

内容提要　本部分主要阐述了我国海外客源市场构成及开发前景、世界旅游业发展趋势特点、世界旅游区划分、各种旅游组织等内容，同时还介绍了本教材的内容体系及学习方法等。

关键词语　国际旅游、国内旅游、入境旅游、海外客源市场、世界旅游区划、世界旅游组织、太平洋亚洲旅游协会、国家旅游局、世界五大文化圈

一、我国海外客源分析

随着世界经济的发展和各国人民生活水平的提高，旅游越来越成为人们日常生活的一个重要组成部分，旅游业也因此得到极大的发展，成为世界经济中重要的支柱产业。

旅游活动按地理范围，分为国际旅游和国内旅游。国际旅游是指跨越国界的旅游活动，分为入境旅游和出境旅游，前者是外国居民到本国的旅游活动，后者是本国居民到他国的旅游活动。国内旅游是指人们在居住国范围内的旅游活动。世界各国都极为重视入境旅游的发展，积极扩大本国的海外客源市场。因为入境旅游可以增加外汇收入，用于补偿外贸逆差，有助于平衡其国际收支，同时还可增加本国就业机会，增加政府税收等。

（一）我国的入境旅游

改革开放30年以来，我国的旅游业有了高速的发展。以入境旅游为起点，在较短的时间内，就走出了由入境旅游——入境旅游和国内旅游并重——入境旅游、国内旅游、出境旅游三足鼎立的发展道路。我国目前存在着三种旅游客流，流量最大的是国内旅游客流，其次是入境旅游客流，第三是出境旅游客流。据统计，2005年，我国国内旅游者达到12.12亿人次，接待入境旅游者为1.20亿人次，二者之比为10:1，与世界平均水平10:1相当；国内旅游收入与入境旅游收入之比接近3:1，与世界平均水平3:1～4:1相差不多。从这里我们可以看出，入境旅游在我国旅游业发展中已经占有举足轻重的地位。

不仅如此，在国际上，我国入境旅游人数和旅游外汇收入的增长速度远远超过世界平均增长速度。从1980年到2005年的25年间，世界各地区接待国

际游客数由28 484.1万人次，增加到8.08亿人次，增长了2.8倍；国际旅游收入由1 023.63亿美元，上升到6 800亿美元，增长了6.64倍。而同期我国接待入境旅游人数由570.25万人次增加到1.2亿人次，增长了21倍；旅游收入从2.63亿美元提高到293亿美元，增长了111倍。1980年，我国接待入境旅游者人数在世界排名第十八位，旅游外汇收入在世界排名第三十四位。到2005年，我国接待入境旅游者人数在世界排名第四，旅游外汇收入世界排名第六。

（二）我国海外客源市场构成

1. 人员构成

中国海外客源市场由两部分构成：一部分是外国人，约占旅游入境总数的16.8%；另一部分是港、澳、台同胞，约占来华旅游入境总数的83.2%。见下表。

2005年中国接待入境旅游人数及其比重

	人次/万	比重（%）
入境总人次	12 029.2	100
外国人	2 025.5	16.8
香港同胞	7 019.4	58.4
澳门同胞	2 573.4	21.4
台湾同胞	410.9	3.4

从上表中，我们可以看出，作为入境旅游者，港、澳、台同胞合计占83.2%，是我国入境客源市场的主体。实际上，港、澳、台同胞是大陆人民的骨肉同胞，不同于外国人，但由于历史原因和现实情况，对他们的旅游接待与其他国际旅游者有很多相似之处，因此依然把他们作为入境旅游者。从建国以来，港、澳同胞一直占我国入境旅游的最主要成分。1988年以后，由于海峡两岸关系的发展，台湾同胞来大陆人次大增，成为入境客源市场的又一重要组成部分。

2. 地域构成

按大洲来说，因为我国是亚洲国家，国际旅游长期以来又以区域内近距离旅游为主，因此在外国旅游者中，来自亚洲的人次最多；欧洲因为经济发达，出游人数较多，在中国海外客源市场中较为重要，居第二位；美洲经济发展不平衡，来华旅游者中以北美旅游者居多，居第三位；人口数很少的大洋洲和经济不发达的非洲，占我国入境旅游者的比重很小。

按国家来说，长久以来，日本一直是我国最主要的客源国。自1978年以来，无论是来华旅游的人次上，还是在旅游消费总额上，日本人在来华旅游的外国人中，始终都高居前列。韩国、俄罗斯和美国，以及东南亚国家都是我国较为稳定的客源地。尤其是韩国，目前已经超过日本成为我国第一大客源国。下表以 2005 年为例，说明目前我国主要客源市场情况。

2005 年我国接待入境外国旅游人数及名次

国　　家	来华旅游人次/万	名　　次
韩国	354.5	1
日本	339.0	2
俄罗斯	222.4	3
美国	155.5	4
马来西亚	90.0	5
新加坡	75.6	6
菲律宾	65.4	7
蒙古	64.2	8
泰国	58.6	9
英国	50.0	10
澳大利亚	48.3	11
德国	45.5	12
加拿大	43.0	13
印度尼西亚	37.8	14
法国	37.2	15

注：本表系前 15 位国家排列次序。

（三）我国海外客源市场开发前景

随着我国国民经济的高速发展，物质文明建设和精神文明建设的进一步加强，中国的海外客源市场将得到进一步拓展。据世界旅游组织预测，到 2020 年，中国将接待入境游客 1.37 亿人次，占世界旅游市场份额的 8.6%，位居世界第一位；而据中国国家旅游局预测，这一数据还不仅如此。到 2020 年，中国入境旅游人数将达到 2.1 亿～3 亿人次，国际旅游外汇收入将达到 580 亿～820 亿美元。

1．港、澳、台同胞占据主体

随着香港、澳门的相继回归，港、澳同胞回祖国大陆观光、旅游、探亲、休假的人数越来越多，有许多游客多次到大陆旅游。据统计，港、澳同胞 4 次以上的入境旅游者的比重远远高于首次旅游者，这是和外国旅游者的入境旅游不一样的地方之一。今后相当长的一段时期内，港、澳同胞仍将占据我国入境旅游者的最主要成分。随着海峡两岸关系的进一步发展，目前已经在厦门和金门之间实现了直接往来，这对台湾同胞到祖国大陆旅游无疑是具有十分重要意义的。随着两岸关系的进一步改善，两岸直接往来的真正实现，台湾客源市场必将提高到一个新水平。

2．亚太地区客源市场将稳中有升

东亚市场，2005年，韩国已取代日本，成为中国入境旅游第一大客源国。但是，日本仍将占据来华旅游最重要客源国之一的地位。这不仅因为中日之间距离较近，更重要的是中日文化的渊源关系，以及中日之间的历史往来，使古老的中国对今日的日本国民有着强大的吸引力。近年来在韩国入境人数强势增长的同时，蒙古以及中亚国家的出入境人数也大幅度增长，是我国海外旅游市场重要的国家和地区。在东南亚市场，很多国家因为华人数量较大，历来在传统文化等方面与中国有着密切联系。随着东南亚地区局势的稳定和经济的进一步发展，新加坡、菲律宾、泰国、马来西亚和印度尼西亚等国的客源市场将进一步增长，文莱市场的大门也将打开。越南由于地缘条件便利，加上其国内改革开放和经济的发展，将成为中国海外的又一个新兴市场。大洋洲市场也将稳定增长。

3．欧洲市场进一步拓展

作为一个地跨欧、亚两大洲的国家俄罗斯，一直是中国客源市场中较稳定的前几位国家之一。历年来，如西欧的英、法等国，中欧的德国也居来华旅游者的前列。由于中国和欧洲各国经济合作的扩大和进一步加强，今后欧洲客源市场将进一步拓展，不仅向西欧的比利时、荷兰等国扩展，中欧的瑞士、奥地利等国，更重要的是向南欧和北欧扩展。如南欧的希腊、意大利、西班牙、葡萄牙等国，北欧的挪威、丹麦、瑞典等国，不仅会成为中国人出游的目的地，也会成为中国旅游重要的海外客源国。

4．美洲市场具有巨大潜力

在美洲市场上，美国将仍然是中国的一个重点海外客源市场，加拿大市场也会有较大的增长。南美洲目前在我国海外市场中，基本上还是一个空白，具有十分巨大的潜力。随着中国和南美洲新航线的开通，这里将会成为中国一个新的客源地。

5．非洲市场仍属薄弱环节

非洲历来是我国国际客源市场中的薄弱环节，这一方面固然是因为非洲距离中国较为遥远，同时也与非洲本身的经济发展缓慢有关。非洲只有少数国家如埃及、南非等经济较为发达，具有出国旅游条件的人数比例较高。但因非洲是世界第二大洲（面积居世界第二位，人口居世界第三位），具有出国旅游条件的人尽管不普遍，人数仍然很多，是一个富有潜力的客源市场。因为距离欧洲较近，欧洲旅游资源在世界上又有强大声誉，故非洲游客出游多选欧洲，这对于中国开拓非洲海外客源市场是一个难点，因此非洲市场仍属薄弱环节。但随着中国与南非等国的建交，以及陆续推出一些对非洲有吸引力的旅游产品，如对北非和东非等地阿拉伯民族有较强吸引力的穆斯林旅游专线等，中国将陆续打开非洲国际客源市场。

总而言之，中国是一个具有五千年文明史的世界文明古国，各种人文旅游资源精华荟萃，璀璨夺目。中国又是有着 960 万 km^2 美好河山的泱泱大国，地大物博，江山多娇。在新的世纪里，中国必将以她东方古国的独特魅力，吸引越来越多的海外游人，来一睹她的风采。

二、世界旅游业和旅游组织简介

（一）世界旅游业的发展趋势

第二次世界大战以后，尤其是 20 世纪 60 年代以来，随着世界经济的迅速发展，交通运输工具的进步，各国旅游服务条件得到很大改善。经济的发展使人民生活水平提高，闲暇时间增多。由于城市化进程加快，增加了人们的旅游需求。种种因素和条件使旅游活动迅速普及，在世界范围内形成社会化的大众旅游热潮。这种大规模群众性旅游活动的出现，是世界旅游业进入现代旅游阶段的重要标志。

半个世纪以来，世界旅游业取得了突飞猛进的繁荣与发展，进入一个全新的阶段。与 20 世纪中期以前的近代旅游相比，现代世界旅游业主要呈现出以下几个特点：

1．旅游业发展速度快，增幅大

从 1950 年到 2005 年，国际旅游人数从 2 520 万增加到 8.08 亿，增长了 32 倍；国际旅游收入从 21 亿美元增加到 6 800 亿美元，增长了 324 倍，其发展速度远远高于世界经济增长速度。

2．旅游业成为世界经济中的最大产业

旅游业的发展为旅游地国家和地区创造大量就业机会，成为其国民经济的重要产业和创汇来源。尤其是一些旅游热点地区，旅游经济成为当地的支柱产业经济。

3．旅游活动呈大众化、多元化

过去旅游只是少数富贵特权阶层的享受，如今早已进入寻常百姓家，成为

现代生活方式的一个不可缺少的组成部分。旅游活动的内容和方式也越来越多样化，早已打破仅是观光游览的范围，而是游览、休闲、探险、考古、保健、商务、会议等项目，花样翻新，层出不穷。近年来，健康旅游、绿色旅游、民俗旅游尤其受到游客的青睐，我国曾将 2003 年定为民俗旅游年。

4．旅游地域的广泛性

过去人们的旅游活动往往集中在著名景区或大都市，现代旅游阶段，旅游活动的范围大大扩展。不仅从西欧、北美扩展到全世界繁华地域，而且从南北极地到热带丛林，从非洲沙漠到南美高山，都有旅游者的足迹。那些人迹罕至的地方，如一些荒僻的雪山幽谷、乡野村落、大漠孤岛，如今更具魅力。科技的飞跃还把游人送上了太空和海底，这种旅游地域的广泛性可谓遍及全球。

进入新世纪，全球的旅游业将继续保持以上特点和发展势头，在巨大的社会需求和激烈的国际竞争中变化提高。据世界旅游组织预测，从 1995 年到 2020 年间，世界旅游业的年均增长率将为 4.1%左右，2020 年全球国际旅游人次将达到 15.6 亿。其中增长最快的是东亚太平洋地区，年增长率将达到 6.5%，占全球市场份额的 25.4%，成为仅次于欧洲的第二大旅游区，届时世界旅游市场将形成欧洲、美洲、亚太三分天下的格局。

（二）世界旅游区的划分

世界旅游组织（WTO）根据世界各地的旅游发展情况和旅游集中程度，将世界旅游市场划分为六大区域：东亚及太平洋区；南亚区；中东区；非洲区；欧洲区；美洲区。

1．欧洲区

包括欧洲所有国家，是目前世界上最大的旅游市场。自 20 世纪 50 年代以来，无论是国际旅游接待人次，还是国际旅游收入，欧洲都居各大地区旅游市场之首。同时，欧洲还是世界上最重要的国际旅游客源地。随着亚太地区的崛起，虽然欧洲目前旅游业各项指标仍呈增长态势，但在世界所占份额逐步下降。

2．美洲区

包括北美、南美两大洲所有国家和地区，是目前世界上第二大旅游市场。其国际旅游接待人次和旅游收入，在世界各大地区中仅次于欧洲地区，居第二位。此外美洲也是仅次于欧洲的世界第二大国际旅游客源市场。但这一区域旅游业发展不平衡，主要集中在北美洲的美国、加拿大和墨西哥等少数几个国家。

3．东亚及太平洋区

简称亚太区，包括东亚、东南亚、中亚、大洋洲的所有国家。这一地区自

20 世纪 60 年代以来，一直是世界上排名第三的国际旅游接待地区，也是世界上第三大国际旅游客源市场。这里也是世界上发展速度最快的旅游市场，近 30 年来，本区旅游业的发展速度远远超出世界平均值，居世界之首。这一旅游市场资源极为丰富，市场潜力大。随着世界经济重心向亚太地区的转移，其旅游业在 21 世纪必将有突飞猛进的发展。据世界旅游组织预测，到 2020 年以后，这一地区国际旅游的发展，将超过美洲而居世界第二位。

4. 非洲区

包括除埃及以外的非洲所有国家。这一区域既有多姿多彩的人文资源，又有沙漠、雨林、草原等景观及各种特殊生物资源，旅游资源丰富，市场发展前景很好。但因为长期的殖民统治，文化落后，经济不发达。在旅游业方面，非洲是一个发展中的大陆，许多旅游资源有待于进一步开发。近年来国际旅游接待量增长较快，高于世界平均增长率，但旅游接待量和旅游收入占全球的份额均不高。

5. 中东区

包括西亚所有国家和埃及。中东地区是世界上著名的“三洲五海之地”和“世界石油宝库”，属于伊斯兰文化区。由于战争和政治动荡，使该地区的旅游业尤其是国际旅游始终未能兴旺起来。不过一些石油生产国如沙特、科威特等，也是国际旅游较为重要的客源国。

6. 南亚区

包括南亚所有国家。这里属于印度文化区，种族、民族、宗教成分复杂，各种纷争不断，加之经济水平限制和政局动荡等原因，其旅游业起步晚、发展慢、起伏大。近 20 年来，虽然本区国际旅游业发展也比较快，旅游接待人次的增长高于世界平均增长率，但占全球的份额仍很小。由于该地区各国经济发展水平较落后，其出境旅游市场除印度外都很小。

（三）国际性旅游组织

1. 世界旅游组织（WTO）

这是目前世界上唯一全面涉及旅游事务的全球性政府间旅游组织，其前身是 1947 年成立的国际官方旅游组织联盟（IUOTO），1975 年 1 月 2 日正式改用现名，总部设在西班牙首都马德里。

世界旅游组织的宗旨是：通过推动和发展旅游，促进各国经济繁荣与发展，增进国际间的相互了解，维护世界和平。

世界旅游组织在 1979 年 9 月第三届代表大会上，正式确定每年的 9 月 27 日为世界旅游日，这是旅游工作者和旅游者的共同节日。创立该节日的目的在于给旅游宣传提供一个机会，引发人们对旅游的重视，促进各国在旅游领域的合作。其来由是因为国际官方旅游组织联盟，于1970年9月27日在墨西哥城的特别代表大会上，通过将要成立的世界旅游组织章程。此外还因为这一天恰好是北半球的旅游旺季将要过去，而南半球的旅游旺季即将到来的时候，正是一年中世界人民旅游度假的好时节。

世界旅游组织为每一年的世界旅游日都提出一个宣传口号，以便突出一个旅游宣传的重点。世界各国根据这一口号的精神，开展旅游宣传，从而推动世界旅游业的共同发展。

我国于1983年加入世界旅游组织。

2．太平洋亚洲旅游协会（PATA）

这是一个地区性的非政府组织，于1951年创立于夏威夷，原名为太平洋地区旅游协会，1986年起改为现名，总部设在美国旧金山市，此外还设有两个分部：一个设在菲律宾首都马尼拉，分管该协会东亚地区事务；另一个设在澳大利亚的悉尼，分管该协会南太平洋地区事务。

太平洋亚洲旅游协会的宗旨是：促进整个太平洋区的旅游事业，便利世界其他地区的游客前来太平洋地区各国旅游，以及太平洋地区各国居民在本地区内开展国际旅游。

太平洋亚洲旅游协会每年召开一次年会，并举办旅游交易会。

我国于1993年加入该协会。

3．世界旅行社协会联合会（UFTAA）

这是世界上最大的民间性国际旅游组织，其前身是欧洲旅行社和美洲旅行社，于1966年合并而成，总部设在比利时首都布鲁塞尔。

该会的宗旨是：负责国际政府间和非政府间的旅游团体的谈判事宜，代表并为旅游业和旅行社的利益服务。

该组织每年举办一次全体大会，交流经验，互通情报。

中国旅游协会于1995年正式加入该组织。

4．国际民用航空组织（ICAO）

国际民航组织成立于1947年4月，同年5月，成为联合国的一个专门机构，总部设在加拿大的蒙特利尔。

该组织宗旨是：发展安全而有效的国际航空运输事业，使之用于和平目的；制定国际空中航行原则；促进各国民航事业的安全化、正规化和有效化；鼓励民航业的发展，满足世界人民对空中运输的需要；谋求在机会均等原则下，各缔约国航空运输的健全发展和经济运营。

我国于 1974 年正式加入该组织，并于同年的大会上被选为理事。

此外，其他比较重要的国际旅游组织还有：国际航空运输协会（IATA），成立于 1945 年，总部设在加拿大蒙特卡洛市；国际旅游科学专家协会（IAEST），成立于 1951 年，总部在瑞士的伯尔尼；国际饭店协会（IHA），成立于 1947 年，总部设在法国巴黎；国际旅游协会（IAT），成立于 1951 年；国际旅游联盟（AIT），成立于 1898 年等。

（四）我国重要的旅游组织

我国的旅游组织主要分为旅游行政管理机构和旅游行业组织两大类。

1. 国家旅游局

国家旅游局是我国的国家旅游组织，是国务院主管全国旅游行业的直属机构。国家旅游局主要职能有：研究、拟定旅游业发展方针、政策、规划；拟定旅游行政法规；研究、拟定国际与国内市场开发策略；组织旅游资源普查；检查、监督旅游市场秩序和服务质量；指导旅游教育、培训工作等。

2. 我国旅游行业组织

目前我国全国性的旅游行业组织主要有：中国旅游协会、中国旅游饭店协会、中国旅行社协会、中国旅游车船协会、中国旅游文化协会、中国旅游报刊协会、中国旅游乡村协会等。

三、关于《客源国（地区）概况》

《客源国（地区）概况》是高等院校旅游专业的一门专业基础课，主要介绍、研究我国重点旅游客源国的自然环境特征、人文环境特征、名城与名胜古迹等各方面状况及其形成、演化的规律与发展趋势。

（一）讲授内容与体系

《客源国（地区）概况》选取了我国改革开放后，旅游业大发展时期以来的十几个来华人次居前列的主要客源国和地区，按其所处地理位置编排，共分为亚洲与太平洋地区、欧洲地区、北美地区以及中国港澳台地区四部分，较为全面地介绍各国、各地区如下几方面内容：自然环境特征，包括位置、地形、气候、水文、资源等基本情况；人文环境特征，包括简况、简史、政治、经济、文化、习俗等基本情况；名城与名胜古迹。

（二）学习本门课的意义与目的

改革开放以来，我国旅游业迅猛发展。到 2005 年，全国旅游总收入 7686 亿美元，相当于同年国内生产总值的 4.2%；旅游外汇收入相当于同年外贸出口收入的 4%。旅游业作为第三产业的新兴产业，已经成为我国国民经济新的增长点，中国已经从旅游资源大国发展成亚洲旅游强国，并正在向世界旅游强国迈进。

在新的世纪，随着中国加入WTO，随着世界经济一体化进程的加快，随着世界各国经济的不断发展，国际旅游必将作为世界各国人民的一种生活方式与需求，不断得到发展。据世界旅游组织预测，到 2020 年，全球国际旅游人次将达到15.6亿。

中国作为东方神秘的古老国度，对世界各国人民有着独特的吸引力。2005年，中国接待入境旅游者已达到1.2亿人次，在世界排名第四位；旅游外汇收入为 292.96 亿美元，在世界排名第六位。据世界旅游组织预测，到2020年，中国将接待入境游客1.37亿人次，占世界市场份额的8.6%，居世界第一位。

而逐步走向富裕的中国人民，也开始了由近及远的出境旅游。我国的出境旅游起始于1983年11月，广东省旅游部门率先开办了“香港游”，次年4月又开办了“澳门游”，拉开了中国出境旅游的序幕。2005年，全国出境旅游人数达到3 102.63万人次，旅游范围也从港澳、东亚、东南亚等周边国家和地区，扩展到欧洲、大洋洲、美洲和非洲各地。世界旅游组织预测，到2020年，中国出境旅游人数将达到 1 亿人次，占世界市场份额的 6.2%，居世界第四位。

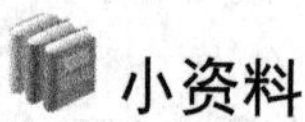

小资料

中国已开放旅游目的地国家和地区134个

旅游目的地国家是指与中国签订《旅游目的地国地位谅解备忘录》的国家。在国内，组团社只能组织国内游客到中国旅游目的地国家进行旅游。因为只有签署了《旅游目的地国地位谅解备忘录》的国家才提供团队的签证，即 ADS 签证。如果要前往没有签署《旅游目的地国地位谅解备忘录》的国家，有些国家是采取个人旅游签证，即客人要以个人名义签证，或者办理公务或商务签证。

截至 2007 年，中国已开放的旅游目的地国家和地区达 134 个，其中实施91个。2007年中国公民出境旅游达4 095万人次，继续保持亚洲最大出境旅游客源国的地位。

2007 年 12 月中美两国政府签署了关于便利中国公民旅游团队赴美旅游谅解备忘录，美国正式成为中国公民组团出境旅游目的地。此外，中日、中俄、中美、中韩、中印、中欧、中澳、中非、中国与东盟、中国与加勒比地区的旅游交流与合作进一步加强。

据介绍，2007 年中国举办了第二届中日韩旅游部长会议、中俄人文合作委员会旅游分委会会议、中美商贸联委会旅游工作组会议。组织开展了纪念中日邦交正常化 35 周年中日 3 万人双向旅游交流活动，召开了首届中美省州旅游局长合作发展对话会议。

中国进一步加强了与联合国世界旅游组织、亚太旅游协会、南太旅游组织等主要国际旅游组织的合作。在世界旅游组织第 17 次全体大会上，中文成功列入世界旅游组织官方语言，中国当选为世界旅游组织执委会成员。

世界要了解中国，中国要走向世界。世界各国不仅有着自然环境方面的巨大差异，更有着文化环境的种种不同。现代世界可分为五大文化圈：欧洲文化圈（也称西方文化）、东亚文化圈（俗称东方文化或儒教文化）、阿拉伯文化圈（俗称伊斯兰或穆斯林文化）、非洲文化圈、太平洋岛屿上的土著人文化圈。同一文化圈中的不同民族，其传统文化又千差万别。《客源国（地区）概况》，就是为旅游专业的学生打开一扇了解世界的窗口。透过这个窗口，来较为客观、全面地认识世界，在比较中加以鉴别，在现象中寻找规律，开阔眼界，增长才干，为将来的旅游从业打好基础，以适应我国越来越强劲的国际旅游增长势头，满足入境旅游与出境旅游两方面管理与服务中的各种需求，成为旅游业的合格人才。

（三）如何学好本门课

学好《客源国（地区）概况》这门课，首先要具备世界地理的基本知识，地图的基本知识，这是学习本门课的基础；其次应具有《旅游学概论》、《旅游资源学》等一些专业基础课的知识；第三要坚持理论联系实际的原则，学以致用；此外还要多加运用比较的方法进行学习，有比较才有鉴别；要多运用地图，有条件的最好搞一些多媒体教学，使用一些影像资料，不仅增加教学的直观性和趣味性，也可大大提高教学效果。

【思考与练习】

1．什么是国际旅游、国内旅游、入境旅游？

2．简述我国海外客源市场的人员构成和地域构成。

3．现代世界旅游业的特点？

4．世界六大旅游区的名称及其范围？

5．世界旅游组织简介。

6．国家旅游局的主要职能。

7．现代世界五大文化圈的划分。

8．在世界空白图上画出世界六大旅游区和五大文化圈，看两者之间的异同。

第一章　亚洲和太平洋地区

内容提要　本章讲授亚洲和太平洋地区主要旅游客源国的基本情况，包括各客源国的自然环境特征、人文环境特征以及名城与名胜古迹。这些国家有：日本、韩国、印度尼西亚、马来西亚、新加坡、菲律宾、泰国、蒙古国、澳大利亚。

第一节　日　本

关键词语　群岛国家、关东平原、大和民族、太阳旗、明治维新、天皇、日元、和歌、大和绘、浮世绘、花道、和服、生鱼片、寿司、东京、大阪、名古屋、奈良、富士山、唐招提寺、江户城遗址

一、自然环境特征

（一）位置

日本是位于太平洋西岸的群岛国家，处在亚洲东部太平洋远东的重要战略位置上，介于北纬20°～46°和东经122°～149°之间。西隔东海、黄海、朝鲜海峡、日本海与中国、朝鲜、韩国、俄罗斯相望。领土由北海道、本州、四国、九州四个大岛和其他近4 000个小岛组成，东西宽300km，南北长3 500km，呈弧形由东北向西南延伸。最大岛屿为本州岛。日本面积为37.78万km^2。

（二）地形

日本境内多山，是世界上罕见的多山之国，山地成脊状分布于日本的中央，将日本的国土分割为太平洋一侧和日本海一侧。山地和丘陵占总面积的3/4。富士山是全国的最高峰，海拔3 776m。

日本位于太平洋火山地震带上，全国有160多座火山，其中50多座是活火山，为世界上有名的地震区。火山活动频繁，给当地人们的生活带来了很大麻烦。但是在火山分布地区，景色优美，温泉资源丰富，成为著名的观光疗养地。

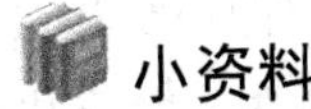

小资料

日本关东大地震

1923年9月1日，日本关东地区发生7.9级强烈地震。地震灾区包括东京、神奈川、千叶、静冈、山梨等地，地震造成15万人丧生，200多万人无家可归，财产损失65亿日元。据当时的报纸报道，处于饥饿状态的幸存者试图从池塘里和湖泊里抓鱼充饥，并排着两英里的长队等待着每天的定量口粮或每人一个饭团子。地震还导致霍乱流行。为此，东京都政府曾下令戒严，禁止人们进入这座城市，防止瘟疫流行。同时，日本政府借此机会屠杀革命党人和侨居日本的中国人、韩国人。

1996年9月16日，经日本鹿岛公司技术研究所等单位的精确计算后称，1923年发生的日本关东大地震，应为里氏8.1级。也就是说，地震规模比原来的说法要大一倍。

日本的平原多为冲积平原，规模较小，仅占国土的20%，主要分布在河流的下游近海一带。较大的平原有关东平原、石狩平原、越后平原、浓尾平原、十胜平原等。最大的平原是邻近东京湾的关东平原，东西约140km，南北约110km。

日本海岸线漫长而曲折，长3万多千米，多海湾和良港。太平洋沿岸的横滨和神户是全国著名的海港。

（三）气候

日本属亚热带、温带海洋性季风气候，终年温和湿润，冬无严寒，夏无酷暑。6月多梅雨，夏秋季多台风。1月平均气温北部–6℃，南部16℃；7月北部17℃，南部28℃。年降水量700～3 500mm，最高达4 000mm以上。首都东京1月平均气温3℃，8月气温为25℃。

（四）河湖

日本境内河流众多，河川水量充沛，因而具有得天独厚的水力资源。日本河流的特点是流程短，最长的河流信浓川长约367km；流域面积最广的是发源于郡马县北部、从西北向东南穿过关东平原流向太平洋的利根川，达16 840km^2。境内湖泊较多，最大的湖泊是琵琶湖，面积674.5km^2。

（五）资源

日本水力资源、森林资源、渔业资源较为丰富。北海道附近海域，因有太平洋寒暖流相汇，鱼群密集，成为世界著名的渔场，日本的捕鱼量、渔民数、渔船数、水产品消费和利用量等常居世界第一位。除此之外，其他资源较为贫乏。铁矿石和铜的储量极低，石油、煤炭、天然气极少，铀几乎没有，资源大量从海外进口，80%以上依赖世界市场。主要资源对外依存度为：石油 99.7%，煤 96%，天然气 96.5%。铁、铅、镍等金属矿石也几乎全部依赖国外。核能开发较早。森林面积 25.21 万 km^2，占国土总面积的 2/3，是世界上森林覆盖率最高的国家之一。但木材 52%依赖进口，是世界上进口木材最多的国家。

二、人文环境特征

（一）简况

1．人口

日本国有人口 1.27 亿（截至 2005 年 7 月），居世界第 10 位，人口密度世界第一。日本是世界长寿国之一，日本人的平均寿命居世界首位。

2．民族

主要民族为大和族，北海道地区约有 2.5 万阿伊努人。

3．语言

日本语。

4．宗教

主要宗教是神道教和佛教，信仰人口分别占宗教人口的 49.6%和 44.8%。大多数日本人既信神道教又信佛教，有的还信多种宗教。

5．国旗

太阳旗，即日之丸旗，呈长方形，长与宽之比为 3:2。旗面为白色，正中有一轮红日。白色象征正直和纯洁，红色象征真诚和热忱。日本国一词意即“日出之国”，传说日本是太阳神所创造，天皇是太阳神的儿子，太阳旗来源于此。

6．国歌

国歌为《君之代》。

7．国花等

国花是樱花，国鸟是绿雉，国技是相扑，国球是棒球。

（二）简史

公元 4 世纪中叶，大和民族统一日本，建立奴隶制国家——大和国，统治日本长达 300 余年。5 世纪初，大和国达到鼎盛时期，其势力扩及朝鲜半岛南部。公元 645 年通过大化革新，仿照中国唐朝律令制度，建立以天皇为绝对君主的封建中央集权国家体制。

公元 12 世纪起，经历“镰仓幕府”、“室町幕府”、“战国时代”、“江户幕府”四个时期。

1868 年，革新派实行“明治维新”，废除封建割据的幕府体制，重建以天皇为首的中央集权，发展资本主义，并逐步走上对外侵略扩张的道路。

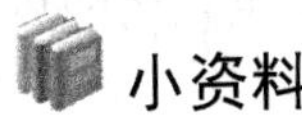

小资料

日本的明治维新

1868年1月3日，日本的明治天皇颁布了“五政复古”诏书，这是日本著名的明治维新运动的开始。

19世纪中叶，一向奉行“锁国政策”的日本，遭到美、英、法、俄等国的侵略，面临着严重的民族危机。日本人民仇视外国侵略者，更痛恨和侵略者相勾结的幕府。农民和市民纷纷起义，开展“倒幕”运动；中下层武士、商人、资本家和新兴地主中的改革势力也投入了“倒幕”斗争。就在1月3日这一天发动了政变，由明治天皇召开有倒幕派皇族公卿、大名和武士出席的御前会议，宣布“五政复古”，恢复天皇亲政，废除幕府，成立新的中央政府，并责令幕府将军德川庆喜交出领地和财产。1月6日夜间，德川庆喜逃往大阪，集中兵力反扑。内战爆发。

1月底，倒幕军在京都附近击败幕府军队，德川逃往江户。2月，天皇组织了讨幕军，由于广大农民和城市贫民积极配合，倒幕军终于打败了比自己数量大3倍的幕府军，德川庆喜被迫投降，倒幕派取得了胜利，建立起以明治天皇为首的日本新政府。明治天皇废藩置县，将全国划为3府72县，消灭了国内的封建割据势力，建立起一个统一的中央集权的国家，为发展资本主义扫除了障碍，自此以后，由明治天皇主政，进行了一系列改革，使日本走上发展资本主义的道路。这在日本历史上称作“明治维新”。

1894年，日本发动甲午战争；1904年，日本挑起日俄战争；1910年，日本侵吞朝鲜。1926年，裕仁天皇登基，日本进入昭和时代。

1945年8月15日在第二次世界大战中战败，宣布无条件投降。

战后初期，美军单独占领日本，并对日实行民主化改革。1947年5月3日实施新宪法，由绝对天皇制国家变为以天皇为国家象征的议会内阁制国家。

战后奉行“重经济、轻军备”路线，20世纪60年代末成为仅次于美国的世界第二经济大国。80年代中期以来，致力于实现政治大国的目标。近年来，为实现上述目标，积极开展全方位外交，争当安理会常任理事国。

（三）政治

1．政体

日本政体为君主立宪制。

1947年5月3日，日本实施《日本国宪法》。宪法规定，国家实行以立法、司法和行政三权分立为基础的议会内阁制；天皇为日本国和日本国民总体的象征，无权参与国政。

议会泛称国会，由众、参两院组成，为最高权力机关和唯一立法机关。众议院定员480名，任期4年。首相有权提前解散众议院重新选举。参议院定员252名，任期6年，每3年改选半数，不得中途解散。在权力上，众议院优于参议院。

内阁为国家最高行政机关，对国会负责，首相由国会提名，天皇任命。其他内阁成员由首相任免，天皇认证。

日本的司法权属于最高法院及下属各级法院。采用“四级三审制”。最高法院为终审法院，审理“违宪”和其他重大案件。高等法院负责二审，全国共设四所。各都、道、府、县均设地方法院一所（北海道设四所），负责一审。

2．政党

战后日本实行“政党政治”，代表不同阶级、阶层的各种政党相继恢复或建立。目前参加国会活动的主要政党有自民党、民主党、公明党、自由党、日本共产党、社民党、保守党等。

3．国家首脑

国家元首为明仁天皇，年号平成；现任首相为安倍晋三。

（四）经济

1．发展水平

第二次世界大战给日本的经济带来了毁灭性的打击。1946年，美军占领当局解散了财阀，实行了土地改革和劳动改革后，日本经济才开始渐渐恢复起来。到1951年时，日本的经济已恢复到了战前的水平，为高速发展打下了基础。20世纪50年代后半期，日本政府开始确立了贸易立国的发展方针，不断扩大设备投资，大量引进欧美新技术，进入了经济高速发展时期。一直到1968年的10年间，一跃成为工业发达、科学技术领先的经济大国，其经济实力仅次于美国，居世界第2位。

日本是一个经济强国。工业高度发达，是国民经济的主要支柱。“入关”后，日本开始取得和其他缔约方同样的平等地位。按照关贸总协定最惠国待遇的基本原则，同大多数国家和地区进行自由贸易，为日本对外贸易规模的不断扩大创造了有利的国际市场条件。此后，日本对外贸易迅速增长，主要贸易对象为美国、亚洲国家和欧盟国家。

2005年，日本国民总收入4 750亿美元；人均国民收入37 180美元。

2．主要部门

工业高度发达，是国民经济的主要支柱，基础工业科技含量高，汽车、电子、钢铁、造船、机械、化工等具有较强的国际竞争力。工业产值约占国内生产总值的40%。20世纪70年代开始提出调整产业结构，从劳动、资本密集型逐步转为知识、技术密集型。进入20世纪80年代，加速发展以电子、生物和新材料为重点的高新技术产业。1986年，电子工业产值超过汽车业成为日本第一大产业。

3．主要财团

日本明治维新前后，随着产业的发展，形成了日本的垄断资本集团——三井、三菱、住友、安田四大财阀。战后，在日本的钢铁、汽车、电机等工业的大企业中，三井、三菱、住友、安田等战前的财阀依然占有主要地位，并在许多产业部门中拥有各自的系列公司。

三井集团的核心企业有：三井银行、三井生命保险、三井矿业、三井化学、三井物产、三井建设、丰田汽车等。

三菱集团的核心企业有：三菱银行、三菱矿业、三菱石油、三菱造纸、三菱商社、日本邮船等。

住友集团的核心企业有：住友银行、住友金属工业、住友金属矿山、日本电气、住友化学、住友商事等。

安田集团的核心企业有：富士银行（原安田银行）、日产汽车、安田火灾海上保险、丸红饭田、日本钢管、昭和电工、大成建设等。

另外一些著名公司有：索尼株式会社，1946年成立，业务范围包括音像、电视、信息通讯、电子部件等；松下电器产业株式会社，1935年成立，业务范围包括音像、信息通讯、家庭住宅电器、产业机器等。

4．对外贸易

外贸在国民经济中占重要地位。2006年贸易总额居世界前4位。主要贸易对象是美国、中国大陆、韩国、中国台湾、中国香港、德国等。

5．货币

货币为日元。

（五）文化

1．文学

日本的文学艺术在古代曾受到中国的影响，近代又受到西方文化的影响，但它保持了日本自身独特的民族性。日本独特的文学形式有和歌、俳句、川柳等。和歌产生于平安时代，含短歌、长歌、旋头歌，是由31个音组成的诗歌；

俳句产生于江户时代，是由 17 个音组成的世界最短的诗歌；川柳产生于江户时代，是由 17 个音组成的带有讽刺、诙谐意味的短诗。

日本文学史上具有影响的人物有：

福泽谕吉，日本近代杰出启蒙思想家、教育家，日本近代文明的缔造者之一，被誉为“日本的伏尔泰”。他早年留学欧美，深受近代科学和西方资产阶级民主思想影响，回国后毕生从事教育和著译活动，为传播西方文化，推动日本资本主义发展作出了巨大贡献。一万日元纸币上的肖像就是他 56 岁时的照片。

夏目漱石，日本近代文学作家的代表。代表作有《我是猫》、《草枕》等作品。作品充满幽默，畅游于美的世界中，被称为“余裕派”。被喻为“国民作家”的夏目漱石也是批评家、俳人、画家、学者。日元的千元钞票上印有他的头像。

小资料

《我是猫》

长篇小说《我是猫》是日本著名作家夏目漱石的处女作，发表于 1905 年，是日本文学史上不朽的经典作品。

这部作品以一位穷教师家中的猫为主人公，通过它的感受和见闻，写出它的主人穷教师苦沙弥及其一家平庸、琐细的生活，他和他的朋友们经常谈古论今、嘲弄世俗、吟诗作文的故作风雅的无聊世态。作品借这只被“拟人化”的猫的视角来观察人类的心理，淋漓尽致地反映了 20 世纪初日本中小资产阶级的思想和生活，尖锐地揭露和批判了“文明开化”的资本主义社会。这是一只善于思索、有见识、富有正义感又具有文人气质但至死也没学会捕捉到老鼠的猫。

这只担当叙述者、评论者角色的猫儿，俯视着夏目漱石所身处的 20 世纪初的“现代文明”，发出极尽调侃的嘲弄和不屑。现代生活方式与传统道德价值的背离使得猫儿不解，在小说中调侃揶揄的背后也带着当时日本知识分子的凄苦自嘲。夏目漱石在《我是猫》中的描写虽然有些夸张的成分，但是确实对针砭现实生活中的市侩哲学起到了很大的作用。

有评论者评价《我是猫》的成功之处在于：一方面从西方文化中汲取了理性的思维方法和丰富的学识教养，另一方面又从中国文化中吸收了狷介自守、愤世嫉俗的文人气质，经过夏目漱石的摄取与消化，它们混合在一起，成就了这部经典的传世作品。

川端康成，日本现、当代小说家。一生创作小说 100 多篇，中短篇多于长篇。作品富抒情性，追求人生升华的美，并深受佛教思想和虚无主义影响。早期多以下层女性作为小说的主人公，写她们的纯洁和不幸。后期一些作品写了近亲之间、甚至老人的变态情爱心理，表现出颓废的一面。成名作小说《伊豆的舞女》，描写一个高中生“我”和流浪人的感伤及不幸生活。名作《雪国》，描写了雪国底层女性形体和精神上的纯洁和美，以及作家深沉的虚无感。川端担任过国际笔会副会长、日本笔会会长等职。曾获日本政府的文化勋章、法国政府的文化艺术勋章等。1968 年，川端康成以《雪国》、《古都》、《千羽鹤》三部代表作荣获了诺贝尔文学奖。

大江健三郎，日本当代著名作家。1994 年，他以《无声的呼唤》、《个人的体验》等代表作获得诺贝尔文学奖。

2．艺术

日本独特的地理条件和悠久的历史，孕育了别具一格的日本文化。艺术形式多样化，大和绘、浮世绘与武士、清酒、神道教构成了传统日本的两个方面—— 菊与剑。在日本民间还有著名的“三道”，即日本的茶道、花道、书道。

大和绘出现于奈良、平安时代，是富有日本民族风格的绘画。

浮世绘出现于江户时代，为庶民的绘画和版画。

歌舞伎出现于 16 世纪末，是反映宫廷及武士生活的历史剧目。

文乐是形成于 14 世纪的木偶戏。

茶道也叫做茶汤（品茗会），自古以来就作为一种美感仪式受到上流阶层的无比喜爱。现在，茶道被用作训练集中精神，或者用于培养礼仪举止，为一般民众所广泛地接受。日本国内有许多传授茶道各流派技法的学校，不少宾馆也设有茶室，可以轻松地欣赏到茶道的表演。

花道是作为一种在茶室内再现野外盛开的鲜花的技法而诞生的。因展示的规则和方法有所不同，花道可分成 20 多种流派，日本国内也有许多传授花道各种流派技法的学校。另外，在宾馆、百货商店、公共设施的大厅等各种场所，也可以欣赏到装饰优美的插花艺术。

书道即书法，古代随汉字由中国传入日本。

3．著名学府

日本著名的国立综合大学有东京大学、京都大学等，著名的私立大学有早稻田大学、庆应义塾大学等。

4．著名学者

汤川秀树，理论物理学者，京都大学、东京大学教授。发表了中间子论、展开非局所场理论、素领域理论等。1949 年获诺贝尔物理学奖。

朝永振一郎，理论物理学者，完成超多时间理论。1965 年获诺贝尔物理学奖。

5．新闻媒介

日本新闻事业发达，报刊发行量大，广播电视覆盖面广，在世界各国中位居前列。综合性日报社有 121 家。全国有影响的报纸通称六大报：《朝日新闻》、《读卖新闻》、《每日新闻》、《日本产经新闻》、《东京新闻》、《日本经济新闻》。全国发行的三大地方报为：《中日新闻》、《北海道新闻》、《西日本新闻》。较有影响的杂志有：《中央公论》、《东洋经济》、《经济学人》、《文艺春秋》等。

共同通讯社是日本最大的通讯社，简称共同社，创建于 1915 年，为日本公立性质的通讯社。总社设在东京。

时事通讯社是第二大通讯社，简称时事社，创建于 1945 年。总社设在东京。

广播电台有半官方性质的日本广播协会和四大系列民营电台，平均每天播音 22 小时以上。

电视台主要有公共电视台（NHK）和分属于 5 大报纸的 5 大系列民营电视台，另有民营卫星电视台 10 家，民营有线电视台若干。电视平均每天播放 20 小时以上。

NHK 于 1953 年开播电视节目，属半官方性质。

东京广播公司（TBS），1951 年成立，与国内多家地方电视台和地方广播电台组成电视广播网络。

日本电视网（NTV），1952 年成立，与国内多家地方电视台组成电视广播网络。

（六）习俗

1．物质习俗

日本人的服装有和服、西服及各种流行款式的便装与时装等。

和服是日本的传统民族服装。它在日本也称“着物”。和服是仿照我国隋唐服式改制的。公元八至九世纪，日本一度盛行过“唐风”服装。以后虽有改变，形成日本独特的风格，但仍含有我国古代服装的某些特色。妇女和服的款式和花色的差别是区别年龄和结婚与否的标志。例如，未婚的姑娘穿紧袖外服，已婚妇女穿宽袖外服；梳“岛田”式发型（日本式发型之一，呈钵状），穿红领衬衣的是姑娘。梳圆发髻，穿素色衬衣的是主妇。和服不用纽扣，只用一条打结的腰带。腰带的种类很多，其打结的方法也各有不同。比较广泛使用的一种打结方法叫“太鼓结”，在后腰打结处的腰带内垫有一个纸或布做的芯子，看去像个方盒。这就是我们常看到的和服背后的装饰品。由于打结很费事，第二次世界大战后又出现了备有现成结的“改良带”和“文化带”。虽然今天日本人的日常服装早已为西服所替代，但在婚礼、庆典、传统花道、茶道以及其他隆重的社交场合，和服仍是公认的必穿礼服。

日本人以米饭为主食，副食多吃鱼，喝酱汤。传统饭菜有生鱼片、寿司等各式各样的鱼饼、海菜制品。寿司是以生鱼片、生虾、生鱼粉等为原料，配以精白米饭、醋、海鲜、辣根等，捏成饭团后食用的一种食物。寿司的种类很多，不下数百种，各地区的寿司也有不同的特点。大多数是先用米饭加醋调制，再包卷鱼、肉、蛋类，加以紫菜或豆皮。吃生鱼寿司时，饮日本绿茶或清酒，别有一番风味。

日本式住房建筑的特色首先是木质结构，其次是房间里垫得高高的榻榻米（草垫）。适合于夏季高温多湿、冬季干燥的气候，也有利于抗震、防风。日本式房间的特点是不用床、不用椅子，地板或榻榻米起到床的作用，人们直接或垫上坐垫坐在榻榻米上。

2．重要节日

元旦（1 月 1 日），按照日本一般风俗，除夕前要大扫除，并在门口挂草绳，插上桔子（称“注连绳”），门前摆松、竹、梅（称门松，现已改用画片代替），取意吉利。除夕（12 月 31 日）晚上全家团聚，吃过年面，半夜听“除夕钟声”守岁。元旦早上吃年糕汤（称杂煮）。

桃花节（3 月 3 日），也称偶人节，女孩子的节日。女孩子出生后第一个 3 月 3 日，父母为她买一套整齐精制的小偶人，模仿宫廷风俗把偶人和桃枝装饰在家里祭供。每年 3 月 3 日，女孩子都要把小偶人搬出来和自己共度佳节，直到出嫁时带走。

盂兰盆节（关东 7 月，关西 8 月），传说盂兰盆节时祖先的灵魂要回家，因此供奉祭品于先祖灵位前，祝福亡灵。节日头一天，迎接祖先灵魂；节日最后一天，点火送灵魂。节日举行盂兰盆舞活动。

3．礼仪与禁忌

日本以“礼仪之邦”著称，讲究礼节是日本人的习俗。平时人们见面总要互施鞠躬礼，并说“您好”、“再见”、“请多关照”等。

日本人初次见面对互换名片极为重视。初次相会不带名片，不仅失礼而且对方会认为你不好交往。互赠名片时，要先行鞠躬礼，并双手递接名片。接到对方名片后，要认真看阅，看清对方身份、职务、公司，用点头动作表示已清楚对方的身份。日本人认为名片是一个人的代表，对待名片就像对待他们本人一样。如果接过名片后，不加看阅就随手放入口袋，便被视为失礼。如果你是去参加一个商业谈判，你就必须向房间里的每一个人递送名片，并接受他们的名片，不能遗漏任何一个人。尽管这需要花费不少时间，但这是表示相互友好和尊敬的一种方式。

到日本人家里去做客，要预先和主人约定时间，进门前先按门铃通报姓名。如果这家住宅未安装门铃，绝不要敲门，而是打开门上的拉门，问一声："借光，里面有人吗？"进门后要主动脱衣脱帽，解去围巾（但要注意即使是天气炎热，也不能光穿背心或赤脚，否则是失礼的行为），穿上备用的拖鞋，并把带来的礼品送给主人。当你在屋内就座时，背对着门是有礼貌的表现，只有在主人的劝说下，才可以移向尊贵位置（指摆着各种艺术品和装饰品的壁龛前的座位，是专为贵宾准备的）。日本人不习惯让客人参观自己的住房，所以不要提出四处看看的请求。日本特别忌讳男子闯入厨房。上厕所也要征得主人的同意。进餐时，如果不清楚某种饭菜的吃法，要向主人请教，夹菜时要把自己的筷子掉过头来使用。告别时，要客人先提出，并向主人表示感谢。回到自己的住所要打电话告诉对方，表示已安全返回，并再次感谢。过一段时间后再遇到主人时，仍不要忘记表达感激之情。

日本人设宴时，传统的敬酒方式是在桌子中间放一只装满清水的碗，并在每人面前放一块干净的白纱布。斟酒前，主人先将自己的酒杯在清水中涮一下，杯口朝下在纱布上按一按，使水珠被纱布吸干，再斟满酒双手递给客人。客人饮完后，也同样做，以表示主宾之间的友谊和亲密。

日本人无论是访亲问友或是出席宴会都要带去礼品，一个家庭每月要花费7.5%的收入用于送礼。到日本人家去做客必须带上礼品。日本人认为送一件礼物，要比说一声"谢谢"的意义大得多，因为它把感激之情用实际行动表达出来了。给日本人送礼要掌握好"价值分寸"，礼品既不能过重，也不能过轻。若过重，他会认为你有求于他，从而推断你的商品或服务不好；若过轻，则会认为你轻视他。去日本人家作一般性拜访，带上些包装食品是比较合适的。但不要赠花，因为有些花是人们求爱时或办丧事时使用的。日本人对礼品讲究包装，礼品要包上好几层，再系上一条漂亮的缎带或纸绳。日本人认为，绳结之处有人的灵魂，标志着送礼人的诚意。接受礼品的人一般都要回赠礼品。日本人不当着客人的面打开礼品，这主要是为了避免因礼品的不适而使客人感到窘迫。自己用不上的礼品可以转赠给别人，日本人对此并不介意。日本人送礼一般不用偶数，这是因为偶数中的"四"在日语中与"死"同音。为了避开晦气，诸多场合都不用四，久而久之，干脆不送2、4、6等偶数了。他们爱送单数，尤其是3、5、7这三个单数。但9也要避免，因为"九"与"苦"在日语中发音相同。受西方影响，不少人也避开13，如果13日恰逢星期五，就更加忌讳。

日本人禁忌绿色，认为绿色不吉利。不喜欢荷花，而喜欢樱花、乌龟和鸭子。

三、名城与名胜古迹

（一）名城

1．首都

东京是日本的首都，面积 2 145km^2，人口 1 200 多万人，被称为世界第一大城市。东京的前身是江户，1 453 年建城，1868 年迁都于此，改名为东京，成为日本政治、经济和文化的中心。

东京是日本最大的工业城市，工业产值居全国第一位。主要工业有钢铁、造船、机械制造、化学工业、皮革、电机、纤维、石油、出版印刷和精密仪器等。

东京是日本商业、金融中心。各大银行在东京几乎都设有总行。东京的股票市场和各种商品交易所也闻名于世。银座是东京的主要繁华街道。

东京是日本文化中心，共有各类大学 190 多所，占全国大学的 50%。著名的东京大学、早稻田大学、庆应大学、立教大学、明治大学、法政大学等集中于此，还设有国立博物馆、西洋美术馆、国立图书馆等。出版社占全国的 80%。

1979 年 3 月 14 日，东京市与北京市结为友好城市。

2．其他名城

（1）大阪。大阪地处本州岛西南部的大阪湾畔，面积 212.1km^2，人口 250 多万人，是日本第三个人口最多的城市（次于东京、横滨）。

大阪经济实力雄厚，仅次于东京，居全国第二位。大阪也是全国水陆交通中心。大阪是综合性的现代化工业城市，以钢铁、机械制造、造船、化工、纺织和造纸工业为主，住友金属、日立造船、川崎重工等大企业均在市内设厂。工业产值居全国第二位。

沿大阪湾海岸，南起和歌山，西到姬路，包括神户、京都在内，是有名的阪神工业区，周围有约 30 个卫星城镇。大阪也是日本西部的文化教育中心，有大学 40 多所，府立图书馆、朝日新闻社都集中于此。

1974 年 4 月 18 日，大阪市与上海市结为友好城市。

（2）名古屋。名古屋是仅次于东京、大阪、横滨的第四大工业城市，位于本州中部地区的西侧，濒临伊势湾，面积 376km^2，人口 200 多万人。

名古屋是综合性大工业城市，为中京工业带（指伊势湾沿岸一带的工业区）的核心，木材加工、毛纺和陶瓷工业居全国首位，汽车、钢铁、一般机械、金属加工、精密仪器、化学工业等也很发达。全市有工厂 1.8 万余家，三菱重工、住友轻金属工业公司等都在此设厂。

名古屋商业也很发达，是全国三大批发商业中心之一。该市的爱知丰田汽车销售公司和松坂屋百货公司是全国闻名的大商业企业。

1978 年 12 月，名古屋市与南京市结为友好城市。

（3）横滨。横滨是全国最大的海港，神奈川县的首府和政治、文化、交通中心，人口约 300 万人。

横滨市是京滨工业区的中心之一，工业产值仅次于东京、大阪，居全国第三位。运输机械（汽车、船舶）、电机电器和食品加工是三大主要工业部门，共占全市工业产值的一半以上。其他工业有钢铁、炼油、化工等。

横滨港是全国最大的海港，横滨港贸易额长期居全国首位。

横滨与东京相距 25km，两市之间的各种交通设施齐备，时间距离仅 20 分钟左右。

1973 年 11 月横滨市与上海市结成友好城市。

（4）神户。大阪的外港，是日本次于横滨的第二大港，位于大阪西面。地接六甲山脉，面临大阪海湾，背倚大阪国际机场。水深港阔，巨轮环泊，是大阪工业产品的出口地，日本造船业的中心。神户也是一个工业城，主要工业有造船、纺织、五金、钢铁、机械、酿酒、造纸。神户商业发达，人口有 170 多万人。

（5）京都。京都又名西京，是日本历史上的政治、文化和宗教中心，有“千年古都”之称，也是日本第五大城市，人口 180 多万人。

京都位于大阪东北约 45km 处比睿山的盆地上，南、北、西三面环山，东面临琵琶湖。主要景点有清水寺、三十三间堂、金阁寺、银阁寺、平安神宫、二条城、桂离宫、五重塔、京都御所、国立京都博物馆等众多寺院及历史古迹，其建筑、庭园富有日本特色。岚山是以樱花和红叶而著名的地方。

（6）札幌。札幌位于北海道中央偏西，是日本北海道的首府所在地，也是日本北部的政治、经济、文化和交通中心，同时也是一座工业城市和旅游城市，在日本十大城市中排名第七。

札幌是一座有着浓厚的北国风味的城市，冬天的气温经常在零下 10～20℃之间，全市和邻近郊区都被白雪覆盖，成为冰天雪地的世界。札幌雪祭是日本北部最有名的国际性观光节目，也是闻名国际的冬季盛会。1972 年，冬季奥林匹克运动会曾在这里举行。

（7）奈良。日本三大古都之一，国际文化城，位于大阪之东、京都的东南方 42km 处，人口约 53 万人。

奈良曾是日本的政治和文化中心，日本的佛教艺术就是在这里萌芽的，是日本神社、佛像、雕刻、绘画等国家重要文物所在地，城市保持着日本古典的风格。其佛教建筑物以奈良七大寺最为有名。759 年唐僧鉴真开创的唐招提寺也在奈良。主要景点有奈良公园、东大寺、兴福寺、法隆寺、唐招提寺、西大寺、春日大社、国立博物馆等。

（二）名胜古迹

1．富士山

位于本州中南部，海拔 3 776m，是日本最高峰，日本人奉之为“圣山”，是日本民族的象征。距东京约 80km，跨静冈、山梨两县，面积为 90.76km^2。整个山体呈圆锥状，山顶终年积雪。富士山四周有剑峰、白山岳、久须志岳、大日岳、伊豆岳、成就岳、驹岳和三岳等“富士八峰”。富士山区还设有幻想旅行馆、昆虫博物馆、自然科学厅、奇石博物馆、富士博物馆、大型科学馆、植物园、野鸟园、野猴公园和各种体育、游艺场所等。坐落在顶峰上的圣久须志神社和浅间神社是富士箱根伊豆国立公园的主要风景区。

2．琵琶湖

位于大阪、京都、名古屋之间，是日本最大的淡水湖，因湖形如琵琶，故得此名。面积 674.5km^2，湖水波光潋滟，湖岸蜿蜒曲折，草木茂盛，环境优美，是日本著名的旅游胜地。沿湖岸有许多著名的寺院，其中延历寺的长廊和正殿被日本视为国宝。

3．岚山

位于京都的西北郊，是以樱花和红叶而著名的地方。春天樱花如云，秋天红叶满山。岚山留下过周恩来总理的足迹，山上修建有周恩来青年时代留学日本时写下的诗篇《雨中岚山—— 日本京都》的诗碑。岚山东南不远处，绿荫丛中，掩映着一座古色古香的建筑，这就是建于 350 多年前、闻名遐迩的桂离宫，占地 6 600km^2，是典型的日本民族风格建筑。庭园环境清幽，池水如镜，花木葱茏，景色宜人。

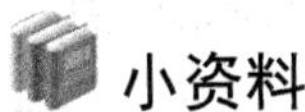

小资料

雨中岚山——日本京都

1917 年秋，19 岁的周恩来东渡日本求学。1919 年 4 月 5 日这天，他第二次游览岚山，写下这首著名的诗篇：

雨中二次游岚山，
两岸苍松，夹着几株樱。
到尽处突见一山高，
流出泉水绿如许，绕石照人。

潇潇雨，雾蒙浓；

一线阳光穿云出，愈见姣妍。

人间的万象真理，愈求愈模糊，

——模糊中偶然见着一点光明，

真愈觉姣妍。

镌刻着这首诗的诗碑立于岚山上的龟山公园内，碑上诗文是廖承志于1978年11月用毛笔书写。

在诗碑左侧，立着一座副碑，上面用日文记载着建立这座诗碑的缘由：

“为了纪念一九七八年十月缔结日中和平友好条约，并且为了表达京都人世世代代友好的心愿，在这渊源深远之地，建立伟大的人物周恩来总理的诗碑。”

4. 箱根

位于富士山和伊豆半岛之间，这里群山环抱，火山温泉遍布，风景四季宜人。春天樱花烂漫，夏天是避暑胜地，秋天到处枫红，冬天雪景迷人，属于“富士箱根伊豆国立公园”的一部分。箱根是日本历史上名流贵族修身养性的地方，现在是日本最热门的旅游胜地。富士箱根伊豆国立公园因有世界首屈一指的锥状火山富士山和美丽的富士五湖而闻名。

5. 桂离宫

位于京都西部桂江西岸，建于日本元和六年（公元1620年），为智仁亲王所建，于1883年成为皇室行宫，主要建筑有：书院、松琴亭、笑意轩、园林堂、月波楼、赏花亭等。桂离宫有山、有湖、有岛，为日本著名古建筑。

6. 唐招提寺

位于奈良市，是由中国唐代高僧鉴真亲手兴建的，是日本佛教律宗的总寺院，这座具有中国盛唐建筑风格的建筑物被确定为日本国宝。

唐代高僧鉴真（公元688～763年）第6次东渡日本后，于天平宝字三年（公元759年）开始建造，大约于公元770年竣工。寺院大门上红色横额“唐招提寺”是日本孝谦女皇仿王羲之、王献之的字体所书。寺内，松林苍翠，庭院幽静，殿宇重重，有天平时代的讲堂、戒坛，奈良时代（公元710～789年）后期的金堂，镰仓时代（公元1185～1333年）的鼓楼、礼堂及天平以后的佛像、法器和经卷。御影堂前东面有鉴真墓，院中植有来自中国的松树、桂花、牡丹、芍药、“孙文莲”、“唐招提寺莲”、“唐招提寺青莲”、“舞妃莲”、“日中友谊莲”和扬州的琼花等名花异卉。

7．东大寺

位于奈良市，由圣武天皇建于公元743年，寺内的大佛据说是世界最大的木造建筑。殿内的卢舍那大佛，高14.84m，是世界最大的铜像。这座铜像铸成于752年，后两次毁于战火，现在的佛像是17世纪初重铸的。寺内的正仓院是保存宝物、什物的仓库，原为收集圣武天皇遗物的地方，明治后成为搜集奈良时代遗物的博物馆。卢舍那大佛与正仓院同为日本的国宝。

8．江户城遗址

位于东京都中心千代田区，被日本政府指定为国家的“特别史迹”。江户城始建于15世纪中叶，1603年，德川家康就任征夷大将军并在此设立幕府后，江户便成为日本的首都。明治元年（1868年），明治军队进占江户后，把江户改为东京。明治维新后，在江户城遗址上修建了皇宫。共有宫殿七座，掩没在郁郁葱葱的林荫之中，为极富日本传统风格的古典式楼阁建筑。正殿是皇宫中心，正殿的“松之阁”是皇室举行主要活动和礼仪活动的场所；“长和殿”是天皇生日时接受群众祝贺的地方；“丰明殿”是宴会厅；“吹上御所”则是天皇居住之地。

9．东京塔

位于东京市内，建成于1958年，塔高333m。这座日本最高的独立铁塔上部装有东京都多家电视台、电视中转台和广播电台的无线电发射天线。在100m高的地方，建有一个二层楼高的展望台；在250m高的地方，也设有一个特别展望台。展望台四边都是落地的大玻璃窗，窗向外倾斜。站在展望台上可俯瞰东京市容，全市景观尽收眼底。塔的下部为铁塔大楼，一楼为休息厅，二楼有商场，三楼是规模居日本及远东第一的蜡像馆，四楼是近代科学馆和电视摄影棚，五楼是电台发射台。

10．广岛和平纪念碑

广岛曾是日本明治天皇的大本营，也是日本陆军侵略亚洲大陆的重要基地。第二次世界大战末期，日本军阀仍负隅顽抗，叫嚣“本土决战”。1945年8月6日，美军在广岛上空投下原子弹，广岛顿时成为人间地狱。为了以史为鉴，广岛建立起和平纪念碑，同时广岛成为禁止核武器和平运动的中心。

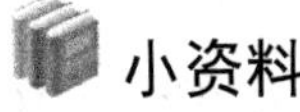

小资料

广岛、长崎核爆炸

1945年8月，美国向日本的广岛和长崎投下两颗原子弹，这是世界战争史上第一次使用核武器。这两颗原子弹，瞬间把广岛和长崎变成不折不扣的人间地狱！

1945年8月6日清晨，一架美军B—29型轰炸机飞临日本广岛市区的上空。防空人员发出了空袭警报，然而人们误认为是一架侦察机，所以大部分人没有及时进入防空洞躲避。上午8时15分，B—29型轰炸机投下一颗炸弹后，就拼命逃离了广岛上空。那颗黑色的大炸弹带着降落伞慢慢落向市中心，离地面还有500～600m时爆炸了。爆炸瞬间，先是耀眼的强光一闪，随即是天崩地裂，紧接着，出现了一个大火球，逐渐上升、翻滚和扩大，变成一团暗棕色的烟云。这就是美军研制成的三颗原子颗之一的“小男孩”。“小男孩”是“枪式”铀弹，长3m，重约4t，直径0.7m，梯恩梯当量为1.5万t。广岛市24.5万人中有20万人死伤，城市建筑物在巨大冲击波的作用下全部倒塌和燃烧，一枚原子弹毁掉了一座城市。

两天后，1945年8月9日上午11时2分，美军又用B—29型轰炸机将第二枚原子弹“胖子”投在长崎市中心。爆高503m。“胖子”重约4.9t，长3.6m，直径1.5m，梯恩梯当量2.2万t，是一枚“收聚式”钚弹。这枚原子弹的爆炸，使长崎市23万人中有15万人死伤和失踪，城市毁坏程度达60%～70%。这两颗原子弹最后结束了第二次世界大战，但人们望着遮天蔽日的蘑菇云感觉到，一个真正可怕的魔鬼出现了。

11．濑户大桥

濑户大桥有“世界第一桥”之称，建在日本的本州和四国两岛之间的濑户内海上，为一公路铁路两用桥，经过9年多的建设，于1988年4月通车。这座跨海大桥总长度达37km，跨海长度达9.4km，是世界桥梁史上的杰作。

12．明治村

明治（1868～1912年），是日本近代史上一个激荡的年代，是日本现代化的发端。日本人将明治时代有代表性的建筑物，集中移建在名古屋郊外一处风景优美的地方，取名“明治村”。明治村于1965年开始接待游人。它使人们看到了已经消逝百年的社会，了解了过去的日本怎样进行维新，有助于认识今天的日本是沿着怎样的一条道路发展过来的。

13．仁德天皇墓

位于大阪市南面的界市，建于5世纪初日本仁德年间。仁德为日本第16代天皇，在历史上颇有作为，他在位期间，是日本经济和文化的兴盛期。仁德天皇陵是他在位时修建的，以其古老、宏大、壮观闻名于世，是和中国秦始皇陵、埃及胡夫金字塔皇陵齐名的世界三大皇陵之一。该陵已成为日本著名的旅游点。

【思考与练习】

1．日本的地形与气候特点？

2．日本的资源特点？对经济的影响？

3．日本有哪些主要经济部门？

4．日本著名的作家及其作品？

5．日本有哪些独特的文化艺术形式？

6．日本有哪些名城与著名的名胜古迹？

7．通过对日本民俗的了解，你觉得在与日本人交往时，要特别注意哪些方面？

8．学习唐招提寺的内容，了解中日两国友好往来的历史。

第二节　韩　　国

关键词语　三八线、洛东江、汉江、高丽民族、太极旗、朝鲜战争、新兴工业化国家、韩元、宫廷舞、扇舞、首尔大学、联合通讯社、泡菜、敬老、汉城、釜山、雪岳山、济州岛、石窟庵、佛国寺、海印寺

一、自然环境特征

（一）位置

韩国全称“大韩民国”，位于亚洲大陆东北朝鲜半岛的南半部。其南北长约500km，东西宽约250km，北部以北纬38°军事分界线（“三八线”）为界，与朝鲜民主主义人民共和国相邻，其余三面被黄海、朝鲜海峡和日本海所环抱。东临日本海，西与中国山东省隔黄海相望，面积约9.9万km^2。

（二）地形

韩国地形特点是山地多，平原少，约70%是山区，太白山山脉沿东部海岸伸延。西部和南部大陆坡平缓，东部大陆坡很陡，丘陵大多位于南部和西部。海岸线漫长而曲折，全长约17 000km（包括岛屿海岸线）。主要港口有釜山、仁川、浦项、蔚山、光阳等。西海岸河流沿岸有辽阔的平原，是韩国主要农业区。半岛南面的济州岛是韩国最大的岛屿。

（三）气候

韩国属亚热带海洋性季风气候。韩国四季分明，气候温和、湿润，3～5月为春季，鲜花盛开；6～8月为夏季，降雨量占全年的一半，高温潮湿；9～11

月为秋季，秋高气爽，是最适于旅游的季节；12 月～次年 2 月为冬季，天气特征与我国东北相似，是滑雪的好季节。年平均降水量南部地区 1 500mm，中部地区 1 300mm 左右。

（四）河流

韩国拥有相对多的河流，河流多向西、向南流入黄海和东海。其中洛东江（长 525km）和汉江（长 514km）是韩国的两条主要河流。流经韩国首都首尔的汉江，是古代王国生息和沿江人民的生命线，如今则是现代韩国人口密集的中部地区的生命线。

（五）资源

韩国矿产资源较少，已发现的矿物有 280 多种，其中有经济价值的 50 多种。有开采利用价值的矿物有铁、无烟煤、铅、锌、钨等，但储藏量不大。由于自然资源匮乏，主要工业原燃料均依赖进口。

二、人文环境特征

（一）简况

1．人口

韩国约有人口 4 842.26 万人（2005 年 7 月）。

2．民族

民族为单一的高丽族（朝鲜族）。

3．语言

通用韩国语。

4．宗教

韩国人普遍信教。信奉基督教和佛教的人最多，其次为儒教、道教及其他宗教等。大多数韩国人信奉佛教，韩国寺庙众多。儒学在韩国有较大的社会影响，每年春秋两季都要在首尔文庙举行祭孔大典。

5．国旗

太极旗，1883 年被高宗皇帝正式定为李氏朝鲜王朝国旗，1948 年又被确定为韩国国旗。太极旗的横竖比例为 3:2，白地代表土地，中间为太极两仪，四角有四组八卦图案。左上为乾，代表天；右下为坤，代表地；右上为坎，代表水；左下为离，代表火。

6．国歌

国歌为《爱国歌》。

7. 国花等

木槿花为国花，鹊为国鸟，虎为国兽。

（二）简史

公元1世纪前后，朝鲜半岛经历了高句丽、百济、新罗三国鼎立的时代。公元7世纪中叶，新罗在半岛占据统治地位。公元10世纪初，高丽取代新罗。14世纪末，李氏王朝取代高丽，定国号为朝鲜。

1910年8月沦为日本殖民地。1945年8月15日获得解放。但因前苏联和美国两国军队以北纬38°线为界分别进驻北半部和南半部，使得朝鲜南北方分治，韩国是朝鲜国家分裂的产物。

1948年8月15日，大韩民国宣告成立。1950年朝鲜战争爆发，1953年停战。

1991年9月17日朝鲜南北双方同时加入联合国。

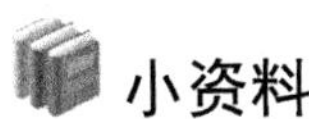

小资料

三　八　线

国际通称：The 38th Parallel。

三八线是位于朝鲜半岛上北纬38°附近的一条军事分界线。第二次世界大战末期，盟国协议以朝鲜国土北纬38°线作为苏、美两国对日军事行动和受降范围的暂时分界线，北部为苏军受降区，南部为美军受降区。日本投降后这条线就成为大韩民国和朝鲜民主主义人民共和国的临时分界线，通称“三八线”。

三八线北部为朝鲜民主主义人民共和国，南部为大韩民国。长度248km，宽度大约4km。

（三）政治

1. 政体

韩国实行“立法、行政、司法”三权分立的政体，立法权属于国会，行政权属于总统内阁，司法权属于独立的法院。

总统是国家元首、政府首脑和武装部队最高司令，由全民直接选举产生。任期5年，不能连任。根据宪法规定，当出现总统伤残或死亡的情况时，总理或国务会议成员将临时代理总统之职。

立法机构是国会，国会会议分定期国会和临时国会，国会有立法权、国政调查权、审核与批准国家预算权、弹劾追诉权、国会自律权，一院制国会任期5年，共299个席位。

韩国的法院共分三级，即大法院、高等法院和包括特别家庭法院和行政法院在内的地方法院，大法官由总统任命，但须经国会同意，任期 6 年，不得连任，年满 70 岁必须退位。

2．政党

韩国主要政党有 4 个。

（1）新千年民主党。简称民主党，前身为金大中于 1995 年 9 月 5 日成立的新政治国民会议，2001 年 11 月金大中辞去总裁职务。

（2）大国家党。1997 年 11 月 21 日由新韩国党和韩国民主党合并而成，为国会内第一大党。

（3）自由民主联合。简称自民联，1995 年 3 月 30 日成立。

（4）民主国民党。简称民国党，2000 年 3 月 8 日成立。

3．国家首脑

现任总统为朴槿惠。

（四）经济

1．发展水平

20 世纪 50 年代，韩国经济从崩溃的边缘走向复苏；60 年代，韩国提出“贸易立国”口号，成功地推行了外向型经济发展战略，经济开始迅速起飞，9%以上的高增长率持续了 30 多年；70 年代，韩国跻身于新兴工业化国（地区）行列；80 年代，韩国发展成为国际市场上一个具有竞争力的国家；90 年代，韩国开始把进入发达国家行列作为努力目标。

1995 年，韩国人均国民收入突破 1 万美元。1996 年，韩国人均国民生产总值超过 1 万美元。电子、半导体、汽车、造船、钢铁、石化 6 个骨干产业已进入世界前 10 名。同年，韩国加入被称为“发达国家俱乐部”的经济合作与发展组织（OECD）。

1997 年 10 月，韩国爆发金融危机，经济受到严重冲击。在国际货币基金组织（IMF）及美、日等国的紧急资金援助下，韩国度过危急关头，并对金融、企业、公共部门和劳动市场等领域实行改革，对经济结构作较大调整，取得明显成效。

1998 年韩国经济增长率为–6.7%。但从 1998 年底开始，韩国经济开始恢复增长。1999 年，韩国 GDP 增长率达到 10.7%，国内生产总值为 4 067 亿美元，居世界第 13 位；人均国民收入 8 581 美元，排名世界第 37；外贸进出口额 2 634 亿美元，排名世界第 13。2000 年经济增长率为 8.8%。

2005 年，韩国国民总收入 673 亿美元；人均国民收入 13 980 美元；经济增长率为 4.5%。

2．主要部门

工业有钢铁、汽车、造船、电子、纺织等。浦项钢铁厂是世界第二大钢铁联合企业。韩国造船能力居世界第二位，汽车产量居世界第五位，电子工业以高技术密集型产品为主，是世界十大电子工业国之一。其半导体集成电路发展尤为迅速，近年来韩国重视 IT 产业，不断加大投入。目前韩国 IT 产值名列世界前茅。半导体、汽车、造船、钢铁、电子、建筑、石油化工、信息通讯、纺织等是韩国的支柱产业。目前，韩国正在大力发展信息通讯、生物和新材料、新能源等知识型、高附加值产业。

3．主要财团

韩国经济偏重大企业集团的倾向较严重，最大的 4 家大企业集团，即现代、三星、LG 和 SK 集团在韩国民经济中占据了举足轻重的地位。现在韩国政府实行鼓励中小企业和高科技风险企业发展的政策。

4．对外贸易

2006 年，韩国的进出口总额为 6 348.5 亿美元，比上年增长 16.3%，显示出强劲的增长势头。主要出口商品有半导体、汽车、电脑、船舶、石油化工产品、无线通讯器材、服装、钢板、人造长纤维织物、电子管及零部件等。

5．货币

基本货币单位是韩元。1 元＝100 分。纸币分 500、1 000 和 10 000 元三种。硬币分 1、5、10、100 元及 500 元五种。货币汇率实行浮动汇率。

（五）文化

1．文学

韩国是个具有悠久历史和灿烂文化的国家，在文学艺术等方面都有自己的特色。韩国的古典文学是以韩国人民传统的民间信仰为背景的条件下发展起来的，但也受到道教、儒教和佛教的影响，其中以佛教、儒教的影响最大。《高丽大藏经》木刻版是目前存世的最古老和最完整的佛教经典。《训民正音》是传授朝鲜王朝第四代君主世宗大王创建的韩文字母的入门教科书，它和编年体大事记《朝鲜王朝实录》同被收入联合国教科文组织“纪念世界”登记簿，这些都是韩国优秀的文化遗产。新罗的“乡歌”《三国遗事》是韩国文学中的一种独特诗歌体裁。《龙飞御天歌》是韩国古典诗歌的代表作。韩国最初的古典小说是金时习用汉字写的《金鳌新话》和许筠用韩文字母写的《洪吉童话》。

韩国的现代文学是在朝鲜王朝封建社会瓦解和西方新思想的传入背景下形成的，作为韩国现代文学的形式，“唱歌”（新体歌）和“新体诗”被誉为新的诗歌形式。

2．艺术

（1）美术。韩国美术主要包括绘画、书法、版画、工艺、装饰等，既继承了民族传统，又吸收了外国美术的特长。韩国的绘画分东洋画和西洋画，东洋画类似中国的国画，用笔、墨、纸、砚表现各种题材。此外还有各类华丽的风俗画。与中国、日本一样，书法在韩国是一种高雅的艺术形式。韩国历史上著名的画家是金弘道，代表作品有《私塾》等世态画。现代最著名的画家是白南准。

（2）音乐。韩国现代音乐大致可分为"民族音乐"和"西洋音乐"两种，民族音乐又可分为"雅乐"和"民俗乐"两种。雅乐是韩国历代封建王朝在宫廷举行祭祀、宴会等各种仪式时由专业乐队演奏的音乐，通称"正乐"或"宫廷乐"。民俗乐中有杂歌、民谣、农乐等，多以农村乡音为主，显得活泼、生动。乐器常用玄琴、伽耶琴、杖鼓、笛等。韩国民俗乐的特色之一是要配上舞蹈。

（3）舞蹈。韩国舞蹈有传统音乐宫廷舞、民俗舞（乡土舞）、假面舞和仪式舞，以及现代芭蕾舞。宫廷舞分礼仪用的文舞和武舞。韩国的舞蹈以民族舞和宫廷舞为中心，多姿多彩。扇舞是最能代表韩国的优美传统舞，有独舞、中舞和群舞。韩国舞蹈非常重视舞者肩膀、胳膊的韵律。扇子、花冠、鼓几乎是不可缺少的道具，最著名的是"太鼓舞"和"杖鼓舞"。

（4）戏剧。韩国的戏剧起源于史前时期的宗教仪式，主要包括假面具、木偶剧、曲艺、唱剧、话剧等 5 类。其中假面具又称"假面舞"，为韩国文化象征，在韩国传统戏剧中占有极为重要的地位。

3．工艺品

韩国的绘画、雕刻、书法、版画、装饰以及陶瓷器等，既有民族特色，又有现代特色，其青瓷和白瓷尤负盛名。

4．著名学府

韩国是一个十分重视教育的国家。全国各类大专院校数以千计。著名学府有国立首尔大学、延世大学、高丽大学和梨花女子大学等。

5．新闻媒介

韩国新闻业发达。《朝鲜日报》、《中央日报》、《东亚日报》、《韩国日报》、《大韩每日》和《京乡新闻》为 6 大全国性韩文日报。除《大韩每日》外，其他报纸均属私营。

联合通讯社是韩国所有新闻媒体共办的一个合作性通讯社，全国所有的日报、电台和电视台都拥有其股份；在北京等 13 个国家的首都或大城市设有分社。

韩国有 10 家全国性广播公司，如韩国广播公司、文化广播电台、首尔广播公司电视台、基督教广播电台、远东广播电台等；有地方广播公司、有线广播公司多家；有 39 个电视台，其中 20 个是商业电视台。

（六）习俗

1．物质习俗

（1）服饰。女装有裙、袄和长袍。长裙的腰线高至胸部，用作礼服和外出服的裙子较长，平时穿的较短。姑娘和少妇常穿紫红色袄和淡紫色袄，中年妇女常穿玉色袄。裙袄配穿的特点是，袄短小，紧紧贴在身上，裙子以肥以长，看上去丰满、流畅。女服全身色彩鲜艳。男装有裤子、袄、坎肩和长袍。衣服必须上下同一色系，多用白色衣料缝制。

（2）饮食。韩国家庭的日常饮食是米饭、泡菜和大酱汤。韩国著名的风味饮食有烤牛肉、冷面、打糕、狗肉汤和参鸡汤等。韩国泡菜广为人知，种类很多，多以白菜、萝卜或黄瓜为原料，加上盐、蒜、生姜、洋葱、红辣椒、梨及贝壳类海鲜等腌泡而成。韩国人普遍喜欢饮酒，本国的烧酒、啤酒和洋酒的消费量较大。

（3）居住。传统的住房是平房，有单排房、双排房、直角房和四合房，其特点是整面屋地都是一座火炕，灶口烧火，烤热炕面，暖和全屋。现代楼房以热水管道埋在炕下取暖。

2．重要节日

（1）民俗日。正月初一日，韩国人举家团聚，人们穿上民族节日盛装，举行祭祖仪式。祭祖完毕晚辈向长辈拜年，向亲戚邻里家拜年，全家参加歌舞娱乐活动。

（2）上元节（元宵节）。正月十五日，早晨有食种果（栗子、核桃、松子等）、饮明耳酒、吃药膳、五谷饭、陈茶饭等节庆活动。

（3）七夕节。农历七月七日，传说中的牛郎织女相会日。

（4）中秋节（秋夕节）。农历八月十五日，全国举行民族娱乐活动，并扫墓祭祖。

（5）重阳节。农历九月九日。

（6）亚岁节（冬至日）。过节时吃冬至粥（小豆粥中放粘高粱面团子），做室内游戏。

3．礼仪和禁忌

韩国人崇尚儒教，注重礼节。长幼之间、上下级之间、同辈之间的用语有严格区别。尊敬长者、孝顺父母、尊重老师是全社会的习俗。上下班时必须互致问候；隆重场合或接待贵宾见面时低头行礼；对师长和有身份的人，递接物品时要用双手并躬身；年轻人未经许可，不得在长者面前吸烟；在车上向长者让座；要扶长者登楼；排队时，亦应让长者居首位以示敬老。餐桌礼节与中国稍有不同，捧碗而食被视作不礼貌的举动。

三、名城与名胜古迹

（一）名城

1．首都

韩国首都首尔（原称汉城），位于朝鲜半岛中部，离西海岸不远，汉江流过市中心。首尔现有人口约 1 200 万，约占全国人口的 1/4，是韩国政治、经济和文化中心。

鳞次栉比的高楼大厦耸立于幽雅宁静的古老宫殿之后。首尔既是一座现代化的大都市，又是一座历史悠久的文化古城。在市区及周边地区，有着许多历史遗迹、人文景点、现代化的建筑、主题公园以及其他观光胜地。

首尔的主要旅游景点有：景福宫、昌德宫与昌庆宫、宗庙、大韩生命 63 大厦（位于永登浦区汝矣岛洞。地上 60 层，地下 3 层，高 264m，号称韩国第一高楼，是首尔的象征）、崇礼门（南天门，为首都的城门，是现存朝鲜王朝建筑中最具典型者）、首尔综合运动场（1988 年汉城奥运会的主赛场）和乐天世界（为世界最大的室内娱乐中心，除乐天世界探险及湖上的魔术岛外，还有民俗馆、大饭店、电影院、室内游泳池、室内溜冰场、保龄球场、会员制的运动俱乐部、百货公司、超级市场、购物中心等，是娱乐与文化相结合的超大型娱乐城）等。

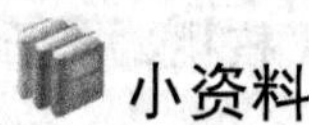

小资料

被烧毁的崇礼门

崇礼门位于韩国首都首尔市中区南大门路 4 街 9 号，它是韩国第一号国宝，一般俗称南大门，至今有 600 多年的历史。南大门在诸多城门中规模最大，以平滑的巨石堆砌而成的石阶中央有一个拱形的入口，石阶上有柱子和屋顶，分上下两层。东西两边也有可以互通的门。台上两边有绿草坪，标志着已不复存在的城墙的痕迹。同时它邻近平民化的南大门市场，为首尔以至韩国的一个主要地标。崇礼门是早年汉城 4 度城门之中规模最大的城门，亦是目前首尔留存历史最悠久的木造建筑物。

此门首度落成于1398年李氏朝鲜时代，至今有600多年的历史。

2008年2月10日晚8点50分左右，韩国一号国宝崇礼门发生火灾。这是一起人为的纵火案，大火起于崇礼门二层的木质楼阁，持续燃烧5个多小时。虽经消防队奋力扑救，但也没能避免崇礼门的烧毁，同时也给警方调查纵火嫌疑犯带来了很大的难度。2月11日凌晨2点左右，崇礼门一层和二层的楼阁倒塌，化为灰烬，崇礼门的整座木制城楼被大火烧毁。崇礼门修复工程预计需要2～3年。

事故发生后，不少首尔市民在变成废墟的崇礼门前失声痛哭，一些民众向崇礼门献花表达哀思，有的花篮缎带上写道："没有保护好祖先的遗产，非常抱歉。"更有大量市民通过网络留言表达对当局管理疏漏的不满。

崇礼门被烧毁后，首尔市长为此公开道歉，韩国文化遗产厅厅长为此递交了辞呈。

2．其他名城

（1）釜山。釜山是韩国第一大港口城市，全国第二大城市，位于韩国东南角，人口约400万人。釜山及其周边地区的主要旅游景点有：梵鱼寺（建于公元678年，为禅宗总枢，堪称朝鲜朝代建筑的精品）、龙头山公园（可俯视釜山繁华区的街道与临近的海滨，公园内设有壬辰倭乱时的救国英雄李舜臣将军的铜像，而高达120m的釜山塔则是整个市区的"准星"）和闲丽海上国家公园等。

（2）仁川。仁川是韩国第二大港口城市。这里有竖立着许多雕塑的月尾岛文化街等旅游点，游客如搭乘游览客轮，可欣赏海上的夕阳美景及星罗棋布的岛屿。

（3）庆州。庆州是新罗王朝的首都，也是韩国古代文明的摇篮。现有人口28万人，是一座恬静的城市。举凡山地、溪谷，都有王陵、石塔、佛像、寺庙遗迹；不赴博物馆探古，只游览庆州古都，也就等于在探索古代灿烂文化的遗迹，故庆州有"无围墙之博物馆"之称。庆州主要旅游景点有：古坟公园（以巨大的7座新罗王陵为中心，周围遍布23座古坟，由石墙环绕，面积达3.8万m^2）、瞻星台、庆州民俗工艺村、雁鸭池、佛国寺（世界文化遗产）、石窟庵等著名景观。

（二）名胜古迹

韩国风景优美，有许多文化和历史遗产，旅游业较发达。主要旅游点有首尔景福宫、德寿宫、昌庆宫、昌德宫、国立博物馆、国立国乐院、世宗文化会馆、湖岩美术馆、南山塔、国立现代美术馆、江华岛、民俗村、板门店、庆州、济州岛、雪岳山等。

1．雪岳山

位于韩国东北部地区，有多处滑雪场与历史遗迹，以及瀑布、洞窟、温泉浴场、海水浴场、国家公园及沿海的渔村等景观。花岗岩山峰、苍郁的溪谷、茂密的树林、神秘的寺庙、一泻千里的瀑布、清澈见底的溪水……构成这一地区美丽的风景图画。

2．石窟庵

位于庆州市，邻近佛国寺，从佛国寺公车站乘巴士约需 20 分钟。它与佛国寺一同申报世界文化遗产。公元 751 年，是当时宰相金大城为了追悼他的父母所建，是石窟庵之附属建筑物。目前没有任何寺庙，仅保存着于 1909 年在后山发现的人造石窟以及那座在佛教美术史上堪称杰作的释迦如来坐像。

3．佛国寺

位于庆州市，离庆州火车站仅 30 分钟步行距离。作为世界文化遗产的佛国寺，建于公元 535 年，全盛时期寺庙范围曾大到现在的 10 倍左右，不幸在壬辰倭乱时惨遭焚毁。其后经过复原重建，即为现在的建筑物，而真正保持原状的仅有那些石造部分，由此也可显出新罗文化的繁盛。

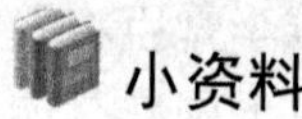小资料

壬辰倭乱

壬辰卫国战争，是 1592～1598 年朝鲜人民抗击日本侵略的战争。韩国、朝鲜称之为壬辰倭乱，日本称之为文禄、庆长之役，中国称为朝鲜之役，现代汉语中称为万历朝鲜战争。

这场战争由时任日本关白的丰臣秀吉在 1592 年派兵侵略朝鲜引起。丰臣秀吉在行将完成日本统一之时，即图谋吞并朝鲜，入侵中国，以遂其扩张领土的野心。朝鲜初战失利，平壤失陷。朝鲜即向明朝求援，明神宗应请求派遣大军救援。

明朝和朝鲜陆军及水师多次并肩作战，加之配合上李舜臣设计的龟船，中朝军队最终获胜，朝鲜转危为安；日军主力被迫撤退，日本企图侵占朝鲜并以之为跳板进攻中国的企图破灭，丰臣秀吉也在希望破灭后不久死去。他死后不久，日本军队被迫全部从朝鲜撤退。

4．海印寺

位于庆尚南道伽耶山南麓，公元 802 年，由顺应、利贞两位大师创建。最著名的建筑是藏经版库，藏有大藏经版 8 万余块，为世界文化遗产。

5．济州岛

韩国第一大岛，以“幻想之岛”闻名，也是韩国重要的观光度假胜地，理想的旅游和垂钓胜地。济州岛位于朝鲜半岛的南端，隔济州海峡与半岛相望。岛中部有韩国最高峰汉拿山，海拔 1 950m，是韩国第一高峰。在这里可以观赏名胜古迹、欣赏自然景观，还可以登山、骑马、兜风、狩猎、冲浪和打高尔夫球等。

这里人烟稀少，土地广阔，不是高山森林，就是农田村舍。农家种的主要是稻米、蔬菜、水果，最多最壮观的要属油菜花，春天，遍地一片金黄，非常好看。

自古以来，济州岛就有“三多三无”之说，即：风多、石多、女人多；无门、无盗、无乞丐。

主要旅游点有：龙头岩（它是由汉拿山火山口喷出的熔岩在海上凝结成龙头模样的岩石，相传是神龙因触怒天神而化为岩石）、万丈窟（为汉拿山喷出的熔岩而形成的熔岩洞窟，总长度为 13.4km，号称世界第一，黑暗的洞窟令人倍觉神秘）、山君不离（为汉拿山一个典型的火山口，周长约 2km，火山口附近丛聚 420 余种温带植物，这些温带植物和高山植物很有学术研究价值）、正房瀑布（直泻海洋的两股瀑布高为 23m，与海岸的悬崖峭壁构成雄伟的景观）、城山日出峰（为汉拿山 360 个子火山之一，号称是世界最大的突出于海岸的火山口。由此地观看日出，美不胜收。当地开有环绕城山日出峰外围的游览船和汽艇）、汉拿山国家公园（山上生长着亚热带——寒带 1 800 余种植物与野生昆虫类，春天的杜鹃花、夏天的高山植物、秋天的红叶和冬天的雪景组成汉拿山的四季图画）和中文游乐区。

6．珍岛

每年 4 月中旬，在全罗南道珍岛郡与茅岛之间，因海潮涨落差异而发生海水“中断”，出现“海水裂，道路现”的神奇现象，仿佛“摩西奇迹”再现，这就是珍岛的“灵登奇景”。络绎不绝的人群来往于海上通道，拾掇蛤贝、鱼蟹等海产，领会、体验大自然的神奇。这一天，人们还在岛上举行“灵登祭”，祭祖、祭海龙王，祈求合家团聚。

【思考与练习】

1．韩国的地形、气候特点？据此气候特点分析韩国的旅游淡旺季。

2．试画出韩国国旗的简图，分析其中蕴含的古代文化思想。

3．分析韩国经济的特点及其成因，并同日本作一比较。

4．韩国有哪些饮食习俗和尊老习俗？

5．首都首尔有哪些重要的旅游景点？

6. 通过对崇礼门烧毁事件，你觉得对文物保护工作哪些方面我们必须要加强？

7. 对照地图，解说韩国主要风景名胜。

8. 作为中国旅游第一大客源国，试分析中韩两国旅游合作的对策及前景。

第三节 印度尼西亚

关键词语 千岛之国、火山之国、爪哇岛、热带经济作物、最大伊斯兰教国家、巴厘岛传统舞蹈、沙笼、敬蛇、雅加达、万隆、茂物、婆罗浮图、巴厘岛

一、自然环境特征

（一）位置

印度尼西亚共和国（以下简称印尼）位于亚洲东南部，地跨赤道，北与马来西亚接壤并与新加坡隔海相望，南与东帝汶接壤并与澳大利亚隔海相望，西与巴布亚新几内亚为邻。

印尼东西延伸 5 000km，南北宽约 1 800km。印尼总面积 190 多万 km^2。海岸线长 3.5 万 km，由太平洋和印度洋之间 13 667 个大小岛屿组成，其中约 6 000 个岛屿有人居住，是世界上最大的群岛国家，素有“千岛之国”之称。印度尼西亚国名源于希腊文，意为“水中岛国”。

（二）地形

印度尼西亚岛屿比较分散，主要岛屿有爪哇岛、苏门答腊岛、加里曼丹岛南部、伊里安岛西部和苏拉威西岛等。其中苏门答腊岛为世界第六大岛。除加里曼丹岛外，各岛均有活火山，故印尼有“火山之国”之称，因此土壤肥沃。地形以山地、高原为主，仅沿海有平原。

（三）气候

除努沙登加拉群岛的平原、山谷地区属热带草原气候外，其余地区均属热带雨林气候，具有高温、多雨、风小、潮湿的特点，无寒暑季节变化。

（四）河流

印度尼西亚各岛屿面积都很狭小，因而境内的河流都很短，以爪哇岛的梭罗河为最长，全长 560km。加里曼丹岛上较长的几条河流是巴里托河、杜连河和马哈坎河。苏门答腊岛上的河流水量丰富，最长的为坎帕尔河。伊里安岛上

最长的河流是曼贝腊莫河。

（五）资源

印度尼西亚有“热带宝岛”之称，境内生长着35 000多种植物，其中热带经济作物胡椒、金鸡纳霜、木棉和藤的产量均占世界首位，天然橡胶和椰子均占世界第二位。印度尼西亚森林覆盖率达65%，贵重木材有铁力木、檀木、乌木、柚木等。

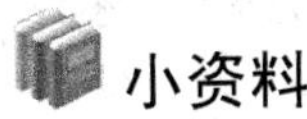

小资料

金鸡纳树的故事

疟疾是在“二次大战”前横行全球的传染病，平均每年约有2.7亿个疟疾病例，约200万人死亡。

人类得以治疗疟疾的重要转折点，应与发现金鸡纳树皮上的生物碱有关。

金鸡纳树的原产地在秘鲁的安第斯山中。传说16世纪时，有个西班牙派驻秘鲁的总督叫钦琼伯爵，他的夫人患了疟疾，正为治疗发愁。有人介绍说，当地印第安人常常嚼食金鸡纳树皮，很少得这种病。于是，伯爵托人找来树皮煎汤一试，果然有效，药到病除。人们叫这种树“金鸡纳”，意思是战胜了疟疾。从此，金鸡纳的特效作用，就在欧洲人中传颂开来。据说，当时把金鸡纳树皮运回欧洲的售价，比同重量的黄金还高。以后殖民者的掠夺和破坏几乎使金鸡纳树绝种。

100多年以前，秘鲁把金鸡纳当作国宝，不让树种或树苗运出去。荷兰殖民者为了同秘鲁竞争，千方百计地想把金鸡纳树种到爪哇岛去，先后两次派植物学家潜进秘鲁窃取树苗。1854年，终于从秘鲁偷到树苗，将它移种到了爪哇岛上。

金鸡纳树在爪哇大量播种，还是162年以后的事。当时有个英国商人，原侨居在南美洲，后来途径爪哇岛回国听到关于金鸡纳树的故事后，就写信给过去的仆人，要他尽可能设法把金鸡纳树种寄到爪哇岛。仆人满足了前主人的请求，寄去了1磅重的金鸡纳树种子。

爪哇岛的热带高原，气候凉爽，雨量丰沛，适宜金鸡纳树的生长。就是这1磅种子，使印度尼西亚成为世界种植金鸡纳树最多的国家。

金鸡纳树皮含有奎宁等生物碱，奎宁可治疗疟疾。奎宁中衍生出来的药物，还包括一些退热剂。

印度尼西亚的石油和锡在世界上占重要地位。已探明的石油资源储量为11.26 亿 t，是目前东南亚石油储量最多的国家。它也是世界第三大产锡国。

二、人文环境特征

（一）简况

1．人口

印度尼西亚是东南亚人口最多的国家，共有 2.42 亿人口（2005 年 7 月），居世界前四位。

人口增长迅速，增长率为 18‰。

2．民族

印度尼西亚是个多民族的国家，全国有 100 多个民族，最大的民族有 3 个：爪哇族占 47%，巽他族占 14%，马都拉族占 7%。

3．语言

印度尼西亚通用语言为印度尼西亚语，是在马来语的基础上发展起来的。另外还有爪哇语、巽他语等民族语言 200 多种。

4．宗教

印度尼西亚是世界上最大的伊斯兰教国家之一。80%以上的居民信奉伊斯兰教。此外还有基督教、天主教、印度教、佛教和原始拜物教等。值得一提的是，旅游胜地巴厘岛上的居民多信奉印度教。

5．国旗

印度尼西亚的国旗由上红下白、面积相等的两个长方形组成。红色象征勇敢，白色象征纯洁。

6．国歌

国歌为《大印度尼西亚》。

7．国花

国花为茉莉花。

（二）简史

印度尼西亚是一个历史悠久的国家。公元 3～7 世纪建立了一些分散的封建王朝，并已有相当发达的文化。公元 7 世纪，苏门答腊岛上建立了室利佛逝王国。

13 世纪末～14 世纪初，东爪哇建立了历史上最强大的麻喏巴歇封建帝国。15 世纪先后遭葡萄牙、西班牙和英国的入侵。16 世纪末荷兰入侵，1602

年成立荷兰“东印度公司”，兼行政职权。1899 年改设殖民政府以加强对印尼的统治。

1942 年日本入侵，1945 年日本战败投降后，印尼爆发了“八月革命”，8 月 17 日宣告独立，成立印度尼西亚共和国。

1945～1950 年，印尼再次沦为荷兰附属。1950 年 8 月 15 日印尼联邦众议院通过印尼临时宪法，苏加诺正式宣布成立统一的印度尼西亚共和国。

（三）政治

1．政体

现行宪法（“四五年宪法”）规定建国“五基”（又称“潘查希拉”，即信仰上帝、人道主义、民族主义、民主和社会公共）为立国基础。宪法还规定人民协商会议是国家最高权力机构，负责制定宪法、国家基本方针政策和选举总统、副总统。

总统是最高行政首脑和武装部队最高统帅，直接领导内阁，有权单独颁布政令和宣布国家紧急状态法令，对外宣战和媾和等。

人民代表会议是国家的立法机构，政府颁布的每项法令均须得到它的批准，但总统有否决权。

2．主要政党

（1）建设团结党。1973 年 1 月建立，是由伊斯兰牧师联合会、印尼穆斯林党、印尼伊斯兰牧师联盟党（现已退出建设团结党）和白尔蒂伊斯兰教党合并组成。除印尼穆斯林党外，其他党仍可作为宗教团体从事非政治活动。

（2）专业集团。1964 年 10 月正式成立，由 61 个群众组织联合组成，后扩大为 91 个群众组织。它的最高机构是经选举产生专业集团领导委员会的全民代表大会，它的宗旨是在建国“五基”和“四五宪法”的基础上，在印尼实现物质和精神繁荣的“公平社会”。

3．国家首脑

总统为国家首脑，现任总统为佐科。

（四）经济

1．发展水平

印尼独立前是个落后的农业国。主要种植橡胶，开采锡和石油，粮食不能自给。1945 年独立后，发展民族经济，开发土地资源，特别是发展石油、锡、橡胶生产，发展建设各岛屿之间交通运输设施，解决民众住房、教育问题，努力达到粮食自给。

70 年代以后，印尼政府奉行稳定国内经济、利用外资外援开展经济建设的方针，实行均衡发展的经济发展战略，进行大规模的经济建设，取得了明显成绩。70～80年代，经济迅速发展，国民生产总值年均增长率为6%～7%。经济结构也发生了重大变化，1990年，工业在国民生产总值中的比例超过35%，农业下降到20%以下。

2005年，印尼国民总收入248亿美元，人均国民收入为1 140美元。

2．主要部门

（1）农业。印尼是一个以农业为主的国家，农业是印度国民经济的主要部门，农业人口占全国人口总数的一半左右。粮食作物主要有大米、玉米、木薯、大豆等。经济作物主要有胡椒、木棉、金鸡纳霜，其产量均居世界首位；天然橡胶、棕榈油和椰子的产量均居世界第二位；藤条、竹类、天然树脂和龙脑香脂；此外，还生产各种贵重木材，如铁木、檀木、乌木、柚木等。

（2）工业。印尼独立时工业很落后，只有采矿、原料加工、纺织和食品加工等工业，几十年来，由于印尼政府采取经济多元化的方针，造船工业、汽车和飞机装配工业、化肥以及水泥工业都有较大发展。目前，工业以采矿业和制造业为主，是仅次于澳大利亚和南非的世界第三大煤炭出口国。石油是国民经济的重要支柱，印尼是东方最大的石油生产国之一。天然气是印尼第二大出口商品，产量居世界前列。印尼也是世界最大的胶合板生产国和出口国，占世界胶合板供应量的58%。

（3）交通运输业。印尼是一个由众多岛屿组成的国家，所以交通运输以海运和空运为主，主要海港有雅加达、泗水的丹戎佩拉港。最大的航空公司为“鹰记”航空公司，第二大航空公司为“鸽记”航空公司，两公司均经营国际和国内航班，主要机场为苏加诺—哈达机场。全国铁路总长约7 000km，大部分集中在爪哇岛，其余在苏门答腊岛和马都拉岛。全国公路长达20余万km。

3．主要财团、企业

目前，印尼最大的私人企业集团是沙林集团，即林绍良家族集团。该集团在国内外拥有350家附属企业，同时，控制着国内最大的私人银行——中亚银行。

阿斯特拉集团，是第二大私人企业集团，即谢建隆家族集团。该集团拥有250家附属企业，以经营汽车业为主，在制造业、农业、采矿业、造船业、建筑业等行业有相当实力。

4．对外贸易

印尼实行鼓励外贸出口的政策，进口方面逐渐降低关税。因此，近年来对外贸易额连年增长，并且始终保持贸易顺差。主要贸易对象是日本、东盟和其他亚洲国家和地区、欧盟和美国。

5．货币

印度尼西亚盾为印尼的基本货币单位，1 盾=100 仙。

（五）文化

1．文学

印尼的古典文学长期受到印度梵文的影响。印度两大史诗《罗摩衍那》、《摩诃婆罗多》，从内容、形式到题材，都给印尼文学以很大影响。10 世纪，东爪哇宫廷文学取得了迅速发展。11～13 世纪，作家辈出，作品繁多。著名作品有恩蒲·达尔马扎的《玛拉达哈那》。

13 世纪末，伊斯兰文化传入印尼，出现了新的文学体裁，即长篇叙事诗和传奇小说，同时兴起具有浓厚民族色彩的“哇拍”皮影戏。皮影戏是印尼文化最突出的一种文学表现形式，其内容是一些印尼历史上的传奇和善恶、因果故事，具有娱乐性和教育性，深受人民喜爱。

16 世纪后，印尼沦为荷兰殖民地，民族文化受到严重摧残。18 世纪末，爪哇古典文学曾一度复兴。

20 世纪初，随着印尼民族解放运动的兴起，印尼的现代文学诞生。

2．艺术

印尼的主要艺术形式有舞蹈和音乐等。舞蹈主要包括：巴厘舞、民间舞和龙目岛的英雄舞。

印尼巴厘岛的传统舞蹈大致可分 4 类：①宗教性的古典舞，通常是在陵庙等圣地演出；②自然性舞蹈，舞者模仿动物或植物动作，其中有蝴蝶舞、猴舞等；③娱乐性舞蹈，起初在农村盛行，后来逐渐传入城市；④历史题材舞蹈。巴厘人的舞蹈，讲究手和指头的动作，全岛流行的“狮子舞”，模仿狮子的吼叫和各种动作，难度极大。

印尼的民间舞蹈丰富多彩，各具特色。一般伴奏乐器简单，舞者边跳边唱，多在喜庆欢乐时演出。

3．工艺品

印尼工艺品继承并保持着传统的民族风格，种类丰富，以木雕、蜡染、陶瓷和编织为主。

印度木雕工艺久负盛名。最具代表性的当属巴厘岛的人物木雕，用料有黑檀木、柚木、檀香木等名贵木材，材质精美，刀工精巧，打磨光亮，雕刻形象生动传神，为印尼长盛不衰的旅游纪念品。主要作品有巴厘舞伎、神祇雕像、实用的木雕制品等。

蜡染也是印尼具有代表性的传统工艺，14 世纪已开始流行。当今蜡染工艺有 3 种：传统手工绘染、铜模印染和机器印染。题材主要有印尼农村风光、港湾景色和神话故事等。艺术手法上多以点线为骨，绘制精细，色彩艳丽，光怪陆离。

4. 著名学府

印尼著名大学有：印度尼西亚大学、艾尔兰加大学、加查玛达大学和万隆理工学院等。

5. 新闻媒介

印尼的主要电台、电视台有：印尼共和国广播电台、鹰记电视台和太阳电视台等。

主要报刊有：《战斗报》、《武装部队报》、《专业集团之声报》、《独立报》、《明灯报》、《印度尼西亚日报》等。其中《印度尼西亚报》是唯一的中文报纸。

主要通讯社有：安塔拉通讯社，由官方主办；印尼民族通讯社，为私营通讯社；武装部队通讯社，为国防安全部主办的新闻通讯社。

（六）习俗

1. 物质习俗

印尼人一般着上衣和纱笼，并配有色调一致的披肩和腰带。妇女习惯带金银首饰。印尼人的纱笼是一种长 2.5m、宽 1.5m 的圆筒裙，男女均可穿用。穿时从头顶套入，拉至下身，双手各持纱笼的一端往前伸展，然后对折，折起的位置向左端或右端均可，最后用一条窄布带系上。

印尼人主食大米，喜食广东菜肴，爱将牛、羊、鸡、鱼及其内脏用炸、烤、煎、爆的方法烹调，再用咖喱、胡椒、虾酱作佐料。著名的菜肴有辣子肉丁、虾酱牛肉、香酥百合鸡、酥炸鸡肝、红焖羊肉、锅烧全鸭、清炖鸡等。习惯用手抓饭。喜嚼槟榔，爱饮红茶和葡萄酒、香槟等果酒饮料。

印尼人的住房因地因民族而异。城市居民的住宅多是楼房和木板房，农村住房更具地方色彩和民族特点。印尼民用建筑虽风格各异，但有共同之处：建材多是木头，房屋较大，屋顶多为尖形，并配有各种形状的雕刻物；房屋很少用铁钉，多是咬合和捆绑；房身离地面较高，一为防水，二为防野兽。此外，因气候炎热，房屋不必有墙，能遮雨即可。

在印尼，除现代化的交通工具外，城市，尤其是小城市和郊区还大量使用马车。马车通常用来运载乘客和货物。马车的种类和式样各地有所不同，西爪哇的可乐得车极为豪华，由单匹马驾驶，5 个软座，前头 2 个（包括软座位）

朝前，后面3个有一个朝前，另两个朝左；双轮，无门；车身较矮，橙黄色的油漆闪闪发亮，边角均用光亮的银白色镀镍铁皮包裹，并饰以银色铆钉；车前有两盏漂亮的乙炔气灯，华丽而光彩夺目。此外，还有得而满、多卡尔和中爪哇的安东等几种马车。

2．重要节日

（1）独立日。8月17日，这是印尼最重要的纪念日。1945年8月17日，印尼人民终于摆脱了荷兰长达50年的殖民统治，此后，8月17日就成为印尼的独立日。

（2）加龙安节。这是巴厘印度教教徒的传统节日，每6个月（按巴厘年历共210天）庆祝一次，意在欢庆丰收和祈祷丰收。

（3）静心节。巴厘人多数信仰印度教，其元旦称静心节（巴厘年历的十月初一）。这一天，从黎明到第二天清晨，教民们一直呆在家中，严守四忌：一忌生火，二勿做活，三不出门，四禁情欲。

3．礼仪和禁忌

印尼人在社交场合互相介绍时，通常先将男子向女子介绍，地位低的向地位高的介绍，年幼者向年长者介绍，未婚者向已婚者介绍，青年女子向年长地位高的男子介绍。印尼人习惯以右方为上，左方为下，行坐次序应视地位高低决定，一般女子应先行，坐高位。敬烟、敬酒、倒茶和递东西等必须用右手，否则被视为无礼。特殊情况应讲明。应邀做客，最好送束鲜花。

印尼是世界上穆斯林人数最多的国家，在饮食上严格遵循伊斯兰教的种种禁忌：凡死物、血液及非诵真主之名而宰杀的动物，均在禁食之列。

印尼人认为，头部是人类最高的部位，也是人体中最神圣的部位，不得随便触摸，尤其是小孩的头部，被视为神明停留之处，更是触摸不得。

印尼人敬蛇如神。在印尼心目中，蛇是善良、智慧和德行的象征。在巴厘岛，专门建有一个像庙宇的蛇舍，供养一条大蛇，蛇舍前设有香案，供人礼拜祈祷之用。蛇舍后面的蛇洞里还养着大量蝙蝠，供蛇吞食。

三、名城与名胜古迹

（一）名城

1．首都

印尼首都雅加达位于爪哇岛的西北部，人口825万人，面积77 km^2，为印尼和东南亚最大城市。该城14世纪为输出胡椒、香料的主要港口。1527年万丹王国的伊斯兰王夺得政权，定名雅加达，意为“胜利和光荣之堡”。有“椰城”之称。

雅加达现为印尼全国政治、经济、文化中心及海陆空交通枢纽。北部为旧城区。近海椰子树特别多，被誉为“椰子林中的世界”，是商业中心。南部为新城区，是行政中心及现代化花园住宅区。

雅加达工业主要有食品、机械、造船和汽车等。交通业海陆空俱全。玛腰兰航空站是世界最大航空站之一。市东约 10km 的丹戎不碌港为其外港，是印尼最大的散装货物吞吐港。

雅加达文化教育事业发达，重要的高等院校、研究学院、著名博物馆、国家运动场、著名寺庙、教堂等，都集中在这里。

雅加达气候宜人，风光秀丽，是著名的旅游胜地。这里有宏伟的“迷你公园”，热闹的“梦幻世界”（娱乐园）。城南有一座专养陆地鳄鱼的拉姑兰动物园，城北有世界最大的摩姑尔植物园。

2. 其他名城

印尼其他名城主要有万隆、茂物、三宝垄等。

（1）万隆。万隆为西爪哇省省府，印尼第三大城市，面积约 $80km^2$，人口 130 万人。万隆是印尼科学文化中心之一，有全国最大的天文台、颇具规模的地质博物馆和 20 余所高等学府，其中建于 1927 年的万隆理工学院最为著名。万隆也是印尼农产品集散地和工业中心之一，世界闻名、印尼唯一的奎宁工厂就坐落在这里。

万隆更是一座历史名城，具有深远历史意义的 1955 年亚非会议（又称万隆会议）就在此举行。

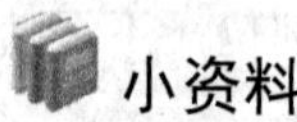**小资料**

万 隆 会 议

1955 年 4 月 18～24 日，29 个亚非国家和地区的政府代表团在印度尼西亚万隆召开亚非会议。这是亚非国家第一次在没有殖民国家参加的情况下讨论亚非人民切身利益的大型国际会议。由于这次会议在万隆召开，所以也称万隆会议。这次会议由印度、印度尼西亚、缅甸、锡兰（斯里兰卡）、巴基斯坦 5 国发起。

中华人民共和国代表团由周恩来总理率领。

会议本着求同存异的精神，经过充分的协商，一致通过了《亚非会议最后公报》。其中《关于促进世界和平与合作的宣言》，提出了处理国际关系的十项原则。

这十项原则体现了亚非人民为反帝反殖、争取民族独立、维护世界和平而团结合作、共同斗争的崇高理想和愿望，被称之为万隆精神。十项原则包括了 1954 年由中国、印度和缅甸 3 国共同倡导的和平共处五项原则的主要内容，被认为是处理国与国之间关系的准则，成为国际上公认的处理国家关系的基础。

几十年来，十项原则经受了国际风云变幻的考验，一直为妥善处理国与国之间关系发挥着积极的影响。如今，万隆精神对指导当今世界国与国之间的关系、解决国际争端、维护世界和平仍然具有重要的现实意义。

万隆市内及周围地区有许多游览胜地，如林邦、伦邦湖、达歌瀑布、温泉、火山等。

（2）茂物。在雅加达正南 50km，是爪哇西部历史古城，人口 280 万。12～16 世纪曾为巽他王国首都。这里景色秀丽、气候宜人。这里全年雷雨日子在 88%以上，故有“雷都”之称。四周多大山。世界著名的热带植物园—— 茂物植物园就坐落在这里。

（3）三宝垄。简称垄川，印尼中爪哇首府，位于中爪哇北部沿海，是印尼历史名城和第三大港。相传 15 世纪中国明代著名航海家三宝太监郑和下西洋时，曾在此登陆。市内有许多中国古式建筑。西郊有著名的三宝庙。

（二）名胜古迹

印尼名胜古迹很多，主要有婆罗浮图、巴厘岛、茂物植物园、三宝庙等。

1．婆罗浮图

位于印尼中爪哇首府日惹西北 39km 处，约建于 9 世纪，是一座藏有释迦牟尼骨灰（舍利）的实心佛塔。据说印尼国王动用 10 多万奴隶，花了 10 余年时间才建成，是当时世界上最大的佛教建筑之一。佛塔原高 42m，现存 31.5m，共 10 层，分下、中、上 3 个部分，分别代表欲界、色界、无色界。顶部为佛坐禅处。整个建筑全部用石块砌成，共有 3 000 多幅佛教雕刻和 505 座佛像，雕刻艺术极为珍贵。婆罗浮图与中国的长城、埃及的金字塔、柬埔寨的吴哥窟并列为古代东方的四大奇迹。

2．茂物植物园

位于茂物市格德山麓，始建于 1817 年。园内有热带、亚热带植物 1.3 万多种，植物标本 50 万件，兰花 500 多种，并设有供国内外学者研究使用的标本室、植物研究所、科学图书馆等。茂物植物园是世界上最大的热带植物园之一，每年国内外参观者多达 50 多万人。

3．三宝庙

位于中爪哇首府三宝垄西南 5km 的望安山，是当年华侨和当地华人为纪念中国航海家郑和（三宝太监）而建，为中式古建筑。庙内有一洞名为“三宝洞”，洞中有尊郑和全身塑像。庙内还有一口井，叫“三宝井”，传为“圣水”。三宝庙香火不断，为印尼名胜之一。

4．巴厘岛

巴厘岛是爪哇以东的一个小岛，有“诗之岛”的美称。远观该岛，四周沙滩环绕，岛中群山起伏，阿贡火山高耸入云。

该岛不但环境优美，风景如画，传统风俗更是别具一格。巴厘人爱歌舞，民间舞蹈独树一帜。巴厘人爱花，处处用花装饰，为巴厘岛赢得了“舞之岛”、“花之岛”等美称。巴厘岛还以庙宇众多著称于世。现有庙堂400多座，以柏沙基陵庙最为著名。巴厘岛现已成为世界闻名的旅游胜地。

【思考与练习】

1．印尼为什么有千岛之国的美称？有哪些主要岛屿？
2．印尼有哪些著名的自然资源？
3．印尼的舞蹈艺术有哪些类别？
4．印尼有哪些著名的旅游工艺品？
5．印尼人在衣食住行方面有哪些民俗特点？
6．解释加龙安节。
7．印尼有哪些重要的礼仪和禁忌？
8．印尼的名城和名胜古迹有哪些？
9．解释古代东方四大奇迹。

第四节 马来西亚

关键词语 马六甲海峡、马来亚、沙捞越、沙巴、基纳巴卢山、橡胶和锡的王国、马来人、扶桑花、林吉特、巴迪服、浮脚楼、卫塞节、屠妖节、吉隆坡、马六甲、槟城、三宝庙

一、自然环境特征

（一）位置

马来西亚位于亚洲的东南部，介于太平洋、印度洋之间，是欧、亚、大洋、非4大洲海上交通的交会处，由马来亚（习惯称“西马”）和沙捞越、沙巴（习

惯称“东马”）组成。西马位于马来半岛南部，南与新加坡、北与泰国接壤，西隔马六甲海峡与印度尼西亚相望；东马位于加里曼丹岛北部，东南与印度尼西亚接壤，北与文莱为邻。东、西马隔南海相望。

马来西亚陆地面积为 32.9 万 km^2，其中西马约为 13 万 km^2，东马约为 19 万 km^2。

（二）地形

1．特点

马来西亚地形总的特点是内地多山地丘陵，沿海为冲积平原。

2．主要地形区

马来西亚可分为马来亚、沙捞越、沙巴 3 个主要地形区。马来亚地势南低北高，东西两侧沿岸为冲积平原，中部为山地，大汉山海拔 2 190m，为西马最高峰。沙捞越沿海为冲积平原，内地多为森林覆盖的丘陵山地，山峰多在 2 000m 左右。沙巴西部为沿海平原，内地多为森林覆盖的山地，克罗克山脉纵贯南北，其主峰基纳巴卢山海拔 4 010m，为全国乃至东南亚最高峰。

（三）气候

1．气候类型

马来西亚因位于赤道附近，终年炎热、潮湿、多雨，属热带雨林气候，无四季之分。

2．气候特点

马来西亚气候显著特点是高温多雨。沿海平原地区月平均气温 25～30℃，内地山区为 22～28℃，一年之中温差变化极小。马来西亚降雨较多，西马年平均降雨量为 2 000～2 500mm，东马则在 3 000mm 以上。雨量和风向的变化也很小。

（四）河流

马来西亚河流密布。

西马的第一条大河是彭亨河，全长 434km，流域面积 2.9 万 km^2。第二条大河是霹雳河，全长 350km，流域面积 1.5 万 km^2。

东马第一条大河是拉让河，也是全国第一大河，全长 592km，流域面积 3.9 万 km^2。第二条大河是基纳巴坦甘河，全长 560km，流域面积 1 万 km^2。

（五）资源

马来西亚自然资源丰富，盛产橡胶、棕油、稻米、椰子、可可、胡椒。矿藏有锡、铁、煤、矾土、金、锰、石油、天然气等。

马来西亚被誉为“橡胶和锡的王国”。天然橡胶产量居世界首位，约占世界总产量 1/3；锡产量居世界首位；棕油产量也居世界首位，占世界总产量 59%；石油、天然气储量分别为 30 亿桶、1.5 万亿 m^3，是石油、天然气的净出口国。此外，内地和沿海渔产丰富，主要品种有鲑鱼、白鱼、小鲤鱼、宝刀鱼、鲷鱼、龙虾等。

二、人文环境特征

（一）简况

1．人口

马来西亚的总人口为 2 395.3 万（2005 年 7 月）。其中马来人占 58%；华人占 31.5%；印度、巴基斯坦人占 9.8%；其他占 0.8%。人口分布极不均匀，东马人口较少，西马人口较多。

2．民族

马来西亚是一个多民族国家，约有 30 多个民族。除马来人、华人、印度人、巴基斯坦人外，西马的少数民族有尼格列多族、赛诺伊族等；东马的少数民族有伊班族、达卡山族等。

3．语言

马来语为官方语言，属奥斯特洛尼亚语系。通用英语和华语，文字为马来语。

4．宗教

马来西亚的宗教主要有伊斯兰教、佛教、印度教和基督教。其中伊斯兰教为国教。马来人主要信奉伊斯兰教，华人主要信奉佛教，印度人主要信奉印度教，部分华人、欧亚混血人、原始部落信奉基督教。

5．国旗

马来西亚国旗呈横长方形，长宽之比为 2:1，旗面左上方为一深蓝色长方形，内绘一弯黄色新月和一颗带有 14 尖角的黄色太阳星，棋面其余部分绘有 14 道红白相间、宽度相等的横条。蓝色长方形象征人民团结；黄色象征马来西亚国家元首；新月代表伊斯兰教；14 尖角太阳星和 14 道横条代表马来西亚 13 州和政府。

6．国歌

马来西亚国歌是《我的祖国》，源于霹雳州州歌《月光曲》，1957 年 8 月被定为国歌。国歌中表达了马来西亚人民热爱祖国、建设祖国、祈福真主、祝福君主的愿望。

7．国花

马来西亚的国花是扶桑花。扶桑被看作是东方的一棵神树，马来西亚人用扶桑花比喻自己热爱祖国的烈火般热情。

（二）简史

马来西亚是一个具有悠久历史文化的国家。1 万年前就有人居住。公元 1 世纪之后，马来半岛南部先后出现了狼修牙、赤土、丹丹等邦国，一直处于分裂割据的局面。7～14 世纪先后遭苏门答腊人、爪哇人占领。1402 年，马六甲（满剌加）王国建立，逐步统一了马来半岛南部各邦，马来亚成为东南亚最强大的国家和东南亚国际贸易中心。

16 世纪后，葡、荷、英等国相继侵入马来亚。1826 年，英国将槟榔屿、马六甲、新加坡 3 个地区合并为“海峡殖民地”，属东印度公司总督管辖。1941 年，马来西亚被日本占领。日本投降后，英国人卷土重来，恢复其殖民统治。

1957 年 8 月 31 日马来亚获得独立，成立马来亚联邦。1963 年，马来亚联邦同沙巴、沙捞越、新加坡合并成立马来西亚联邦（1965 年新加坡退出联邦独立），现代马来西亚由此诞生。

（三）政治

1．政体

马来西亚实行君主立宪制。国家元首称最高元首，由统治者会议从 9 个世袭苏丹中选举产生，任期 5 年。最高元首即君主，是国家的象征。

马来西亚最高权力机构为统治者会议，由柔佛等几个世袭苏丹和马六甲等 4 个州长组成，负责选举国家元首、副元首，审议国家政策、法律，对国家宪法和全国性的伊斯兰问题有最后的决定权。

马来西亚最高立法机构是国会，由上、下议院组成，负责修改宪法、制定律令、讨论通过财政预算、质询政府各部门工作等。

马来西亚最高行政机构是联邦政府，由议会中占议员半数以上的政党组成。制定和执行国家政策，集体向议会负责。政府首脑为总理，由最高元首任命下议院多数党领袖担任，握有实权。

马来西亚最高司法机构是最高法院，对任何案件均有终审权，最高法院法官由最高元首任命。另外还设有特别军事法庭和伊斯兰教法庭。

2．政党

马来西亚主要政党有国民阵线、新巫统、民主行动党等。

（1）国民阵线。1974 年 4 月成立，由新巫统、马来西亚华人工会、马来西亚印度人国大党等 14 个政党组成，成员党相对独立。1974 年以来一直联合执政。

（2）新巫统。全称新马来民族统一机构，由 1946 年 5 月成立的巫统演变而来，包含 41 个马来人团体，党员全部为马来人。

（3）民主行动党。1966 年 3 月成立，是以华人为主的多民族政党。前身是新加坡人民行动党的一部分。

3．国家、政府首脑

现任国家最高元首为哈利姆；现任总理为纳吉布。

（四）经济

1．发展水平

马来西亚原是个农业国。独立后，马来西亚政府为改造旧的经济结构，发展本国经济，推行了一条以农业为基础、以发展工业为主、全面开放、面向出口的经济发展方针，积极引进外国资本和先进技术，创建了许多加工出口工业区，发展对外贸易，经济得到迅速发展，国民经济结构发生较大变化。在国民生产总值中，第一产业从 1965 年的 34%下降为 1999 年的 10.1%。第二产业、第三产业则有较大的增长。2005 年，马来西亚国民总收入 117 亿美元，人均国民收入 4 650 美元。

2．主要部门

（1）工业。该国政府鼓励以本国原料为主的加工工业，重点发展电器、汽车装配、钢铁、石油、化工、纺织品等。电器出口额跃居各行业之首，并成为世界第三大半导体组件产销国。矿业以锡、石油、天然气开采为主，其中锡矿砂采掘业已有几百年历史，近百年来一直是世界最大的生产出口国。电力工业发展也较快，供应量大于消费量，可行性发电能力年可达 12 万 MW。

（2）农业。农业是马来西亚国民经济的重要部门之一，种植业以经济作物为主，主要有橡胶、油棕、胡椒、可可、椰子等。橡胶是马来西亚代表性经济作物，为马来西亚赢得“橡胶王国”的美誉。林业也很发达，马来西亚热带锯木、原木出口分别占世界第一位和第二位。渔业以近海捕捞为主，近年来深海捕捞和养殖业也有发展。

（3）交通业。马来西亚公路交通发达，全国公路总长 42 330km，被世界银行列为 A 类，达到发达国家水平。铁路主要在马来半岛，总长 2 300km。本国水运业不甚发达，外贸货运 80%依赖外国船运输。主要港口有巴生、槟城、关丹、新山、古晋等。空运由马来西亚航空公司经营，国内有 39 个停靠点，国际航线有 32 个停靠点。

3．主要财团

目前马来西亚较为有名的企业集团有森那美集团、郭氏家族集团、马联工业集团、吉隆坡甲洞集团、云顶集团、丰隆集团等。这些集团资本雄厚，其资产总额与年营业额均在10亿林吉特以上。

4．对外贸易

外贸在马来西亚经济中占重要地位，外贸出口收入占国民生产总值的50%以上。主要出口橡胶、油棕、锡、石油、木材、可可以及电子产品和纺织品，橡胶、锡、棕油出口均占世界第一位；进口产品主要是机械设备、食品和燃料。主要贸易对象是日本、美国、新加坡。从20世纪80年代起，外贸一直顺差。

5．货币

马来西亚货币单位是Malaysia Dollars（MYD，马元），马来西亚人称之为林吉特，辅币为仙，100 仙=1马元。马来西亚货币在国际上曾经相当稳定，1美元=3.8林吉特，但现在也已经实行浮动汇率。

（五）文化

1．文学

马来西亚文学在世界文坛有一定影响。大约在公元初年，马来西亚就流传着许多人民喜爱的神奇古怪的故事。外来文化移入后，马来西亚文学深受印度文学、中国文学及伊斯兰教影响。

19世纪，马来西亚新文学鼻祖是阿卜杜拉·蒙希，他创作了《阿卜杜拉传》等作品。

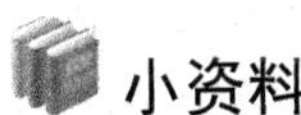 **小资料**

《阿卜杜拉传》

这是一部自传体的长篇著作，记述作者自幼成长的生活经历和见闻，是一幅19世纪马来社会的大型风俗画。这部作品在题材上摆脱了以神话传说或宫廷生活为内容的旧传统，直接描写了现实生活中的人和事，带有写实的色彩。

在语言上，它也有较大的革新，采用了比较接近生活的语言，因此有人尊作者为“马来新文学的先驱”。

其实，阿卜杜拉只能说是位过渡性的作家，他生活在由封建社会转变为殖民地社会的交替时代，在他身上既有传统的马来封建文化的影响，又有殖民主义者带给他的西方资产阶级文化的影响，使他成为一个矛盾复杂的作家。他有崇洋媚外的一面，但也有重视民族传统文化的一面。

他大力提倡马来语，并亲自整理不少马来古典名著，对马来语言和文学的发展作出重要的贡献。所以，对他必须作历史的具体的分析。不过，就其作品的思想内容和艺术风格而言，他仍应属旧文学的范畴，他只是起了承前启后的作用，真正的新文学是在他逝世半个多世纪以后才问世的。

马来西亚当代最著名的作家是萨农·艾哈迈德。从1971年起他连续5年获得国家文学斗士奖。萨农·艾哈迈德是位多产作家，其名著《满途荆棘》已被译成英、俄、荷兰、丹麦等多种文字，流传海内外。

2．艺术

马来西亚艺术中最重要的是歌舞，多受印度、阿拉伯和中国等东方文化的影响，注重手上动作，与戏剧融为一体，舞姿优美，富有诗意。传统舞蹈多以民间故事、寓言为题材改编而成，有马来隆模舞、沙捞越扎宾舞、龙舞、印度舞、椰壳舞等。

马来西亚戏剧有皮影戏、玛永剧。前者在民间很流行，流动剧团走村串寨，在民乐伴奏下演出。后者是歌舞剧的一种，类似中国的京剧，可追溯到几个世纪前，通常在重大庆典上演出，演员一般为16人，剧中人物大多为王子和公主。

马来西亚音乐与西洋音乐不同，乐队通常由2个鼓手、2个号手、4个六孔竖笛手组成。鼓是马来西亚民族的主要传统乐器。此外还有竹笛、木笛、三弦琴、铜锣、口琴、小古琴等。

3．工艺品

马来西亚主要工艺品有雪兰莪州和槟榔州的镯制品，吉兰丹州的银制品，吉隆坡的金制品，各种蝴蝶标本，用蜡染布做成的“巴迪服”，造型奇特的风筝，铜铝版雕制的雕金画，品质甚佳的香水等，极富特色。

4．著名学府

马来西亚著名学府有马来西亚大学、马来西亚国立大学、马来西亚理科大学等。

马来西亚大学建于1962年，校址在吉隆坡；马来西亚国立大学建于1970年，校址在雪兰莪；马来西亚理科大学建于1969年，校址在槟榔屿。

5．新闻媒介

马来西亚全国有报纸50多家，用8种文字出版。马来文的有《马来西亚使者报》、《每日新闻》、《祖国报》、《南洋商报》等；华文的有《南洋商报》、《星州日报》、《光华日报》；英文的有《新海峡报》、《马来邮报》、《星报》等。

马来西亚通讯社主要是马来西亚国家新闻社，简称马新社，为半官方通讯社，在曼谷、雅加达、马尼拉设有分社。

马来西亚广播电视主要有马来西亚广播电台、马来西亚之声及4家官办电视台。

（六）习俗

1. 物质民俗

马来西亚传统服装不论男式女式，有一个共同特点，就是又宽又大，遮手盖脚。因为按马来西亚人的习惯，在公共场合下不得露出胳膊和腿部。平时其上衣为宽大的无领长袖衫，男式称“巴汝”，女式称“巴汝古隆”，样子大同小异；其下衣为又宽又长的布裙，称“沙笼”。男女“沙笼”除颜色、图案有别外，几乎一样。

近年，马来男人流行一种由蜡染花布做成的长袖上衣，称“巴迪”，五颜六色，轻薄凉爽，常在正式场合穿出，似乎成了“国服”。妇女则流行一种开身式无领长袖连衣裙，称“巴克亚”。由于穿宽长的马来服工作不方便，现代城镇的马来男女上班时几乎都爱穿轻便的西装。马来西亚还有男人爱佩短箭、女人爱扎耳孔的习俗。

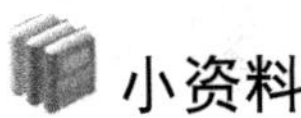

小资料

马来西亚的国服——巴迪服

巴迪服：马来西亚的国服，是一种用蜡染花布——巴迪布做成的长袖上衣，没有衣领，袖子十分肥大，质地薄而凉爽，可以在各种场合穿着。

巴迪布是马来西亚传统手工艺品，巴迪服也成为马来西亚的官方正式服装。马来西亚的巴迪艺术是从印尼传入的，经过后来的演变发展，现在马来西亚的巴迪艺术和印尼的又有所不同，成为马来西亚独具民族特色的手工艺品之一。

巴迪布制作要经过一段非常特殊的过程。艺人们先以蜡打底（画草图），通过手工描绘，然后使用蜡染技艺染色、凉干、设计，再将布料煮沸，且一次又一次地重复这个过程，所以手工的巴迪布一般价格不菲。

其实巴迪并非马来人专有，中国的苗族就是一个以蜡染工艺闻名的民族。不过，马来西亚的巴迪蕴含着浓郁的马来风情，在图案上，马来的巴迪基本上以大胆的花卉、蝴蝶、几何图案为主。用巴迪布描绘的民族画，朴实并充满民族文化风情。巴迪布不仅可以制成服装，还可以制成桌布、窗帘、手提袋、图画或帽子，是极佳的纪念品。

马来人以大米为主食，肉食主要是牛羊肉，口味清淡，怕腻喜辣，也爱吃鱼虾等海鲜和鸡鸭等家禽及新鲜蔬菜，还爱吃椰子、椰子油、椰子汁，用咖喱粉作调料。他们欣赏中国的粤菜、川菜，喜烤、炸、爆、炒等烹饪方式。马来人进餐时，一般不用筷子或刀叉，而是直接用右手抓食。餐毯上往往要放上几碗清水以供洗手之用。也不用桌椅，男子盘腿，女子屈膝，席地而坐。菜肴食物摆在地上的草席或餐毯上。在宴席上，主人用冰茶或茶水招待客人，忌用酒类。

马来西亚传统住宅为“浮脚楼”，房顶用树叶铺盖，墙和地板用木质材料建成。地板离地数尺，以防潮湿及蛇、鼠侵害。门口有一梯子，来人先脱鞋，然后拾阶而上。另外，还有一种与“浮脚楼”相似但很长的传统住宅，叫“长屋”，居民多则几百户，少则几户，聚族而居。

马来西亚铁路还算方便，火车分头等、二等、三等；在较大城市里，有小公共汽车专线行驶，从沿线的任何一站上车均按一个标准付费；乘坐公共汽车给老人让座是一种礼貌，但不要为年轻的妇女让座。马来西亚禁止在大多数公交系统内吸烟。

2．主要节日

马来西亚的重要节日主要有春节、卫塞节、屠妖节、吉哈节、圣诞节等。

（1）春节。春节是马来西亚华人最隆重的节日，时间是农历正月初一，节日的风俗和中国春节大致相同。这一天也是全国的共同的假日。

（2）卫塞节。又名“灯节”，时间是5月25日，是纪念佛祖释迦牟尼诞辰的节日。这一天所有佛教徒斋戒素食，顶礼膜拜，家家户户都要在门前点起油灯。

（3）屠妖节。又称光明节，马来印度人的新年。10～11月间月圆后第15天看不见月亮时举行。清晨，印度教徒沐浴后，全身涂上姜油，穿上新衣，合家老小用鲜花祭神。

（4）吉哈节。又名古尔邦节、宰牲节，马来穆斯林盛大节日之一，回历12月10日举行。届时穆斯林沐浴更衣，集体参加宰杀牛羊仪式，表达对真主安拉的忠诚。

（5）圣诞节。马来基督教徒纪念耶稣诞辰的节日，时间是12月25日，节日习俗与世界各地大致相同。

3．礼仪与禁忌

马来西亚人多信奉伊斯兰教，礼仪、禁忌颇多。

在家庭中，全家必须尊敬与服从父母，子女在父母面前入座必须端坐。如坐在席地上，男子必须盘膝，女子则应屈膝，将双腿伸向一旁斜坐。

朋友见面时，男子常行抚胸鞠躬礼，女子常用屈膝鞠躬礼，有时也使用拍手吻唇礼。行礼时往往由一方先说“愿真主保佑你安好”，另一方则回答说“愿你一样安好”。

到马来人家做客，必须衣冠楚楚，进门前先脱鞋。当马来人用糕点、咖啡招待客人时，客人须尝一点，以示敬意。

马来穆斯林禁酒、赌、猪肉及其他自死之物。

马来人忌讳触及头部和拍打背部，认为这是冒犯和侮辱，并会带来厄运。对死者，只哀痛伤心，不号啕大哭，认为哭声和眼泪对生者死者都不吉利。

在日常生活中，马来人忌用左手递物或进餐。

三、名城和名胜古迹

（一）名城

1．首都

马来西亚首都是吉隆坡，位于马来半岛的中西部，三面环山，一面临水，面积 244 km^2，人口百余万。1957 年马来亚联邦成立时即为首都，现已成为全国政治、经济、文化和交通中心。

吉隆坡以巴生河为界，河东为商业区和住宅区，河西为政府机关区，高楼大厦鳞次栉比。

吉隆坡附近多橡胶园和锡矿，有铁路机车、水泥、机械、钢铁、食品、锯木等工业。铁路和公路通往全国各地及泰国、新加坡。吉隆坡拥有现代化的机场。市西南巴生港为其外港，输出矿砂、橡胶、椰干等。市内整洁、美丽，典型的穆斯林式和中国式建筑，使城市独具特色。国家清真寺被认为是东南亚最大清真寺。

吉隆坡也是著名的旅游城市，风景名胜地有湖滨公园、黑风洞、热水洞、吉冷结瀑布等。

2．其他名城

马来西亚著名城市除吉隆坡外，还有马六甲、怡保、新山、槟城等。

（1）马六甲。马六甲位于马来西亚西南部，临马六甲海峡，始建立 15 世纪，是马来西亚最古老的城市之一，现为重要海港，并建有深水码头。该市有 40 多家工厂，大多分布在港口附近。它也是马来西亚农、林产品的集散中心，输出橡胶，椰干等。马六甲有公路和各大城市相通。马六甲也是旅游胜地，主要以历史古迹吸引游客。

（2）怡保。怡保是霹雳州的首府，位于马来西亚西北部，是锡矿开采中心和铁路要站。工业有锡矿、机械、电器、食品、水泥、锯木等。附近有橡胶园、稻田、林场和渔场。怡保也是著名旅游区，其溶洞是一大景观。

（3）新山。新山是柔佛州的首府，坐落在柔佛海峡北岸，是西马的南大门，也是商业中心和椰子、棕油的集散地。新柔长堤是马来西亚和新加坡之间陆路交通的咽喉。

（4）槟城。又名乔治市，是槟榔屿州府城市，位于槟榔屿的东北角，马六甲海峡北口的东侧，交通位置重要。槟城有现代化的港口和国际机场。工业居西马北部地区的首位，电子工业发达，也是农产品和橡胶的贸易中心。该市古建筑很多，有佛教的，也有印度教的，有基督教的，也有伊斯兰教的，故有“宗教建筑博物馆”之称。

（二）名胜古迹

马来西亚名胜古迹很多，著名的有国家清真寺、黑风洞、槟榔蛇庙、马六甲三宝庙等。

1. 国家清真寺

位于吉隆坡火车站西北的西夏穆丁苏丹路，是东南亚最大的清真寺之一。1965 年 8 月落成，其样式与装饰同麦加的大清真寺相仿，是伊斯兰建筑艺术的代表作之一。主要建筑有礼拜大殿、诵经堂、大宣礼尖塔、陵墓和办公楼。礼拜殿是举行会礼和聚礼之地，可容纳 8 000 人同时做礼拜。大殿屋顶由 49 个大小圆拱组成，代表全国 13 个州和伊斯兰教 5 大功课。诵经堂可容纳 1 000 人做礼拜，内附贵宾图书馆。

大宣礼尖塔高 73m，呈火箭形，直刺蓝天，意为伊斯兰教可与科学相比。陵墓建在礼拜大殿之后，有遮阳圆顶，内有 7 个墓穴，专门安葬国家穆斯林英雄灵柩。

2. 黑风洞

位于吉隆坡北郊 13km 的半山腰，是一组石灰岩溶洞群。这里丛林掩映，绝壁千仞，有洞穴 20 多处，其中以黑洞和光洞最为有名。黑洞长约 2km，洞内阴森透凉，小径蜿蜒曲折，成千上万只蝙蝠和蛇虫遍布其间，还有 200 多种不知其名的罕见动物。光洞在黑洞的隔壁，高 50 多米，宽 70 多米，有光线从洞顶的空穴中射入，洞内有各种各样的钟乳石和几座印度教神龛。光洞旁有一洞穴，内建印度教神殿，供有百尊彩绘神像，被认为是马来印度教的圣地，每年到此朝圣的印度教徒数以万计。

3. 槟榔蛇庙

又称青龙庙，位于槟城以南 14km 处。这座庙是 1850 年由中国福州商人捐资兴建，正名福兴。因供奉清水祖师，又称清水庙。后因庙里饲养许多青蛇，故世人称之为蛇庙或青龙庙。寺内神龛、香案、烛台、梁柱、树枝间到处都是青蛇，大的长约 1m，小的就如蚯蚓。它们白天昏昏欲睡，动作迟缓，晚上四处游动，吞食供品，并不伤人。蛇庙是马来西亚十大名胜之一。

4．马六甲三宝庙

位于马六甲市区不远的三保山上，是 1795 年华人领袖蔡士章等为扫墓者提供避雨休息场所而筹建的。整个建筑飞檐串角，红柱粉墙，富有中国民族风格。庙内塑有三宝圣像，旁列文武官员，基石刻有迎风破浪的巨船，表达后人对郑和的颂扬和怀念；同时供奉妈祖和福德正神，也祭祀无主孤魂。庙门绘有两幅威严英武的将军像，门柱写有“五百年前留胜迹，四方界内显英灵”的对联。庙四周大树环绕，清净凉爽。

【思考与练习】

1．马来西亚地理位置的重要性。
2．马来西亚自然资源种类及特点？
3．马来西亚的民族情况如何？
4．马来人的服饰民俗特点？
5．马来人的礼仪和禁忌有哪些？
6．解释卫塞节和屠妖节。
7．首都吉隆坡的位置和主要景点？
8．马来西亚有哪些著名的名胜古迹？
9．根据马来西亚的民俗情况，你认为和他们相处时要注意哪些方面？

第五节　新　加　坡

关键词语　柔佛海峡、马六甲海峡、远东十字街头、卓锦·万代兰、狮子国、亚洲四小龙、炼油中心、金融中心、新加坡元、食品节、新加坡城、鱼尾狮塑像、圣陶沙岛

一、自然环境特征

（一）位置

新加坡共和国位于马来半岛南端，北隔柔佛海峡与马来西亚为邻，东邻南海与加里曼丹岛相望，西、南隔马六甲海峡和新加坡海峡与印度尼西亚相对。

新加坡地处太平洋和印度洋之间的航运要冲，为马六甲海峡出入口，有“东方直布罗陀”和“远东十字街头”之誉称，战略地位十分重要。

新加坡由新加坡岛和附近 50 多个岛屿组成，总面积 641km^2，主岛新加坡岛占全国面积的 91.6%。

（二）地形

1．特点

新加坡岛呈菱形，岛上地势平坦，武吉知马山海拔 170m，为新加坡最高点。

2．主要地形区

新加坡岛有如覆盆，可分为中部高地、西部低丘浅谷、东部冲积层、南部河口小平原区 4 个部分。众多短小的河流由中心呈放射状分流。

（三）气候

1．气候类型

新加坡位于赤道附近，四面环海，既无明显旱、雨季之分，也无四季之别，属典型热带海洋性气候。

2．气候特点

新加坡常年高温多雨。年平均气温 24～27℃，温差很小；年平均降水量约 2 400mm，多骤雨和雷雨。

（四）河湖

新加坡岛上有格兰芝、裕廊等一些河流，但最长的也不过 6km。湖泊更小。

（五）资源

新加坡矿产资源十分贫乏，植物资源十分丰富，热带植物品种多达 2 000 种以上。橡胶、椰子、油棕具有较高经济价值，胡姬花（兰花）品种很多，大量销往欧、美、日、澳门和香港等地，成为重要出口创汇产品。由于喧嚣的工商业气氛，鸟兽种类和数量都十分有限。

二、人文环境特征

（一）简况

1．人口

新加坡全国人口为 442.57 万人，平均每平方千米近 7 000 人，是东南亚地区面积最小、人口密度最大的国家。

2．民族

新加坡是一个多民族国家，以华人、马来人、印度人、巴基斯坦人、孟加拉人为主。其中华人占77.5%，马来人占14.2%，印度人占7.1%。此外还有为数不多的阿拉伯人、苏格兰人、荷兰人、阿富汗人、菲律宾人、缅甸人以及欧亚混血种人。

3．语言

马来语为国语，英语、华语、马来语、泰米尔语为官方语言。英语为行政用语。

4．宗教

新加坡宗教信仰十分复杂，世界上主要宗教在这里都有信徒。一般说来，中国血统的人大都信奉佛教或道教，少数信奉天主教或基督教；马来血统和巴基斯坦血统的人基本上信奉伊斯兰教；印度血统的人信奉印度教。

5．国旗

新加坡的国旗为长方形，上半部底色为红色，下半部底色为白色。左上角有一个白色新月及五颗白色五角星。红色代表人人平等；白色象征纯洁和美德；新月象征国家，五颗星代表民主、和平、进步、正义、平等。该国旗于1959年11月经新加坡立法会议批准。

6．国歌

新加坡国歌为《前进吧，新加坡》，为作曲家米比尔·沙伊德所创，反映了新加坡人民的爱国热情和无比自信，1965年8月被确定为国歌。

7．国花

新加坡国花为“卓锦·万代兰”，含“卓越锦绣，万代不朽”的意思。卓锦·万代兰是胡姬花即兰花的一种，故一般也称新加坡国花为胡姬花。

（二）简史

最早居住在新加坡的人种是马来人的后裔，称海人，过着捕鱼或种植生活。公元7～8世纪，海人曾建立一个包括今柔佛和新加坡在内的“罗越国”，臣属印尼室利佛逝王朝。12世纪，新加坡建立古国单马锡，后改称“信诃补罗”或“新加坡拉”，意为“狮子国”。15世纪臣属马六甲王国，16世纪成为柔佛王国的一部分。

1824年，新加坡沦为殖民地，此后一直是英国在远东转口贸易商埠和东南亚的主要军事基地。二战期间，新加坡曾被日本占领，战后重新沦为英国殖民地。1959年6月新加坡成立自治邦，实行内部自治。1963年加入马来西亚联邦，成为联邦的一个州。1965年8月9日退出联邦，成立新加坡共和国。现为英联邦成员国。

（三）政治

1. 政体

新加坡实行议会共和制，国家最高机构由总统、国会、内阁、司法机关等组成。

总统为国家元首，由议会选举（1993 年起改为全民选举）产生，任期 4 年，任命多数党领袖为总理，与议会共同行使立法权。

国会为最高立法机关，实行一院制。议员由公民投票选举产生，任期 5 年。

内阁为国家最高行政权力机关，首脑为总理，由总统任命多数党领袖担任，任期 4 年。内阁拥有实权，下设 14 个部。

最高司法机关设最高法院和总检察长公署。宪法规定，英国枢密院对最高法院的判决有最后裁决权，但是否上诉英枢密院，总统有权决定。

2. 政党

新加坡主要政党有人民行动党、工人党、新加坡民主党等。

（1）人民行动党。成立于 1954 年 11 月，主张“非共”、“非暴力”和议会民主。1959 年大选后该党一直保持执政党地位。

（2）工人党。成立于 1957 年 11 月，1971 年该党重新建立机构。该党主张和平、非暴力的议会斗争。

（3）新加坡民主党。成立于 1980 年，主张反对党联合行动，打破人民行动党的一党统治局面。

3. 国家首脑

现任国家元首为总统陈庆炎，政府首脑为总理李显龙。

（四）经济

1. 发展水平

历史上的新加坡是世界上著名的自由贸易港，主要以转口贸易、加工出口和航运业为主。独立后，新加坡政府利用本国地理条件，充分发挥本国作为东南亚地区贸易中心和国际海空交通枢纽作用，坚持自由经济政策，大力吸引外资。发展多样化经济。经过 40 多年发展，新加坡的经济取得了显著的增长，形成了以工业为主导的多种经济体系国家。在经济结构中，对外贸易、对内贸易、运输业起主导作用，农业所占比重已经很小。

在世界经济地位中，新加坡是世界第一大港口、第三大炼油中心、第三大照相机制造中心、第四大金融中心，也是亚洲国家会议和商展中心、国际旅游和购物中心、“亚洲四小龙”之一。

2005 年，新加坡国民总收入为 105 亿美元，国民人均收入为 24 220 美元。

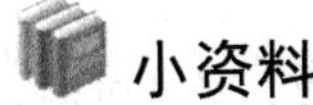

小资料

亚洲四小龙

从20世纪60年代开始，亚洲的韩国、中国台湾、新加坡、中国香港（香港当时还未回归）4个国家或地区先后推行出口导向型战略，重点发展劳动密集型的加工产业，在短时间内实现了经济的腾飞。所谓“东亚模式”引起全世界关注，它们也因此被称为“亚洲四小龙”。

韩国、中国台湾、新加坡、中国香港都属于幅员不大、工矿资源不多，但地理位置优越且同西方发达国家有特殊关系的国家或地区。它们的经济发展具有一些鲜明的特点：

①增长速度快。从20世纪60年代开始，国民生产总值年平均增长速度都接近或超过10%。

②出口扩张迅速。台湾1970年出口总值是1960年的9倍，1980年为1970年的13倍；韩国1980年出口总值是1960年的534倍；新加坡1980年出口总值是1965年的20多倍。

③经济结构发生重大变化。韩国农业在国民经济中的比重从1961年的47.4%降为1985年的15%，工矿业从16.5%上升为33.4%；台湾农业比重从1952年的35.7%降为1978年12.1%，工业比重从17.9%上升为40.3%。中国香港与新加坡也从转口港变为工业城市。

④人均国民收入水平迅速提高。

⑤失业减少，收入分配相对平均。20世纪80年代，这些国家和地区的失业率都降到4%以下，收入分配与美、日等国相比较为平均。

2. 主要部门

（1）工业。新加坡工业主要为制造业，电子电器、炼油、船舶是制造业的三大支柱。在制造业中，电子工业又占主导地位，44%的制造业与电子工业有关。近年来，新加坡电脑硬盘驱动器几乎占据世界市场的50%。现在新加坡已经成为世界上电脑磁盘和集成电路的主要生产国。其次是炼油业，新加坡是仅次于美国休斯敦和荷兰鹿特丹的世界第三大炼油中心，每日炼油110万桶，石油产品的90%以上供出口。船舶制造包括修船、造船和钻油船建造，新加坡是苏伊士运河以东、日本以西的最大船舶修造基地和仅次于美国的钻油平台修造中心。

除制造业以外，新加坡还有纺织、交通设备、建筑等行业。工业产品出口占新加坡外汇收入的50%。

（2）农业。农业在国民经济中所占比例不到1%，主要有园艺种植、家禽饲养、水产。新加坡农业具有市郊经济特点，有小型橡胶园和椰子园，还种植蔬菜、水果、花卉等。农田使用集约化程度高，产品供国内市场，粮食全部靠进口。

（3）交通运输业。新加坡是亚太地区最大的转口港，进出港口的船舶总吨位已超过鹿特丹而居世界第一位。新加坡是联系欧、亚、大洋洲的航空中心。航线所达国家 50 多个，城市 100 多个，航空客运居世界前列。新加坡公路发达，全长 2 600 km。铁路只有一条主干线，从南至北贯通全国。

（4）金融业。新加坡是国际金融中心和亚洲美元市场之一。在亚洲，新加坡是继日本、香港之后的第三大金融中心；在世界，则为仅次于纽约、香港、巴黎的第四大金融中心。它的产值占国民生产总值的27%。新加坡没有外债，为净贷款国。

3．主要财团、企业

新加坡主要财团、企业有三大银行集团，即大华银行集团系统、华侨银行集团、华联银行集团。

（1）大华银行集团。该集团是新加坡国内资产最多的企业集团之一，控制了华侨、利华、远东、工商等银行，拥有附属或合资公司 29 家，海外分支机构 42 家。此外，该集团经营范围还扩展到了投资、服务、地产、旅游、船务、采矿等部门。

（2）华侨银行集团。该集团是国内经营历史最长的银行集团，拥有附属或合资公司 70 多家。

（3）华联银行集团。该集团在国内外控制的附属或合资公司也达 70 多家。

4．对外贸易

新加坡经济是外向型经济，因此，对外贸易是新加坡国民经济的重要支柱。主要进口产品为原油、机械设备、工业原料、食品等；出口产品为石油、化工、电子、纺织等产品。转口产品主要有橡胶、木材、石油钻探设备等。新加坡是世界重要的贸易国。

新加坡的主要贸易伙伴是美国、日本、东南亚各国和西欧。

5．货币

新加坡货币主币为新加坡元（简写 S$），辅币为分，1 元=100 分。

（五）文化

1．艺术

新加坡的多元文化为游客展现了丰富多彩的表演艺术，无论在街头还是在正式剧场，游客都可以观赏到来自东西方的戏剧、音乐、舞蹈演出。戏剧有马来戏剧、中国戏剧；话剧有俄国契诃夫、挪威易卜生、中国作家曹禺所写剧目。舞蹈有俄国天鹅湖、中国采茶扑蝶、印度神舞等。新加坡国家剧场是东南亚最大的艺术表演中心，剧场有一流的音响设备、幽雅的环境、齐全的附属设施。美国费城现代舞蹈团、苏俄莫斯科芭蕾舞团、日本东方之珠歌舞团、中国东方歌舞团都曾在这里演示过。

2．工艺品

新加坡各商店经营的手工艺品，有许多是从国外进口的，如马来西亚的藤制品、缅甸的红宝石、印度的玉石、斯里兰卡的蓝宝石和鳄鱼皮制品等。本国的镀金胡姬花为馈赠亲友的最佳礼物，在各大酒店、购物中心和手工艺品商店均有出售。

3．著名学府

新加坡有新加坡国立大学、南洋理工学院、新加坡工艺学院、新加坡师范学院等。

新加坡国立大学，是新加坡社会的缩影。漫步校园你可以看到各色人种、各式服装。

4．新闻媒介

新加坡报刊主要以英、华、马来 3 种文字发行。英文报纸主要有《海峡时报》、《商业时报》；华文报纸主要有《联合早报》、《联合晚报》、《新民日报》等；马来文报纸主要有《每日新闻》等。

新加坡广播电台和新加坡电视台是新加坡最重要的广播电台和电视台。前者成立于 1936 年，1959 年开始以马来语、英语、华语、泰米尔语广播；后者成立于 1963 年，1974 年开始播送彩色节目。

（六）习俗

1．物质习俗

由于一年四季气候较热，新加坡人着装一般以衬衫、T 恤、便裤为主。女性讲究名牌和新潮。马来裔和印度裔妇女穿传统民族服装者较多。新加坡人对衣着要求以简便为主，除非出席重要场合，一般不穿西服。白领阶层穿衬衫打领带上班。在正式场合或出入高级饭店，男士最好穿西服、打领带，女士则穿礼服。新加坡一般流行深蓝或灰色西服、颜色柔和的领带。

新加坡人非常讨厌男子留长发，也不喜欢蓄胡须。在一些公共场所，常常会见到“长发男子不受欢迎”的警示标语牌，留长发、着牛仔装、穿拖鞋的嬉皮士型男性可能会被禁止入内。

新加坡人主食一般为米饭、包子，不爱吃馒头；副食为鱼虾，如炒鱼片、炸鱼、炸虾仁等；不信印度教的人爱吃咖喱牛肉；水果中偏爱吃桃子、荔枝、梨等；偏爱中国的粤菜。饮茶是新加坡人的普遍爱好，新春佳节，主宾共饮“元宝茶”，取“财运亨通”之意。

用餐时勿把筷子放在碗上和盘子上或交叉摆放；与印度族和马来族进餐时勿用左手。食物禁忌依各自所信仰宗教的规定。

新加坡是城市型国家。居民均住在城市里。建筑风格有英式的，也有中式的。居住习俗受中、英两国影响较深。

新加坡交通非常发达，国内旅行大多数人爱乘公共汽车和地铁。乘公共汽车和地铁都很方便，也不太拥挤。新加坡岛东西距离最长不过 42km，乘小汽车不到 1 小时。人们可以乘地铁、公共汽车或出租车横贯东西。

2. 重要节日

新加坡各族共同的节日有国庆节、食品节、百鸟争鸣节。此外，每个民族还有自己的节日，如华人的春节，马来人和巴基斯坦人的开斋节、宰牲节，印度人的屠妖节、踏火节等。

（1）国庆节。国庆节为每年的 8 月 9 日。节日来临时，政府领导人要发布国庆文告，表彰一些在各行各业取得突出成就的人士，并授予奖章和荣誉称号。全国各地都要举行隆重的庆祝活动，有政府领导人和重要官员致词，然后检阅武装部队和群众游行队伍；还要举办各种文娱活动，有华人的舞龙耍狮，也有印度人的舞蹈和马来人的武术。节日的夜晚要燃放烟花。

（2）食品节。食品节是 4 月 14 日。这天各地食品商都要制作精美的食品来庆祝节日。市面上贴出各种各样的广告，以食品大减价的醒目标题来吸引顾客。人们采购各种各样特制点心互相馈赠或邀请亲朋好友来聚餐。

（3）百鸟争鸣节。在每年的 7 月里举行。节日里，画眉、长尾相思鸟、夜莺等争鸣斗艳。音色好、音量大、活动力强、外形美观的鸟，可获优胜奖、安慰奖和幸运奖。

3. 礼仪与禁忌

新加坡是一个礼仪之邦，由于民族不同，传统礼仪也不同。华人见面打招呼，通常是鞠躬 60°，拱手作揖，面带笑容；马来人相遇时，先用双手互相接触，指向各自胸前，表示衷心的问候。印度人见面时，双手放在胸前，微微闭目，表情虔诚安详。新加坡年轻一代则大多采用西方的握手礼。

新加坡人禁忌有：忌用食指指人，忌双手随便叉腰，忌随地弃物，忌触摸别人头部，忌在公共场合拥抱接吻、穿奇装怪发，忌说“恭喜发财”，忌讳 4、

7、8、13、37、69等数字和乌龟。马来人和宾朋相见时忌任意脱帽，印度人亲朋相见，忌男女握手拥抱。新加坡人在社交时，还忌讳谈论个人性格、当地政治、种族摩擦、配偶和宗教信仰。

三、名城与名胜古迹

（一）名城

新加坡的唯一名城是首都新加坡市，又称狮城，位于新加坡岛南部。通常人们并不把新加坡岛和新加坡市严格划分开来，因为新加坡既没有首都建制，也没有城市建制，而是把全国划分为6个地区，中央区、内市区、外市区即为首都所在地，面积100km^2，人口233万人。

新加坡市中央区沿办公街两旁耸立着具有英国风格的建筑物。合洛路和梧槽路一带基本上是新建居民区，而乌节律一带则是商店、酒楼和购物中心。市内高楼林立，大厦比比皆是，最高的达72层，为东南亚最高建筑之一。新加坡市街道整齐，绿树成荫，鲜花遍地，环境洁净，犹如一座瑰丽无比的大花园。新加坡市企业集中，交通发达，高校颇多，是全国政治、经济、文化、交通中心，也是国际贸易、金融、交通中心。

新加坡市还是世界上重要的国际旅游城市，市内主要景点有天福宫、裕华园、星和园、苏丹伊斯兰教堂、双林寺、龙山寺、动物园、植物园、水族馆、博物馆。

（二）名胜古迹

新加坡名胜古迹主要有天福宫、裕华园、鱼尾狮塑像、植物园、裕廊飞禽公园、圣淘沙岛等。

1．天福宫

又称天后宫，始建于1840年，是新加坡最古老的中国寺院，也是东南亚最大的禅寺。天福宫正殿供奉天后即海神妈祖，后殿供奉释迦牟尼和孔子。两侧各有楼阁1座，左为崇文阁，右为庆德阁，具有浓厚的中国建筑风格，是新加坡重要名胜古迹之一。

2．裕华园

俗称“中国花园”，位于裕廊河心，始建于1974年，占地13.5hm^2。全园共31景，有百虹桥、披云阁、延月楼等。该园采用中国宋朝布景方法，结合北京颐和园的造型进行设计建造，具有中国传统的建筑风格。

3．鱼尾狮塑像

坐落于新加坡市内的新加坡河畔，是新加坡的标志和象征。该塑像由新加坡雕像家林浪先于 1975 年创作完成，高 8m、重 40t，狮首鱼身，底座呈海水波浪状。狮子目射强光，口喷清水，旁有一座小鱼尾狮像与之相伴。

另外，在圣淘沙岛中部，还有一座米黄色的鱼尾狮像，高达 37m，其面部表情与该塑像相比更具野性和阳刚之气。

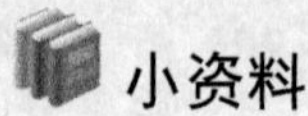

小资料

鱼尾狮的来历

新加坡著名的鱼尾狮像就坐落于新加坡河畔，是新加坡的标志和象征。新加坡所以把鱼尾狮作为国家的象征和标志，有一段来历。

相传在公元 14 世纪时，古印尼一王子出海打猎，途中遇到风暴，便到此岛避风。他突然发现一种奇怪的动物，身边一位老者告之是狮子。他们认为这是吉祥之物，于是王子决定留在这个岛上，并建立一座城市，命名“僧加补罗”（“Singapura”—— 在梵文里的意思是狮子（Singa）城（pura）），即狮子城的意思。从此新加坡就有狮城的美称。鱼尾表示新加坡是一个港口城市，并寓意着新加坡的捕鱼业有着悠久的历史。

该塑像高 8 m，重 40 t，狮子口中喷出一股清水。这尊塑像是 1975 年是新加坡著名工匠林浪先（Lim Nang Seng）先生用混凝土制作的。

狮头鱼身坐立在水波上的鱼尾狮，其设计概念是将事实和传说合二为一：狮头代表传说中的“狮城”新加坡。鱼尾象征古城“淡马锡”，代表新加坡是由一个小渔村发展起来的。

4．植物园

位于新加坡市，以研究和收集热带植物、园艺花卉而著称于世。该园有 2 万多种亚热带、热带常绿乔木、灌木、蔓藤、棕榈、竹类园艺花卉、水生植物、沼生植物、寄生植物和沙漠植物等。热带花卉争奇斗艳，热带林木郁郁葱葱。维多利亚式的胡姬亭里，种有千种名贵兰花，其中包括新加坡国花卓锦·万代兰。在园的中心地带建有喷水池，它的一边是美丽的“时钟花园”。

5．裕廊飞禽公园

坐落于裕廊山上，建于 1971 年，被誉为东南亚最壮观的“鸟类天堂”，也是世界上少数规模庞大的禽鸟公园之一。园内建有 95 个鸟舍、10 个活动场所和 6 个池塘。养着来自世界各地的 600 多种不同品种的鸟，约 8 500 只。公园为各种鸟类创造了类似于大自然的栖息地，在巨大的天网下建有世界最高的园林和高达 30.4m 的人工瀑布。茂林修竹，青山碧水，数以千计的鸟类自由自在地生活其中。园内还设有飞禽表演等项目。在公园的入口处，几十只停落在松树上的鹦鹉见到有游客到来，便发出悦耳的叫声，像是在演奏迎宾曲。园中修建了四通八达的柏油小径和架空缆车，让游人随意观赏。

6．圣淘沙岛

位于新加坡岛以南1.8km的海中，东西长4km，最宽处1.6km，面积3.47km^2，是新加坡重点旅游区。该岛为海水环抱，到处生长着美人蕉、南洋杉、椰树等热带树木和花卉，幽雅恬静是其一大特色。岛上建有古炮台、昆虫馆、蝴蝶馆、奇石馆、珊瑚馆、蜡像馆、鱼尾狮、亚洲村、水上世界、电影世界、音乐世界、花园广场等旅游景点，多姿多彩，各尽其妙。岛上还有一条高架小铁路贯穿全岛，乘坐敞口小火车绕岛一周，各处风光尽收眼底。

【思考与练习】

1．新加坡地理位置有什么重要性？
2．新加坡的气候特点和类型？
3．简述新加坡的经济发展历史。
4．新加坡的主要经济部门有哪些？
5．新加坡有哪些重要的节日？
6．新加坡人重要的礼仪和禁忌？
7．新加坡城市特点？
8．新加坡有哪些重要的旅游资源？

第六节　菲　律　宾

关键词语　巴士海峡、吕宋岛、米沙鄢岛、棉兰老岛、马荣火山、热带季风、天主教、椰子、蕉麻、比索、巴龙、圣周节、圣伊斯多节、马尼拉、伊富高梯田

一、自然环境特征

（一）位置

菲律宾共和国位于亚洲东南部，北隔巴士海峡与中国台湾省遥遥相望，南和西南隔苏拉威西海、苏禄海以及巴拉巴克海峡与印度尼西亚、马来西亚相望，西濒南海，东临太平洋。海岸线长18 533km。

菲律宾是个群岛国家，有大小岛屿7 107个，总面积为29.97万km^2。主要

岛屿 11 个，占全国总面积 96%。

（二）地形

1. 特点

菲律宾各岛多以山脉为骨干，山地面积占全国总面积 3/4，沿海一带为窄小平原。菲律宾有 200 多座火山。

2. 主要地形区

菲律宾全境分为北部的吕宋岛、中部的米沙鄢岛、南部的棉兰老岛和西南部的巴拉望岛与苏禄岛 4 个部分。吕宋岛面积约 10 万 km^2，为菲律宾诸岛面积之最。岛上的马荣火山海拔 2 416m，是菲律宾最大的活火山。棉兰老岛面积约 9 万 km^2，仅次于吕宋岛。岛上有阿波火山，海拔 2 953m，是菲律宾最高的山峰。

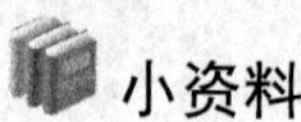

小资料

马 荣 火 山

在地质学上，菲律宾位于欧亚板块和太平洋板块的交界地带，因为板块挤压作用，强大的挤压力及高热使得板块熔化，产生岩浆。因此菲律宾有多达 22 座活火山，全部分布在环太平洋火山带上。

其中马荣火山海拔 2 416m，是菲律宾最大的活火山。

马荣火山是位于菲律宾吕宋岛东南部的活火山，它那近乎完美的圆锥形山体，号称“最完美的圆锥体”，是世界上轮廓最完整的火山，日本富士山仅次于它，所以经常被人拿来和日本的富士山相媲美，是菲律宾著名的旅游景点。

近年来马荣火山多次濒临喷发，虽然菲律宾政府疏散了附近居民，却反而吸引了许多欲一睹完美火山爆发景象的火山及摄影爱好者。

在火山学的分类中，马荣火山属于复式火山，对称的圆锥体是经由多次的火山灰和熔岩流喷发、累积的结果。马荣火山是菲律宾最活跃的火山之一，在过去 400 年间爆发了 50 多次。

第一次记录上的喷发是 1616 年，最近的一次喷发是 2001 年 6 月的温和性喷发，最具毁灭性的火山爆发是发生在 1814 年 2 月 1 日，熔岩流掩埋了附近的一座城市，造成 1 200 人死亡。马荣肆虐之后，仅剩市中心的钟楼，在熔岩覆盖之下的新地表露出。1993 年的爆发夺走了 77 条人命。然而 1984 年，由于菲律宾火山研究学会的建议，政府事先疏散了 7.3 万居民，所以没有发现任何伤亡。

马荣火山的喷发很有规律，据记载：20 世纪它的几次喷发时间为 1928 年、1938 年、1948 年、1968 年、1979 年底，大致每隔 10 年喷发一次，唯独 50 年代缺了一次。马荣火山为什么每 10 年喷发一次？而 50 年代为什么休眠？至今是个未解之谜。

（三）气候

1．气候类型

菲律宾群岛地处热带，为海洋所分割，属热带海洋性季风气候。

2．气候特点

菲律宾气候特点是高温多雨，湿度大，多台风，一年分旱、雨两季。年平均气温 27℃，年平均降水量 2 000mm，年平均相对湿度为 76%。6～10 月为雨季，11 月～翌年 5 月为旱季，6～11 月多台风。

（四）河湖

菲律宾第一大河是棉兰老河，全长 400km；第二大河是卡拉延河，全长 352km。

吕宋岛上的内湖是全国最大的湖泊，长 48km，宽约 40km。

（五）资源

菲律宾自然资源丰富。金属矿藏主要有铜、金、铁、镍、铬、银等 20 余种。非金属也有 20 余种，其中石油储量约 3.6 亿桶，地热约 20.9 亿桶原油标准能源。

菲律宾有 1/3 国土为森林覆盖，有红木、樟木、桃花心木等名贵木材。

菲律宾群岛多水产资源。鱼类品种有名称的就达 2 400 多种。已开发渔场面积 2 080km^2。

二、人文环境特征

（一）简况

1．人口

菲律宾全国人口 8 785.75 万人（2005 年 7 月）。人口分布很不平衡，马尼拉平均每平方千米近万人，吕宋岛北部一些省人口密度才几十人。城市人口占全国人口总数 21%。

2．民族

菲律宾是多民族的国家，主要民族是马来族，占全国人口 85%以上。其他民族有华人、印尼人、阿拉伯人、印度人、西班牙人、美国人和为数不多的土著人。

3．语言

菲律宾全国有 87 种语言和 100 多种方言。菲律宾语为国语，英语为通用语。

大部分人能讲西班牙语。

4．宗教

菲律宾宗教主要有天主教、伊斯兰教、佛教、原始宗教等。85%以上居民信奉天主教，4.9%信奉伊斯兰教，华人多信奉佛教，土著居民多信奉原始宗教。另有少数人信奉新教。

5．国旗

菲律宾国旗为长方形，旗面由三种不同底色的几何形图案构成：旗杆一侧为白色等边三角形，三角内各有一颗黄色五角星，拱围着放出 8 道光芒的黄色太阳；旗面其余部分为两个大小相等的梯形图案，底色分别为蓝色和红色。太阳象征自由，8 道较长的光束代表最初起义的 8 个省，其余光束代表其他省。3 颗五角星表示 3 大地区：吕宋、萨马、棉兰老。

6．国歌

菲律宾的国歌为《菲律宾民族进行曲》，歌词为菲律宾著名诗人何塞·帕尔马所作。

7．国花等

菲律宾国花是茉莉花，国树为纳拉树。

（二）简史

菲律宾是个有着悠久历史的国家，早在公元前 4000～3000 年就有人居住。据中国文献记载，15 世纪前，菲律宾曾出现过麻逸国、苏禄国等不同邦国。16 世纪中期，又出现了 2 个苏丹国。

1565 年起，西班牙殖民主义者逐渐侵占了菲律宾，统治长达 300 多年之久。

1898 年，美国、西班牙爆发战争，战火烧到菲律宾。菲律宾人在阿奎纳的领导下趁机起义，并于同年 6 月 12 日宣布独立，成立了菲律宾历史上第一个共和国。美国打败西班牙后，欲强占菲律宾，美菲战争爆发。经过两年战争，菲律宾沦为美国殖民地。

1942 年，日本占领菲律宾。日本投降后，菲律宾又陷入美国统治之下。

在美国统治期间，菲律宾人民一直为争取独立而不懈斗争，工农运动、武装起义连续不断。1946 年，美国被迫结束对菲的直接统治方式，允许菲律宾举行大选。菲律宾终于获得独立。

（三）政治

1．政体

根据现行宪法，菲律宾政体为总统共和制，实行行政、立法、司法三权分立，行政权归总统，立法权归议会，司法权归法院。

总统由选民直接选举产生，任期 6 年，不得连任。总统既是国家元首，又是政府首脑兼武装部队总司令。总统有权代表国家，有权组阁，有权任免高级将领，不对国会负责。总统无权实施戒严法，无权解散国会，不得任意拘捕反对派。

国会是国家最高立法机构，由参、众两院组成。参议院议员 24 名，由全国直选产生，任期 6 年，可连任 2 届。众议院议员 250 名，其中 200 名从全国各选区选出，25 名由参选获胜党委派，25 名由总统任命，任期 3 年，可连任 3 届。

最高法院是国家最高司法机构，首席法官、法官由总统任命。

2．政党

菲律宾政党有 100 多个，大多为地方性小型政党。全国性较大的政党主要有全国基督教民主联盟、菲律宾民主战斗党、菲律宾民主党—人民力量党、全国行动联盟、摩洛民族解放阵线、菲律宾共产党等。

（1）全国基督教联盟。1992 年大选前建立。

（2）菲律宾民主党—人民力量党。1982 年由菲律宾民主党和人民力量党合并而成。1988 年发生分裂，以许焕戈为首的一派加入菲律宾民主战斗党。

（3）菲律宾民主战斗党。1988 年成立，由国家力量党和菲律宾民主党—人民力量党许焕戈派合并而成，是菲律宾最大的政党。阿基诺夫人执政时支持其政策和纲领。

（4）全国行动联盟。1988 年成立，由国民党、联合民族民主组织、新社会运动、争取民主联盟、棉兰老联盟、穆斯林联邦党、基督教社会民主党联合组成。

3．国家首脑

菲律宾现任总统、政府首脑是阿基诺。

（四）经济

1．发展水平

菲律宾独立前是个落后的农业国家。独立后，在 20 世纪 50～70 年代，先后实施进口替代发展战略和大力发展出口加工工业策略，逐步改变了以农业为主的单一经济结构，形成了以制造业和农业为两大支柱的新型国民经济。20 世纪 80 年代至 90 年代初，受世界经济危机、国内政局动荡以及自然灾害的影响，国民经济明显恶化。1992 年拉莫斯执政后，采取一系列积极措施，经济形势开始好转。2005 年，菲律宾国民总收入为 97 亿美元，国民人均收入为 1 170 美元。

菲律宾经济的一个突出特点是劳务输出。它对菲律宾经济发展起到了很大的促进作用。目前在国外打工的菲律宾人大约有350万人，占全国劳动力总数的1/3左右，他们每年从国外赚取外汇约100亿美元，已超过了该国财政预算的数字。

2．主要部门

（1）工业。菲律宾工业基础薄弱，重工业发展缓慢。1978～1987年2个五年计划期间，投资数十亿美元，兴建了一批基础工业，工业能力有较大的增强。菲律宾工业主要有制造、采矿、能源、建筑等。制造业主要集中在大马尼拉地区，集中了全国小型工业企业的31%、中型工业企业的66%和大型工业企业的57%。宿务的制造业也较发达。采矿业开采量较大的主要有金、铬、铁、镍等。

（2）农业。菲律宾农业人口占全国的68%，全国劳动力的50%从事农业。粮食作物产值占农业产值的60%，主要农作物是水稻和玉米。经济作物产值占农业产值40%，主要经济作物是椰子、甘蔗、蕉麻和烟草，在国际市场中占重要地位。菲律宾是世界上最大的椰子生产和出口国，也是国际市场上蕉麻的主要供应国。菲律宾水产业发达，每年有大量渔业产品出口。

（3）交通运输业。菲律宾交通运输以公路和沿海航运为主。全菲公路总长16万km，其中最长的公路——“泛菲公路”长达1万km。货运总量的60%、客运总量的40%靠公路。全国有港口600多个，以马尼拉港为最大，其吞吐量占进口的80%、出口的15%。航空运输主要由国家航空公司经营。全国主要岛屿都有航班。全国现有机场350多个，国内航线遍及40多个城市，国际航线通往30多个国家。

3．主要财团、企业

菲律宾现有私人大财团10多家，主要有苏里安诺家族财团、阿亚拉家族财团、科胡昂戈家族财团、伊丽萨尔德家族财团等。

（1）苏里安诺家族财团。该财团是菲律宾历史最悠久的家族财团，目前至少拥有40多家大公司企业，所产啤酒几乎垄断国内市场，造纸工业产量占国内造纸业产量80%，所属采矿公司包括国内最大的铜矿企业。

（2）阿亚拉家族财团。该财团在国内拥有30多家公司，并在60多家公司中参股，经营范围涉及金融保险、房地产、建筑、石油化工、煤矿、种植园等行业部门。

4．对外贸易

外贸在菲律宾经济中占有重要的地位。过去传统出口产品有椰子、糖、矿产品、木材等，进口产品有石油、机械化工、金属材料、棉纱、合成纤维等。由于政府实行多元化发展政策，近年进出口产品结构发生显著变化。目前电子产品、成衣、化肥等出口额超过传统商品出口额；消费品进口比重下降，生产资料进口比重增加。

菲律宾主要贸易伙伴是美、日、欧洲国家。

5．货币

菲律宾货币名称为比索，1 比索=100 分。

（五）文化

1．文学

早在西班牙殖民主义者入侵之前，菲律宾口头文学和文字文学就有发展。较为著名的口头文学有叙事诗《阿丽古荣》，史诗《呼得呼得和阿里姆》、《邦都地区的狩猎歌》、《孤儿之歌》、《拉姆安格的生活》，还有民间故事《麻雀与小虾》、《安格传》、《世界的起源》等。早期文字文学主要有写穆斯林世界的《萨尔西拉期》等。

西班牙统治时期，著名诗人弗朗西斯科·巴尔塔萨尔在狱中写的《弗罗兰第和罗拉》，为菲律宾近代文学的第一篇杰作，作者被誉为“菲律宾人的诗王”。

1887 年，菲律宾民族诗人和作家黎刹发表长篇小说《不许犯我》，反映了菲律宾人的觉醒和反抗西班牙殖民统治的斗争。著名诗人还有何塞·帕尔马，其代表作《菲律宾诺斯》已成为今日菲律宾国歌歌词。

2．艺术

菲律宾人能歌善舞，全国几十个民族各有其特色音乐和舞蹈。特别是一些民族音乐和舞蹈与西班牙音乐舞蹈融为一体，更具特色。其中乡村舞蹈如乡村组舞、椰壳舞、竹竿舞、鸭子舞、水杯舞、捕鱼舞、捕虾舞等，既显示了菲律宾人浪漫、轻松、诙谐、幽默的性格，又具有浓厚的生活气息和欢乐情调，极富乡土气息，被称为国舞。

3．工艺品

菲律宾生产的工艺品较多，分布也广，主要有草席、芦苇、扇子、草帽、竹篮、丝、贝壳、珊瑚、木吉他、天然珍珠、铜器、银器、木雕等。

4．著名学府

菲律宾著名学府主要有菲律宾大学、圣托马斯大学、阿塔尼奥大学、东方大学、远东大学等。

菲律宾大学创建于 1908 年，校址在奎松城；圣托马斯大学创建于 1611 年，校址在马尼拉。

5．新闻媒介

菲律宾报刊主要用英文、菲律宾文、华文出版。英文报纸主要有《马尼拉公报》、《菲律宾询问日报》、《菲律宾星报》、《马尼拉纪事报》、《菲律宾快报》等。菲律宾文报纸主要有《消息报》、《菲律宾快报》等。华文报纸主要有《世界日报》、《环球日报》等。

菲律宾官方通讯社为菲律宾通讯社，成立于1973年。

全国有389个广播电台，42家电视台。其中广播局和人民电视台属于官方性质。菲律宾广播电台、电视台使用的语言为英语、他加禄语和华语。

（六）习俗

1．物质习俗

菲律宾人服饰特别，各民族穿戴不尽相同。穆斯林男子穿紧身的短外衣和宽大的长裤，用一条“沙笼”作腰带。到过麦加朝圣的男子头上还围一条白色围巾或戴一顶白帽子。妇女则穿钉有两排金属纽扣的紧身短袖背心和宽大的裤子或裙子。头结发髻，喜带头巾、手镯、项链和耳环。少数民族穿戴简单，上身或裸，或穿短衫；下身或穿裙、裤，或仅以布、叶围住腰腹。

20世纪50年代初，菲律宾正式推出自己的“国服”，男式的叫“巴龙”，是一种丝质紧身衬衣，多为淡黄色或白色，长可及臂，夏威夷式的，领口可扎领带，长袖如西装上衣。女式的叫“特尔诺”，是一种圆领短袖连衣裙。“特尔诺”腰细下宽，两袖挺直，两边稍高出肩，宛如蝴蝶展翅，所以也叫“蝴蝶服”。

菲律宾全国有70%的人以大米为主食，其余的人以玉米为主食。喜食椰汁煮饭或椰汁煮木薯，流行嚼槟榔。著名菜肴有烤乳猪、肉类炖蒜、虾子煮汤、咖喱鸡肉。上层家庭大多吃西餐，少数民族则烹饪简单。许多地方用右手抓饭进食。菲律宾南部伊斯兰教徒多遵守伊斯兰教食规，但有变通，如喜食虾、海参、乌龟卵，不喝牛奶。

菲律宾居住习惯也是多种多样。在城市，建筑既有西班牙风格，也有美国风格，还有中国风格。楼房、平房均有。在农村，居民多住在木桩之上的茅屋里，屋子离地约1m，没有床，睡在地板上。菲律宾南部很多人甚至常年住在由数艘“船屋”组成的小型船队中。

菲律宾交通比较发达。各大城市都有公共汽车，路线固定，定时往返。上街乘出租车也很方便。岛与岛之间有轮船摆渡接送。火车很少，且开得很慢。

2．重要节日

菲律宾节日主要有新年、圣周节、圣伊斯多节、亡人节、圣诞节等。

（1）新年。公历元旦是菲律宾的新年，既有西方的风气，也有传统的习俗。

除夕之夜，新旧年交替的一刹那，教堂的大钟、轮船的汽笛、汽车的喇叭，顿时齐鸣。青少年也狂吹纸喇叭，或敲锣打鼓，燃放爆竹。一时间各种声音震耳欲聋。菲律宾认为元旦这一天可以预示全年，为讨好兆头，元旦时，勤劳早起，打扫卫生，沐浴更衣，面带微笑，避免口角，化敌为友，不准赊账购物，不准儿童漫游，不准子女结婚。水缸、米缸都要装满，家畜也要饲以充足的饲料。

（2）圣周节。圣周节是菲律宾天主教派为纪念耶稣受难和复活而举行的宗教活动。每年3月15日后的第一个星期日举行，长达7天。圣周节的7天中每天都有活动：周日集体祷告；周二开始读经；周三“圣观会”；周四忏悔日；周五殉难日，举行圣葬；周六复活日，举行纪念圣子圣母重逢的会面游行，节日达到高潮。

（3）圣伊斯多节。又称水牛节，是菲律宾农民向其保护神圣伊斯多表示敬意和感谢的节日。每年5月14～15日举行，节日期间农民们把新收获的水果、蔬菜悬挂在门窗前，骑着擦洗干净、饰有花环、彩带、气球的水牛集体游行到教堂周围的广场，让水牛跪在教堂前面，对保护神圣伊斯多表示感谢和敬意，并接受神父的祝福。有的坐着饰有香蕉带的两轮牛车，或抬着圣伊斯多塑像来参加庆祝活动。礼拜之后人们还举办一些游艺活动。

（4）亡人节。亡人节是菲律宾人哀悼已故亲人的节日，每年11月1日举行。这一天，菲律宾举国上下都要到祖坟敬献鲜花，点燃蜡烛，通宵守在墓地，祭奠先人。华侨义山公墓也全天开放。节日期间，墓地禁止车辆出入，禁止小贩叫卖，禁止举行野餐，也禁止播放音乐和点燃彩灯。由于这一天也是天主教的全圣节，因而亡人节成为全国性的特别公共假日，去外地和四方扫墓的人，还可以多请一天假。

（5）圣诞节。菲律宾的圣诞节，同其他各地的圣诞节大体相同，但从12月16日～翌年1月6日，是世界上最长的圣诞节。

3. 礼仪与禁忌

菲律宾人受美国影响很大，日常生活中的礼节和禁忌与西方人相似。菲律宾人见面时一般行握手礼，男性间有以拍肩膀表示亲热。崇尚茉莉花，将其视为忠于祖国、忠于爱情和表达友谊的象征，常把茉莉花环挂到贵宾脖子上。与菲律宾人说话时要避开政治话题，可多谈家庭问题。

菲律宾人忌讳“13”和“星期五”。穆斯林忌猪肉和烈性酒。

三、名城和名胜古迹

（一）名城

1. 首都

菲律宾首都马尼拉，位于马尼拉湾，跨巴石河两岸。市区39km^2，人口170

多万人。大马尼拉市（含郊区）面积 920km^2，人口 800 万人，包含马尼拉市、奎松市等 4 座城市和 13 个镇。

马尼拉城历史悠久。1571 年西班牙在此地设总督署并开始建设要塞式城市，美西战争后成为美国在菲律宾的统治中心。马尼拉现为全国最大的经济、政治、文化和交通中心。

马尼拉几乎集中了菲律宾工业的 1/3，主要有纺织、印刷、食品加工、制药、卷烟、肥皂、机械、汽车装配等。马尼拉还集中了全国 1/4 的高等院校，其中包括菲律宾大学、圣托马斯大学、远东大学等。马尼拉也是全国交通中心，有重要国际航站和发达的公路网，马尼拉湾是全国最大的港口和世界优良港湾之一。

马尼拉市容整洁，风光绮丽。市内名胜古迹很多，是著名旅游城市。著名的名胜古迹有罗哈斯海滨大道、黎刹公园、菲律宾文化公园、奥古斯丁天主教堂、马尼拉天主教堂、唐人街、马拉卡南宫、椰子宫等。

小资料

别具一格的椰子宫

菲律宾首都马尼拉市的新城区，有一座风格独特的用椰子树建造的大厦——椰子宫，人称“椰子博物馆”。椰子宫建于 1981 年 1 月，背倚风景优美的马尼拉湾，大厦及其周围的绿化区共占地 8 000 多平方米。

菲律宾盛产椰子。椰子是其 6 种主要农业经济作物之一，在国民经济中占有重要地位。椰子和椰油是该国重要的出口产品。早在 16 世纪，菲律宾就开始栽植椰树，主要产区是吕宋和米沙鄢岛。菲律宾椰子的品种和产量均占世界的 1/3，为世界首位。其单位面积产量也居世界之首。因此，菲律宾有“椰子国”之称。为了向国内外旅游者展示“椰子之邦”的风貌，菲律宾按博物馆的形式建造了这座椰子宫。

椰子宫的六角形褐色屋顶，一共使用了 2 000 多棵树龄在 70 年以上的椰树。椰子宫的房顶是用椰子板做的，粗大的支柱是用椰树干做的，墙壁则是用椰子毛壳的纤维混合水泥制成的椰砖砌成的。椰子宫的大门镶嵌着由 4 000 块椰壳片组成的几何形图案。宫中设置的许多形态各异、造型优美的台灯和吊灯，也全用椰壳做成。餐厅内有 1 张长 11m 的餐桌，镶嵌着 4.7 万块不同形状的椰壳片。宫内还有用椰子树各部分做成的地毯、家具和各式工艺品等，琳琅满目，美不胜收。椰子宫内最绝妙的展品是一个高达 2m 的大型落地座钟，从钟身、钟面的数字到指针全都用椰子树及椰子壳制成，而且这个独特的“椰钟”走时准确，每到正点时，还会敲响报时，游人可以听出那是敲击椰壳发出的清脆声音。椰子宫内处处飘散着沁人心脾的椰树的清香。

椰子宫周围种植了近200棵椰树，林间绿草茵茵，鲜花放香。每年旅游旺季，这里都有来自椰林种植场的工人做表演。他们徒手爬上椰子宫周围高大的椰树，摘下椰子，用小斧子砍开，倒出椰汁，请在场的游人免费品尝。别具情致的椰子宫，自建成以后吸引着越来越多的国内外游客。

2．其他名城

菲律宾其他名城主要有宿务市、碧瑶市等。

（1）宿务。宿务位于宿务岛东岸，东南临保和海峡，是菲律宾中央特别市、宿务省府、全国第二大城、重要港口。市区分为新市街和旧市街。新市街高楼林立，旧市街则保持特有古风。

宿务是菲律宾椰干、蕉麻、芒果、烟草、木材集散地，设有东南亚最大的椰油炼油厂、世界最大的椰壳活性炭厂和菲律宾第二大出口加工区。宿务也是菲律宾著名风景区，有“南菲律宾首都”、“南菲律宾皇后”的美称。

（2）碧瑶。碧瑶位于马尼拉北部，人口10余万人，是菲律宾中央特别市，全国采金业中心，也是菲律宾的避暑胜地。这里海拔1 524m，四面环山，气候温和，年平均温度在14～22℃，加上伯纳姆公园、曼尼斯公园、莱特公园把城市装点得美丽、清新，故有“夏都”之称。

（二）名胜古迹

菲律宾名胜古迹除了马尼拉、宿务、碧瑶三大旅游城市外，还有马荣火山、塔尔湖、巴纳韦高山梯田等。

1．马荣火山

位于吕宋岛东南部，海拔2 416m，是菲律宾最大的活火山。

2．塔尔湖

位于吕宋岛西南八打雁省境内的大雅台东南山脚下，长约20km，宽约15km，湖水碧波粼粼，湖中央有闻名遐迩的塔尔火山岛，海拔仅300m，四五百年来已爆发40余次，为世界最低、菲律宾最活跃的火山。火山中间又有一火山湖，面积只有1km^2。

塔尔湖湖中有山、山中有湖的美丽景观每年吸引了大批游客。

3．巴纳韦高山梯田

位于吕宋岛北部伊富高省巴纳韦镇附近。海拔1 500m以上，是2 000多年前菲律宾伊富高民族修造的水稻梯田。梯田面积最大的为1/4hm^2，最小的仅4km^2。石砌的外壁最高达4m，最低不到2m。台阶使得盘山灌溉系统层层升高，总长度达1.9万km。巴纳韦高山梯田是菲律宾罕见的古代奇迹。

【思考与练习】

1. 菲律宾主要由哪些岛屿构成？
2. 菲律宾的气候类型和特点？
3. 菲律宾人为什么大多数信仰天主教？
4. 菲律宾的重要习俗和节日？
5. 首都马尼拉的主要职能和景点？
6. 菲律宾重要的旅游资源有哪些？

第七节 泰 国

关键词语 中南半岛、泰国湾、热带季风气候、湄南河、稻米、大象、南传佛教、暹罗国、君主立宪制、泰铢、宫廷舞、长甲舞、高脚屋、宋干节、水灯节、曼谷、清迈、大王宫、三大国宝、帕提亚

一、自然环境特征

（一）位置

泰国地处东南亚，在中南半岛的中部。东北与老挝交界，东面与柬埔寨接壤，东南濒临泰国湾（暹罗湾），南连马来西亚，西南临安达曼海，西和西北与缅甸为邻。

泰国陆地面积为51.4万km^2，陆地国境线长约3 400km，海岸线长约2 600km。

（二）地形

1. 特点

泰国境内大部分为低缓的山地、高原和平原，地势北高南低。北部和西部多山，东北部是高原，中部多平原，南部多丘陵。

2. 主要地形区

泰国在地形上大约可分为4个部分。

（1）北部、西部山地。这里分布着许多纵向平行的山脉，许多山峰海拔在2 000m以上，其中因他暖山海拔2 595m，为全国最高峰。山地森林茂密，是柚木的主要产区。

（2）东北高原。东北部为呵叻高原，为一盆形高地，平均海拔 218m，雨水稀少，土地贫瘠，植被多为旱草和灌木。蒙河谷地是东北高原的主要耕作区。

（3）中部平原。中部平原主要由湄南河三角洲构成，平均海拔 25m，河网交错，良田万顷。人口稠密，经济发达，是泰国农、工、商业中心。

（4）南部丘陵。南部丘陵主要位于马来半岛。这里地势起伏多山，多矿藏、橡胶和密林。

（三）气候

1．气候类型

泰国地处热带，属热带季风气候。一年可分三季：2 月中旬～5 月中旬为炎热干燥的热季，5 月中旬～10 月中旬为漫长的雨季，10 月中旬～翌年 2 月中旬为少雨的凉季。

2．气候特点

泰国气候长夏无冬，年温差很小。凉季月平均气温不低于 18℃，热季最高气温一般在 33～38℃之间。南部半岛地区属海洋性气候，全年温暖湿润。年平均气温为 22～28℃，年均降水量为 1 000mm。北部山区气温较低，最高气温约 20℃，最低温度可达 0℃。

（四）河流

湄南河，是泰国最主要的河流，发源于北部山区，纵贯泰国南北，全长约 1 200km，流域面积 15 万 km^2，南入泰国湾，是中部农业区的重要灌溉水源和航运干线。其主要支流有难河、永河、滨河、巴塞河等。

湄公河是泰、老两国的天然界河，在泰国境内的主要支流是蒙河。马来半岛地区多为发源于山地的小溪。

（五）资源

泰国气候高温湿润，土地肥沃，适合种植粮食作物和经济作物。稻米产量占世界总产量 4%，是世界最大的大米出口国；玉米出口量居世界第五位。经济作物主要有橡胶、木薯、甘蔗、麻类、烟草、柚棕、咖啡、水果、花卉等。

森林是泰国最主要的自然资源之一，以热带乔木为主，橡树、樟树、金鸡纳树以及柚木都比较珍贵。楠木尤其出名，桂树为国树。20 世纪 60 年代森林覆盖面积约占全国面积的 54%，现已锐减到约占全国面积的 26%。

辽阔的海域是泰国海洋渔业的重要基地，每年海产在 200 万 t 以上，有鱿鱼、墨鱼、鲳鱼、章鱼、沙丁鱼、对虾、龙虾、海蟹、海参等品种。

泰国有丰富的矿产资源，主要有锡矿、钾盐、褐煤、油页岩，还有锌、铜、铝、莹石、石膏、岩盐、钨、铁、锑、铬、重晶石、宝石、石油等。锡的开采已有近千年历史，出口量占世界第三位。钨产量占世界第二位。红宝石、蓝宝石世界闻名。

泰国是亚洲拥有大象最多的国家，白象是泰国的国兽。

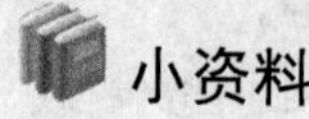

小资料

无所不能的泰国大象

泰国境内生存着无数野生大象，它们受到了泰国政府的重点保护。在泰国的北部和东北部山区，大象尤其多，各种各样的驯象营也较多。在驯象营里，大象学会了许多表演技巧，到泰国看大象表演则成为游客们最为喜欢的项目之一。

经过驯象师的调教，大象可以完成许多高难度动作，如后腿直立、长鼻套圈、走粗索、投篮、舞彩带等。经过驯化的大象能够用鼻子转呼啦圈、挥舞彩带迎宾、垒木头、踢足球、给人进行象征性的“按摩”、用鼻子卷起飞镖打中气球等。在泰国北部清迈的迈洒大象训练营，大象甚至可以学会“绘画”，通常用一刻钟就能“创作”出一幅或抽象、或生动的水彩画。当然，大象只会用长鼻卷起彩笔来画，而为笔蘸上颜料的事情都是由驯象师完成的。

泰国以象为尊，几乎所有到泰国旅游的游客都会感受到该国的“大象文化”。街头巷尾，无处不见绘有大象形象的工艺品：手包、泰丝面料、靠垫、木雕……更不用提象牙首饰、象骨雕塑、象皮皮具了。即使是在繁华的曼谷街头，也经常可以看到大象在象奴的带领下走街串巷。在泰国部分乡村，至今还保留着用大象耕地的传统。可以说，大象是泰国人亲密的朋友，也是泰国吸引游客的一大重要手段。

二、人文环境特征

（一）简况

1．人口

泰国总人口约 6 544.44 万人（2005 年 7 月），城市人口占全国人口的 18%，平均密度每平方千米 100 多人，河口三角洲地区每平方千米高达 1 000 人以上，人口自然增长率为 28‰，居世界人口增长率的前列。

2．民族

泰国有 30 多个民族，以泰人（暹罗人或空泰人）为主，占总人口 52.6%；其次是老人（寮人），占总人口 26.9%；此外，华人占总人口 12%，高棉人占全国总人口的 1.4%，还有苗、瑶、桂、掸、傈僳等民族。

3．语言

泰语（暹罗语）为国语，中部泰语即曼谷语为全国通用的标准泰语。英语为通用语。通用的书写文是高棉文。

4．宗教

佛教是泰国国教，属南传佛教，佛教徒占全国总人数的90%以上；伊斯兰教是泰国第二大宗教，主要为马来人和外国穆斯林后裔所信奉，99%以上属逊尼派。基督徒不到1%。此外还有部分人信印度教和道教。

5．国旗

泰国国旗为长方形，长、宽之比为 3:2。由红、白、蓝三色的五个横长方形平行排列而成。上下为红色，中间为蓝色，红、蓝之间为白色。红色代表民族力量与献身精神；白色代表宗教纯洁；蓝色代表王室。

6．国歌

泰国国歌为《泰王国国歌》。

7．国花等

泰国国花为睡莲。国树为桂树。

（二）简史

1238 年开始形成较为统一的国家。先后经历了素可泰王朝、大城王朝、吞武里王朝和曼谷王朝。泰国原名暹罗。16 世纪，葡萄牙、荷兰、英国、法国等殖民主义者先后入侵。1782 年，拉玛一世将首都迁至曼谷。19 世纪末，曼谷王朝大量吸收西方经验进行社会改革。1896 年，英、法签订条约，规定暹罗为英属缅甸和法属印度支那之间的缓冲国，使暹罗成为东南亚唯一没有沦为殖民地的国家。

20 世纪 30 年代的资本主义经济危机给暹罗带来了破坏性的影响。1932 年，人民党发动政变，改君主专制为君主立宪制，国王作为国家的象征被保留下来，国家政权转到国会、内阁、法院方面。

二战期间，被日军占领，暹罗国改名泰国。日本投降后，一度恢复暹罗国名，1949 年又定名为泰国。

（三）政治

1．政体

泰国实行君主立宪制。国王是国家元首，武装部队名义上的最高统帅，佛教的最高维护者，享有神圣不可冒犯的权力。但一般不直接问政，而是通过国会行使立法权，通过内阁理政，又通过法院行使司法权，专设枢密院为自己的咨询机构。

国会或称议会，是国家最高立法机构，实行上下两院制。上院议员由总理提名，国王任命，任期 6 年。下院议员通过大选产生，任期 4 年。下院议长兼任国会主席。

内阁为泰国中央政府，向议会负责。内阁设总理 1 人，为政府首脑，从下议院议员产生，由国王任命。设部长若干，由总理提名，报国王任命。

最高司法机构为司法委员会，由 13 名委员组成，大理院（最高法院）院长为主任委员。

2．政党

泰国主要政党有泰国党、社会行动党、民主党、公民党等。

（1）泰国党。建立于 1974 年，主要成员为退役军人、企业家和政界人士。

（2）社会行动党。建立于 1974 年，主要成员为银行家、企业家、商人、政界人士和高级知识分子。

（3）民主党。建立于 1946 年，主要成员为政界里的青年人士、知识分子、少数中等企业家和律师等。

（4）公民党。建立于 1956 年，由民主党和民族党（现称泰国党）分裂出来的部分成员组成，主要成员为律师和退休警官等。

3．国家首脑

国王是国家元首，总理是政府首脑，现任总理为巴育。

（四）经济

1．发展水平

泰国曾经是个落后的农业国，二战前 80%以上的人口从事农业。20 世纪 50～60 年代，泰国根据本国特点，大力发展民族经济，实施“工业多样化”和农业多种经营方针，经济得到较快发展。进入 70 年代，泰国从以发展进口替代工业为主转向以发展出口工业为主，经济发展迅速。1970～1980 年，泰国国民生产总值年增长率达 7.2%。80 年代后，泰国宣布要从农业国发展成工业国，大力发展重工业，经济继续高速增长并保持强劲势头。1986～1994 年，国民生产总值增长率年均为 9.4%。其中，1988～1990 年连续 3 年超过 10%。

经济的迅速发展，使经济结构发生重大变化。农业在整个国民经济中的比重由20世纪60年代末的40.5%下降到1988年的25%，制造业则由15%上升到25%。

2005 年，泰国国民总收入为 159 亿美元，国民人均收入为 2 540 美元。

2．主要部门

（1）工业。泰国工业主要有采矿、食品、纺织、服装、建筑材料、汽车装配、电子等。泰国的锡产量为世界第二位，红、蓝宝石为世界第二大出口国，汽车年装配量为 15 万辆，电子业每年营业额达 1 000 亿铢（40 亿美元）。

（2）农业。泰国是农业为主的国家，主要农作物有稻米、木薯、橡胶、玉米、甘蔗、烟草、油棕等。稻米、木薯的出口量占世界第一位，橡胶、玉米、蔗糖产量分别居世界第三、四、五位。

森林占全国总面积26%，最有经济价值的柚木也是主要出口产品。

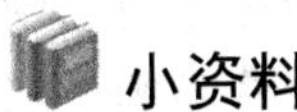

小资料

泰国的金柚木行宫

柚木里有特别的油脂，使得它能抗热和大雨，再加上这种油脂本身还有驱虫的功能，所以柚木绝对是价值不菲的建筑良材。

泰国就有一座著名的金柚木行宫。

金柚木行宫为五世皇时期所建造，是察克里王朝五世皇普拉加希朴国王（1925—1935）的皇宫。

他是这个行宫的主人，也是一位深受爱戴的国王，是他首先把西方的先进技术引入泰国，使得泰国人民慢慢从贫困线上脱离出来。

行宫原址位于世昌岛上，现在所见到的柚木行宫则已经迁移到曼谷市的近郊。行宫内全部采用柚木所建，大片绿色草坪上的柚木行宫，建筑风格很明显受到欧洲的影响，但基本是还是根据泰国的传说来兴建的。它使用了金色的柚木，却没有一根钉子在上面，建筑艺术极为奇特瑰丽。

水产品的捕捞量占世界第六位，是世界第七大、亚洲第二大捕鱼国。冻虾、龙虾、墨鱼、金枪鱼、章鱼和蟹等都已跻身世界主要出口国之列。

（3）交通运输业。泰国交通十分发达，以曼谷为中心，由铁路、公路、内河航运、海运和航空等5个部门组成。全国铁路总长4 452km，与老、柬、越、马、新、相接。公路全长约46 000km，与各府、县、郡相连。国内航空线8条，国际航空线65条，可达亚、欧、美、大洋洲等的40多个城市。曼谷港、宋卡港、梭桃邑港为国内重要港口，海运线可抵达日、美、中、新、欧洲、中东等地。

3．主要财团、企业

泰国主要财团有陈弼臣家族金融财团、任班超家族、李木川家族、郑午楼家族等金融财团。

陈弼臣家族金融财团，是泰国最大企业集团，拥有130家企业。盘谷银行是该集团的核心企业，也是目前东南亚最大的商业银行，跻身世界最富有的12家大银行之列。该行在国内拥有350家分支机构，在国外有16家分行。陈弼臣家族财团控制了国内40%的金融市场和大米贸易市场，泰国出口贸易的40%靠盘谷银行提供资助。

4．对外贸易

外贸在泰国国民经济中占有重要地位，近几年来，对外贸易额占国民生产总值 50%以上。出口产品主要是农产品的原材料，稻米、橡胶、木材、锡占泰国出口总额的 50%以上。制造业出口比例逐年增长，纺织品在工业产品出口中居首位。进口商品主要是各种工业设备、原材料半成品、石油与消费品等。但近年来石油与消费品进口的比重已由 30%下降到 14%。

泰国外贸对象为日、美、欧盟及东盟各国。泰日贸易额占泰国外贸总额 20%，居第一位；泰美贸易占外贸总额 15%，居第二位。

5．货币

泰国的货币单位是铢，1 铢等于 100 沙坦，分纸币和硬币两种。

（五）文化

1．文学

泰国文学最早产生于 13 世纪素可泰王朝时期，当时基本上是宗教文学和宫廷文学，素可泰时期的《坤兰甘享碑文》是至今发现最早用泰文镌刻的文学作品，是典型的宫廷文学代表作；《三界经》则是这一时期优秀的佛教文学作品，是根据 30 部佛典撰写而成。在泰国古典文学中，《水咒赋》、《大世赋》、《阮人的败北》、《帕罗》等诗赋，《南陀巴南屈》、《帕马来屈》、《昆昌与昆平》等诗句均占有主要地位。

20 世纪 20 年代末以后，泰国新文学开始兴起，文坛出现了一批年轻的新人，其中最具代表性的有西巫拉帕（1905—1974）、初被尼（1906—1963）、阿卡丹庚（1905—1932）、多迈索（1905—1963）等。西巫拉帕被看作是泰国新文学的奠基人，其代表作是《男子汉》和《向前看》。

2．艺术

泰国艺术主要有造型艺术和表演艺术两大类。前者主要包括建筑、雕塑、壁画，后者主要包括舞蹈、戏剧和音乐。

华丽的泰国佛寺和宫殿中，保存了许多历史上最优秀的建筑艺术。这两种建筑往往规模宏大，金碧辉煌，是泰国最耀眼的人文资源。

泰国的古代和近代的雕塑多以佛像为代表，极为精美。

在远古时代，泰国的先民就在岩洞里留下许多壁画。素可泰时期，壁画进入寺院，佛寺壁画表现的题材极为丰富，独具艺术魅力。

泰国舞蹈既有古典舞蹈，也有各族民间舞蹈。古典舞蹈分“宫内”、“宫外”两种。宫内舞的观赏者是国王和宫廷，典雅细腻，有严格的规范和程式。宫外舞的观赏者主要是平民百姓，较为自由风趣。民间舞蹈主要有丰收舞、长甲舞

（演员戴长指甲，穿古典服装表演）、蜡烛舞等。泰国还流行群众性集体舞。

泰国最主要的民族戏剧是孔剧。它是泰国民族的古典舞剧，演员靠手势和舞蹈表现人物、情节，而且多戴面具表演，故又称哑剧、假面舞剧。此外，泰国还有洛坤剧、诺拉剧、梨伽戏、皮影戏等戏剧形式。

3．工艺品

泰国传统工艺发达，手工工艺品独树一帜，品种繁多。有精美的宝石和黄金制品，经久耐用的鳄鱼皮革，质地柔软的泰丝，图案精制的各色木雕，传统陶瓷制品和竹藤制品也很有名。

4．著名学府

泰国著名高等学府主要有朱拉隆功大学、法政大学、马希敦大学、兰湛亨大学、素可泰大学、亚洲理工学院等。

朱拉隆功大学建于1916年，是泰国建立最早、规模最大的一所综合性大学。

兰湛亨大学建于1971年，是泰国第一所没有校园的开放性大学。

5．新闻媒介

泰国报刊主要以高棉文、华文、英文出版。高棉文报纸主要有《泰叻报》、《每日新闻》、《国家报》、《沙炎叻报》。华文报纸主要有《新中原报》、《中华日报》、《星暹日报》、《亚洲日报》、《世界日报》等。英文报纸主要有《曼谷邮报》、《民族报》等。

泰国有广播电台约230多家。泰国国家广播电台为官方电台，设有国外部，用多国语言播音。“自由亚洲电台”由外交部管理，主要转播“美国之音”。泰国有10余家电视台，主要的有5家，都设在曼谷。

（六）习俗

1．物质习俗

城市居民，尤其是中上层青年男女流行西方现代服饰。男人通常穿西式长裤，短袖上衣，多数人只在重要场合或节日穿西装，或穿钦定礼服（高领、3个口袋的丝料上衣）；女士多穿宽大、舒适、类似蝙蝠衫的宽松上衣和筒裙。一般男女都爱赤脚穿拖鞋。收入较为富裕的穿皮鞋，穷人光脚不穿鞋的也不少。泰人好装饰，佩带首饰的现象很普遍。几乎每一个人脖子上都用项链挂一小佛像，据说可以纳吉免贫。

泰国人主食是大米，副食是蔬菜和鱼。早餐多吃西餐，午餐爱吃中国的广东菜、四川菜，喜吃辣味食品。他们最爱吃民族风味的咖喱饭，采用大米、肉片或青菜，调辣酱油做成。吃时围桌跪坐，用右手抓食。泰国人爱喝白兰地和苏打水，也爱喝啤酒、咖啡、冰茶，爱吃槟榔、鸭梨、苹果。

泰国传统住宅是高脚屋，也叫高脚楼，是一种杆栏式二层建筑。上层住人，下层圈养牲畜或放置农具。高脚屋既防潮湿，又通风凉爽，深受泰国人民喜爱。

2．重要节日

泰国节日很多，主要有宋干节、水灯节、国庆节等。

（1）宋干节。又叫泼水节，公历 4 月 13～15 日举行。这是泰国最隆重的节日，相当于中国的春节。节日清晨，人们手持鲜花与食物去佛寺听经，并接受僧侣洒水祝福。随后在佛寺中聚沙为塔，豫祝五谷丰登。在鼓乐中相互泼水，涤旧迎新。青年男女往往借泼水表达爱意，所以宋干节又有情人节之称。节日期间各地都要举行龙舟赛，表演民间舞蹈和泰拳。

（2）水灯节。每年泰历 12 月 15 日举行。当天夜晚，身穿节日盛装的人们，从四面八方汇集到河流两岸，漂放水灯，让美好愿望随水灯漂向远方。节日里还要放焰火、划船游览、唱歌跳舞。

（3）国庆节。泰历 12 月 5 日，阴历为 3 月 15 日。这一天原为国王拉玛九世的生日，1960 年定为国庆节。

3．礼仪与禁忌

泰国是东南亚也是世界上最大的佛教国家，在泰国人的生活中，佛处于至高无上的地位。所有男子一生中必须过 3 个月以上的僧侣生活，否则不被社会承认。无论王公贵族，还是平民百姓，遇僧人必须行礼，僧人概不答礼。

泰国人见面行合十礼。在国际社交场合也行握手礼。但僧侣、男女之间不能握手。

泰国人重头、轻脚、贱左手。认为头部神圣不可侵犯，不能随便触摸。不能用脚踢门、指东西或把脚底对人。认为左手不洁，不能用左手与人握手或递接东西。

与泰国人交谈，不能讲对佛祖不敬的话。在泰国人家中做客，客人不能坐到主人的固定位子上。不能穿鞋上楼，不能拒受主人敬上的待客之物。

泰国人忌食牛肉、海参。

三、名城与名胜古迹

（一）名城

1．首都

泰国首都曼谷，意为“仙都”，位于湄南河三角洲上，南距泰国湾 40km。曼谷原以湄南河为限，1971 年，对岸的吞武里并入曼谷，曼谷遂发展成“大曼谷”。大曼谷面积 1 600km^2，人口 1 000 多万人，为泰国第一大城市，东南亚第二大城市。

曼谷现在是泰国政治、经济、文化、交通中心，拥有王宫、行政机构、金融企业、夜总会、观光饭店等各种建筑。作为全国最大的工商业城市，曼谷集中了全国大部分工业企业。文化高度发达，集中了全国80%的高等学校。曼谷还是泰国最大的深水港口和东南亚主要航空中心。

曼谷是世界上一座有名的旅游城市。市内名胜古迹极多，玉佛寺、卧佛寺、金佛寺号称“三大国宝”。郑王庙、大理寺、三宝公庙均为著名寺庙。大王宫更是曼谷最有名的古迹。曼谷还有“东方威尼斯”、“佛庙之都”等美称。

2．其他名城

泰国其他名城主要有清迈、大城、宋卡等。

（1）清迈。清迈位于泰国北部，是泰国第二大城，著名历史古都。这里青山环抱，风光秀丽。清迈是泰国北部经济中心，是柚木及各种货物集散地。以丝、瓷器最为有名。清迈也是泰国著名佛教圣地之一，城内有佛寺百余所，以清门寺最为古老壮观。此外清迈还有普平王宫、泰北文化公园、清佬山洞等名胜。清迈西北16km处是泰国著名的素贴山风景区。

（2）大城。大城又称犹地亚，位于曼谷以北约100km处，湄南河中游东岸。它是大城府的首府，泰国内地的商业中心，著名稻米、柚木的集散地。大城也是泰国历史古都，城内名胜古迹到处可见。

（3）宋卡。宋卡位于马来半岛宋卡湖的南岸，是宋卡府的首府，泰国南部海上贸易重镇，也是历史文化名城。宋卡是泰国最美丽的避暑胜地之一，不但拥有水清沙白的海滩、岛屿，而且气候凉爽，海鲜、水果极为丰富。

（二）名胜古迹

泰国名胜古迹很多，著名的有大王宫、“三大国宝”、郑王庙、鳄鱼园、帕提亚等。

1．大王宫

位于曼谷湄南河东岸，是曼谷王朝一至八世的宫殿，距今已有200年之久，又称故宫。总面积约21.8万km^2，主要由阿玛林宫、查基宫、律实宫和玉佛寺组成。四周筑有白色宫墙，高15m，长1 900m。大王宫金碧辉煌，气势非凡，号称泰国建筑一绝。

2．“三大国宝”

“三大国宝”是指曼谷的玉佛寺、卧佛寺和金佛寺。

玉佛寺又称护国寺，是大王宫的一部分，也是全国最大的寺庙，始建于1784年，有玉佛殿、先王殿、佛骨殿、藏经阁、钟楼、金塔等建筑。主体建筑玉佛殿内供奉一尊用整块碧玉雕成的玉佛，高 66 ㎝，为世间所罕见。

卧佛寺位于大王宫以南，寺内佛塔林立，神坛上供奉一尊卧佛，长 45m，铁铸包金，镶有宝石。

金佛寺位于曼谷火车站附近，内供一尊纯金坐佛，高 3m，重 5t 多。

3．郑王庙

位于曼谷，是一座具有中国建筑风格的皇家庙宇，是为纪念泰国吞武里王朝开国君主郑王而建。里面供奉泰王郑信坐像。郑王是华人后裔，曾经领导泰国人民驱逐外敌，受到泰国人民的尊敬。

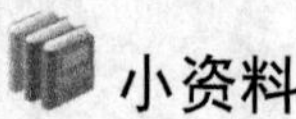

小资料

华裔泰国皇帝——郑信

广东澄海市华富村曾出了一位泰国皇帝，他名叫郑信，是历史上第一个在海外当皇帝的华人，是泰国历史上的英雄人物。

郑信（1734—1782），又名郑昭，生于泰国大城，是在泰国建立吞武里王朝的华裔。泰国名字叫达信。

郑信的父亲郑镛出身于中国澄海县中外莆都（今上华镇）华富村人（现广东省汕头市澄海区）。清雍正年间南渡暹罗，居阿瑜陀耶城（中文叫大城）。娶暹罗女为妻，生郑信。不久郑镛去世，郑信为暹罗国大臣收为养子，接受泰国传统教育。长成后从政，官居甘碧府府尹，封爵为披耶，暹罗人称为披耶达信。

1763 年，缅甸军入侵暹罗，郑信率部防卫暹都。1767 年 4 月，缅军攻陷暹都，大城王朝灭亡。郑信以东南沿海地区为基地，组织抗缅军，光复大城，并迁都吞武里。当年 12 月 28 日被拥立为王，史称吞武里王朝。随后消灭各地割据势力，1770 年统一了暹罗全国，又多次对柬埔寨进行军事扩张。

他也派使臣到北京，入朝于清廷。

1782 年 4 月 7 日，在一次宫廷政变中，郑信被杀。从柬埔寨前线率大军回朝的却克里将军掌握政权，建立曼谷王朝。泰国政府规定每年 12 月 28 日为郑王节。

华富村郑氏宗祠门侧有一副对联：“曾与帝王为手足，欣收天子作门生。”这座老宅建于清雍正年间，门内两间三合土的房子已经破败，早已无人居住。郑信的父亲就出生在这里。而郑信的衣冠墓则在村外一个池塘旁，被澄海市政府列为文物保护单位。

1998 年，泰国诗琳通公主专程来到这里拜谒郑信衣冠墓，并将一顶绢制皇冠送给当地政府，随同的泰国华侨还赠送了一尊郑皇骑马铜像，仿曼谷吞武里广场上的巨型郑皇铜像制成。

4．鳄鱼园

位于曼谷以南泰国湾（暹罗湾）北岸，面积 4 万 m^2，始建于 1950 年，以人工繁殖、饲养鳄鱼为主，是全世界最大的鳄鱼饲养场。这里的驯鳄表演，是外国旅游者争相一睹的节目。

5．帕提亚

帕提亚是世界著名的游乐区，有“东方夏威夷”之称，位于曼谷以东 150km 处，暹罗湾的东岸。原为一小渔村，1961 年 100 多名美军来此度假后声名鹊起。海滩长约 10km，四季繁花似锦，椰影婆娑。既可进行各种水上项目，又可游览海底世界，夜晚还可以欣赏闻名世界的人妖表演。

【思考与练习】

1．泰国的地理位置和主要地形区？
2．泰国的气候类型和特点？
3．简介湄南河。
4．泰国有哪些著名的物产？
5．泰国为何有佛教之国和大象之邦的美称？
6．泰国的宗教信仰的特点？
7．泰国经济水平及主要经济部门？
8．泰国有哪些重要习俗和节日？
9．根据泰国的礼仪与禁忌，说说和泰国人民交往时，特别要注意哪些方面？
10．泰国有哪些名城和名胜古迹？

第八节　蒙　古　国

关键词语　蒙古高原、温带大陆性气候、喇嘛教、大呼拉尔、图格里克、那达慕、哈达、乌拉巴托、乔巴山、额尔德尼昭、蒙古匈奴墓葬

一、自然环境特征

（一）位置

蒙古国位于亚洲东部，蒙古高原北部，是一个内陆国家。东、西、南三面与中国为邻，北界俄罗斯。

蒙古国面积约 157 万 km^2。

（二）地形

1．特点

蒙古国全境为一地势高亢的高原，平均海拔 1 580m，1 000m 以上的地区占全境 81.2%。大部分属于蒙古高原的北部。全境可分为西部山地、中东部高原和南部戈壁 3 个地形区。主要山脉有阿尔泰山、杭爱山、肯特山等。中蒙边境的友谊峰（奈拉姆达勒山）海拔 4 374m，为全国最高峰。戈壁面积占全国 1/3，地势缓平。

2．主要地形区

（1）蒙古高原。蒙古高原位于亚洲东部内陆，约 200 万 km^2。蒙古高原地势西高东低，西部有西北一东南走向的唐努乌拉山、阿尔泰山等；中部是杭爱山，山间有乌布苏湖、哈尔乌斯湖、哈尔湖和库苏古尔湖等；北部是东西分布的肯特山；东部是大兴安岭、苏克斜鲁山；东南和南部是较低的戈壁沙漠。高原平均海拔 1 500 多米，地处内陆，四周有高山环绕，属温带干燥大陆性气候，具有森林、草原和荒漠景观。

（2）杭爱山。杭爱山位于蒙古高原中部。

（3）肯特山。肯特山位于蒙古高原北部，东西分布。

（三）气候

1．气候类型

蒙古国为温带大陆性气候。夏热冬寒，季节变化大，温差剧烈。冬季严寒漫长，年均温只有–2.7℃，无霜期约 100 天。全境干旱少雨，年均降水量 200～300mm。个别山地可达 500mm，而南部戈壁地区仅 20～100mm。

2．气候特点

冬季严寒而漫长，常有大风雪。夏季温暖炎热，昼夜温差大。春秋短促。四季变化大。

3．主要河流

蒙古主要河流是北部的色楞格河，它在汇入由杭爱山流来的鄂尔浑河后，北入贝加尔湖。东部有克鲁伦河，流经呼伦湖，汇入额尔古纳河。

4．主要湖泊

山间有内流河注入而成的湖泊。其中乌布苏诺尔为全国第一大湖，面积 3 350km^2。

（四）资源

蒙古国地下矿产资源丰富。现有煤、铜、钨、黄石、金、银、钼、铝、锡、铁、铅、锌、铀、锰、磷、盐、石油等 80 多种矿产，有 500 多个矿区，其中 250 个为煤矿，蕴藏量约 500～1 000 亿 t。此外，萤石蕴藏量约 800 万 t，铁 20 亿 t，磷 2 亿吨，金 3 000t，银 7 000t，石油 4 亿 t。森林资源较丰富，木材蓄积量为 12 亿 m^3。

二、人文环境特征

（一）简况

1. 人口

蒙古是一个地广人稀的国家。全国人口 279.13 万人（2005 年 7 月），平均每平方千米仅 1.5 人左右，是世界上人口密度最低的国家之一。

2. 民族

蒙古居民中 90%是蒙古族，另有哈萨克等民族。

3. 语言

语言为喀尔喀蒙古语，文字用斯拉夫字母拼写。

4. 宗教

喇嘛教为国教。

5. 国旗

蒙古国国旗从左到右由红、蓝、红三个相等垂直的长方形组成。靠左边的红色部分自上而下绘有黄色的火、太阳、月亮、三角形、长方形和阴阳图案。红色象征欢乐和胜利，蓝色象征忠于祖国。黄色是民族自由和独立的象征。火、日、月表示人民世代兴隆，三角形和长方形象征人民的智慧、正直、忠于职责，阴阳图案象征和谐。

6. 国歌

国歌为《蒙古国国歌》。

（二）简史

蒙古国历史上曾是中国的一部分，称外蒙古。公元前 3 世纪成为匈奴帝国的中心。公元 13 世纪初，成吉思汗统一大漠南北各部落，建立横跨亚欧大陆的蒙古帝国（中国境内称之为元朝）。

在清代，现蒙古国所在地在中国版图之内，称为“外蒙古”或“喀尔喀蒙古”。1911 年 12 月，蒙古王公在沙俄支持下宣布自治，1919 年放弃“自治”。1921 年人民革命胜利，7 月 11 日宣布独立，成为君主立宪制国家。1924 年 11 月废除君主立宪，成立蒙古人民共和国。1945 年 2 月英、美、苏三国首脑雅尔塔会议规定，“外蒙古（蒙古人民共和国）的现状须予维持”，作为苏参加对日作战的条件之一。1946 年 1 月，当时的中国政府承认外蒙古独立。

1991 年改称蒙古共和国，1992 年 2 月改名为蒙古国。

（三）政治

1．政体

国家大呼拉尔是国家最高权力机关，立法权只属于大呼拉尔。大呼拉尔可提议讨论内外政策的任何问题，并将以下问题置于自己特别权力之内予以解决：批准、增补和修改法律；确定内外政策的基础；宣布总统和大呼拉尔及其成员的选举日期；决定和更换大呼拉尔常设委员会；颁布认为总统已经当选并承认其权力的法律；罢免总统职务；任免总理、政府成员；决定国家安全委员会的结构、成员及权力；决定赦免等。

大呼拉尔为一院制议会，其成员由有选举权的蒙古国公民在普遍、自由、直接选举的法律基础上，以无记名投票的方式选出，任期 4 年；大呼拉尔主席、副主席从大呼拉尔成员中产生，任期 4 年。

2．政党

目前共有 12 个注册政党，即：

蒙古人民革命党，为执政党，1921 年 3 月成立，原称蒙古人民党，1925 年 3 月改称现名。党员 8 万多名。总书记布·达希云登。

蒙古社会民主党，1990 年 3 月成立。党员 2 万多名。主席拉·贡其格道尔吉。

蒙古民族民主党，1992 年 10 月成立，党员 4 万多名。该党由民主党、民族进步党、复兴党和联合党合并而成。主席达·冈包勒德，总书记额·巴特乌勒。

此外，还有绿党、宗教民主党、工人党、传统统一党、人民党、资本家党、民主复兴党、民族团结党、民族民主社会党。

3．国家首脑

现任总统额勒贝格道尔吉，现任总理赛汗比勒格。

（四）经济

蒙古国是以畜牧业为主的国家，天然牧场占整个国土面积的 83%以上，人均草原面积居世界之首，是世界最大的畜牧国家之一。目前工业已是蒙古国民经济的重要部门，以轻工、食品、燃料动力和采矿业为主。工业企业大部分集中在乌兰巴托、达尔汗、额尔登特 3 个直辖市。农业以种植业为主，基本上实现了机械化。全国有耕地面积 134.7 万 hm^2，农产品主要是小麦、圆白菜、马铃薯和饲料作物。

蒙古长期实行计划经济。1991 年开始向市场经济过渡，实行国有资产私有化。1997 年 7 月政府通过“1997～2000 年国有资产私有化方案”，目标是使私营经济成分在国家经济中占主导地位。

货币单位：图格里克（Tugrik），1 图格里克＝100 蒙戈（Mungo）。

（五）文化

1．著名学府

著名学府主要有国立大学、技术大学、国立师范大学、国立农牧业大学、医科大学等。

2．新闻媒介

蒙古全国共有约 300 种报刊。主要报刊有《人民权利报》、《政府新闻报》、《真理报》、《言论报》、《蒙古青年报》、《独立报》、《自由报》、《世界报》和《星火》杂志。

蒙古通讯社（简称蒙通社），创建于 1921 年，1957 年 10 月改为国家通讯社，现在莫斯科和北京派有常驻记者。

蒙古广播电台（乌兰巴托广播电台），为国家广播电台。1934 年 9 月 1 日首次播音，使用喀尔喀蒙古语。对外用蒙、俄、汉、哈萨克、英、法、日 7 种语言播音。在 5 个省会有转播台，覆盖率 90%以上。

蒙古电视台，为国家电视台。1967 年 9 月建台，使用 2 个频道，1 个播放本国节目，1 个转播俄罗斯节目。1981 年起播放彩色电视节目。1991 年 1 月起转播美国世界新闻网的电视节目。1992 年 12 月起蒙俄合资“太空电视公司”在蒙开播第二套俄罗斯电视节目，1995 年 8 月蒙开播有线电视节目。

（六）习俗

1．物质习俗

蒙古人传统上以游牧为主，其生活方式多与草原和放牧密切相关。他们住蒙古包（毡包），食羊肉、羊乳，饮茶，以驼、马为交通工具。

蒙古人性格豪放，热情好客。游人过往，常会被邀入蒙古包中做客。最常见的是敬奶茶。客人进入后，主人就斟上这种奶香四溢的饮料请客人品尝。即使是素不相识者，也会受到主人热情招待。

2．重要节日

重要节日主要有国庆日、新年、那达慕大会。

（1）国庆日（人民革命日）。7 月 11 日。

（2）那达慕大会。该节目是蒙古民族传统的群众性节庆活动。“那达慕”，蒙语意为“娱乐”或“游戏”。每当会期，都有摔跤、赛马、射箭等争强斗胜的体育活动。上述 3 项是蒙古民族的“男子三竞技”，气氛热烈，争夺激烈，充分体现该民族的传统骁勇性格。

（3）新年。新年是蒙古的传统节日。传统上以阴历正月初一为新年，称为

“白月”，因为白色被认为是善良和纯洁的象征。年节前夕，吃年夜饭。从初一起，人们相互走访贺年。

3. 礼仪与禁忌

请安是蒙古男女老幼传统的一种见面礼。遇到长辈必请安，在马上、车上者则须下车、马互致问候。同辈相遇也互相问好。

蒙古人传统婚礼较为复杂。一般新郎须骑马去新娘毡包举行婚前仪式，然后带着弓箭与新娘同骑一匹骏马奔回自己的毡包，再行正式婚礼和喜宴。这种程序充分反映“马背上的民族”的生活方式。

蒙古人比较隆重的礼仪是交换鼻烟壶和献哈达。鼻烟壶是蒙古人常用的生活器具，让客人闻鼻烟是表示敬意。同辈相见，双手捧壶，对方右手接着，如此反复两次，最后物归原主。若来客为长辈，就请客人坐下。主人先赐礼，再交换鼻烟壶。

哈达是藏语音译，是用绸帛制成的长条宽带。用于敬神佛、拜年、喜庆或隆重的迎送场合。要把哈达叠成双层，开口一方朝向客人，双手献于贵客。对方也应以同样的姿势微笑接受。

三、名城与名胜古迹

（一）名城

1. 首都

首都乌兰巴托，位于全国中部地区，肯特山脉南端，鄂尔浑河支流图拉河畔；建城于17世纪中叶，1924年改为现名，意为“红色英雄”。乌兰巴托是蒙古国政治、经济、交通中心，也是科学、教育、文化和旅游中心。

乌兰巴托经常看到的风景，是大片的天、大片的地，还有点缀在大地上的众多喇嘛庙和蒙古包，跟几百年前最大的分别就是，存有社会主义时期遗留下来的苏联式建筑物。

乌兰巴托建了不少喇嘛寺。但在社会主义时期，很多寺庙都遭到大肆破坏，全国最大最重要的干丹寺尚算保留完整。现时大概有150名喇嘛在干丹寺内修行，每日早上9时左右，这些喇嘛便会集合在大讲堂里进行颂经仪式，而虔诚的信众，亦会跟着跪拜祈祷。

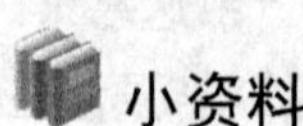

小资料

什么是喇嘛教

藏传佛教，或称藏语系佛教，俗称喇嘛教。

藏传佛教是中国佛教三大系统（南传佛教、汉传佛教、藏传佛教）之一，自称“佛教”或“内道”，清代以来汉文文献中又称之为“喇嘛教”。

藏传佛教有两层含义：一是指在藏族地区形成和经藏族地区传播并影响其他地区（如蒙古、锡金、不丹等国）的佛教；二是指用藏文、藏语传播的佛教，如蒙古、纳西、裕固、土族等民族即使有自己的语言或文字，但讲授、辩理、念诵和写作仍用藏语和藏文，故又称“藏语系佛教”。

藏语系佛教始于7世纪中叶，当时的藏王松赞干布迎娶尼泊尔尺尊公主和唐朝文成公主时，两位公主分别带去了释迦牟尼8岁等身像和释迦牟尼12岁等身像，以及大量佛经。松赞干布在两位公主影响下皈依佛教，建大昭寺和小昭寺。

到8世纪中叶，佛教又直接从印度传入西藏地区。10世纪后半期藏传佛教正式形成。到13世纪中开始流传于蒙古地区。此后的300多年间，形成了各具特色的教派，普遍信奉佛法中的密宗。随着佛教在西藏的发展，上层喇嘛逐步掌握地方政权，最后形成了独特的、政教合一的藏传佛教。

2．其他名城

（1）达尔汗。达尔汗市是蒙古第二大城，位于蒙古经济最发达的北部中央核心位置，为直辖市。该城建立于1961年，设市时的纪念碑如今仍屹立于该城的火车站旁。达尔汗——乌尔省总面积达32 750km^2，该省平均海拔高度为700m。随着达尔汗市的工业发展，该市人口已逐渐增加为8.5万人，且多数的人口属于年轻人。

（2）乔巴山。蒙古东部古城，经济、文化和交通中心，东方省省会。乔巴山位于克鲁伦河下游谷地。地势平坦，海拔752m。气候寒冷干燥，气温年较差大，年平均气温0.8℃，1月平均气温–16.8℃，最低温度可达–34.8℃，7月21.4℃。年降水量200mm左右，且集中于6～8月。乔巴山早期为喇嘛教中心。曾名为“克鲁伦”、“桑贝子”、“巴彦图门”，1941年为纪念蒙古革命的英雄乔巴山而得名。

第二次世界大战后，兴建起以畜产品加工为主的现代工业。市内有年洗毛200t的洗毛厂，年产6 000t面粉的面粉厂，日产90t肉制品的肉类联合厂，以及发电厂、热电站和汽车修配厂等。南部有阿敦楚伦露天煤矿（年产15万t）。郊区农牧业发达。东部地区是交通枢纽和贸易中心。蒙古东部输入物资的80%通过本市。市内有建筑学校和农牧业中等专业学校。

（二）名胜古迹

1．额尔德尼昭

额尔德尼昭是蒙古著名古寺庙，位于首都乌兰巴托西部的哈拉和林，距市区 400km。由外喀尔喀土谢图汗阿巴岱汗（公元 1534～1586 年）建造于 1586 年。他皈依喇嘛教后，曾亲自前往朝见三世达赖喇嘛，从此喇嘛教在蒙古国流行起来。这座寺庙是蒙古国第一座喇嘛庙，已被辟为博物馆。

额尔德尼昭坐西朝东，成正方形，面积约为 0.16km^2，四周筑有高大的土墙作为寺墙，每面墙上都建有 25 个城垛，正中辟大门。每个城垛上都建有一座喇嘛教小白塔，围墙四角的地面上也各建有一大一小的白塔，寺院里共有大小 108 座塔。墙的四角还各有一座石龟。

额尔德尼昭寺院内还保存着 15～17 世纪的绘画、装饰品、刺绣品以及大量的珍贵手稿、木板书籍、碑刻等珍贵文物，对于研究该寺的历史和喇嘛教在蒙古国的流行情况，都有着极为重要的参考价值。

2．蒙古匈奴墓葬

蒙古匈奴墓葬在蒙古境内的诺彦乌拉、乌兰巴托、特布希乌拉及呼尼河畔、达尔汗和乌兰固木市附近，有很多约为公元前 2 世纪～公元 1 世纪的匈奴墓葬，有普通墓葬和大型贵族墓葬之别。

位于蒙古中央省色楞格河畔诺彦乌拉山的诺彦乌拉墓地，是公元前 1 世纪～公元 1 世纪的匈奴墓地，分布于苏珠克特、珠鲁木特和古德吉尔特 3 个谷口，于 1924 年首次发掘，共发掘出 200 多座墓，这只是这一墓地的 1/10。已发掘的大型墓葬有十几座，结构复杂。大型墓是匈奴单于或贵族之墓，墓内丰富的随葬品是研究匈奴历史的珍贵实物资料。

【思考与练习】

1．蒙古高原的地形特点？
2．简述蒙古国的发展简史。
3．蒙古国的经济特点？
4．蒙古国有哪些独特的风俗及节日？
5．说说献哈达和交换鼻烟壶的礼仪。
6．蒙古国有哪些著名古城和名胜古迹？

第九节 澳 大 利 亚

关键词语 南半球、大洋洲、澳大利亚大陆、大分水岭、大自流盆地、南回归线、墨累—达令河、艾尔湖、矿产、金合欢、流放犯殖民地、骑在羊背上的国家、坐在矿车里的国家、澳元、怀特、西方礼仪、堪培拉、悉尼、墨尔本、悉尼歌剧院、大堡礁、艾尔斯岩、蓝山

一、自然环境特征

（一）位置

澳大利亚位于南半球，是大洋洲最大的国家。北临帝汶海和阿拉弗海，西、南临印度洋，东濒珊瑚海和塔斯曼海，是唯一占据整个洲大陆的国家。

澳大利亚领土包括澳大利亚大陆和塔斯马尼亚岛等周围岛屿，澳大利亚大陆东西距离约 4 000km，南北约 3 860km。面积 768 万 km^2，居世界第六位。

（二）地形

1．特点

澳大利亚全境平均海拔 300m，87%的面积低于 500m，海拔 1 000m 以上的山地面积不到 1%，为地表起伏最和缓的大陆。自东向西明显可分为三大地形区，东部为大分水岭，中部为大自流盆地，西部为沙漠广布的高原。

2．主要地形区

（1）大分水岭。也称东部山地，北起约克角半岛，沿东海岸向南延伸，至维多利亚州西南部，为一系列山脉、台地和谷地错综交接的弧形狭长地带。其旁支山地在大陆东南端没入巴斯海峡，然后在塔斯马尼亚岛重现。大分水岭约占全大陆面积 15%。南北蜿蜒 3 000km，宽度 150～300km，最宽处在昆士兰州南部，达 600km 以上，海拔 800～1 000m，最高峰科修斯科山海拔 2 228m，为全大陆最高点。

（2）大自流盆地。也称中部平原，面积约占大陆面积的 25%以上，平均海拔 150m，艾尔湖湖面降至海平面下 15m，湖盆为全大陆最低点。整个平原被低山分隔成 3 个区域。北部为卡奔塔利亚平原，海拔略高于海平面；其南端塞尔温岭以南是艾尔湖盆地，是世界上最大的内流盆地之一。以上两个区域都有很多地下水自流涌泉，与大自流盆地重合。南部在巴里尔岭和格雷岭以南，为墨累—达令河盆地，是全国最主要的农业地区。

（3）塔斯马尼亚岛。位于大陆东南，为东部山地越过巴斯海峡的延续。

（三）气候

1．气候类型

澳大利亚领土的 1/3 位于南回归线以北，属热带、亚热带气候，中西部为热带沙漠气候，逐步过渡到草原和森林气候。降水由北、东、南三面向内陆和西部呈半环状递减。

2．气候特点

澳大利亚整个大陆除沿海地带，特别是东南沿海受海洋影响较大外，大部分地区气候干热、大陆性显著。冬春两季（6～11 月），北部和中部地区，在副热带高压下沉气流控制下，降水稀少，气候干旱。东南角和西南角则盛行西风，温度较低，降雨较多。夏秋季（12 月～翌年 5 月）副热带高压带南移，大陆南部地面普遍增温，气候变干，北部沿海地区则引来了海洋暖湿气流，雨水较多，这时东部海岸也有较多的降水。最热月 1 月平均气温北部 29℃，南部 18℃，内陆大部分地区在 30℃以上。昆士兰州的克隆卡里附近，最高纪录达 51℃以上。最冷月 7 月平均气温北部 24℃，南部 10℃，最低为东南部山地，只有 5℃。

澳大利亚全国大部分地区雨水稀少，平均年降水量 470mm，是世界降水量最少的大陆。大陆西部和广大内陆降水不足，加上地面蒸发旺盛，成为干旱、半干旱地区。

（四）河湖

1．主要河流

墨累—达令河水系是全国最大的水系，也是唯一发育完整的水系。由墨累河及其数十条大小支流组成。达令河是其最大支流，其次为马兰比吉河。从达令河源头算起，总长 3 700km。水系流贯大陆东南部地区，流域面积达 105.7 万 km^2，包括昆士兰州南部、新南威尔士州、维多利亚州，至南澳大利亚南流入海。

2．主要湖泊

艾尔湖，澳大利亚最大湖泊，位于南澳大利亚州东北，因探险家爱德华·约翰·艾尔早先到此而得名。面积和湖区轮廓很不稳定。雨季，间歇河若带来大量流水，湖面随之扩大，成为淡水湖；干季强烈蒸发，湖面缩小，湖底变成盐壳。湖泊总面积变化在 0～9 500km^2 之间。艾尔湖由南、北两湖组成，两湖之间有水道相通。湖盆最低点在海平面下 15m，是澳大利亚和大洋洲的最低点。湖区气候干旱，年平均降水量一般在 125mm 以下，蒸发量可达 3 000mm。湖底经常干涸。流入河流都为间歇河，主要有沃伯顿河、库珀河。

（五）资源

澳大利亚的矿产资源丰富，铁、铝、镍、铀等矿藏均世界前列，煤、铜、铅、锌、锰、银、锡、钨等矿藏亦相当丰富，石油、天然气、磷酸盐等近年也有重要发现。矿藏主要分布在 3 大地区：①西部地区，西澳大利亚州有十分丰富的铁、锰、金、镍、钨等矿，西海岸大陆架有石油和天然气；②中部地区，自卡奔塔利亚湾岸至艾尔半岛富藏铜、铅、锌、铀、铁等矿；③东部地区，自约克角至塔斯马尼亚岛弧形地带，包括东部山地和山前盆地，有大铝土矿以及铜、锡、钨等矿。沉积盆地富煤矿，巴斯海峡还有石油和天然气，东海岸中段海滩的金红石、锆石、独居石、钛铁矿等砂矿著称于世。

在澳大利亚，有许多古老的独特的动植物资源，著名者如袋鼠、鸸鹋、桉树、金合欢等。

小资料

澳大利亚的袋鼠

袋鼠原产于澳大利亚大陆和巴布亚新几内亚的部分地区。其中，有些种类为澳大利亚独有。

袋鼠与它们的近亲共有60多种。尽管我们不能确定澳大利亚袋鼠的确切数目，但据估计4种最常见的袋鼠数目就超过了5千万只。所有澳大利亚袋鼠，动物园和野生动物园里的除外，都在野地里生活。不同种类的袋鼠在澳大利亚各种不同的自然环境中生活，从凉性气候的雨林和沙漠平原到热带地区。

袋鼠是食草动物，吃多种植物，有的还吃真菌类。它们大多在夜间活动，但也有些在清晨或傍晚活动。不同种类的袋鼠在各种不同的自然环境中生活。比如，有的会给自己做巢而有的则生活在树丛中。大种袋鼠喜欢以树、洞穴和岩石裂缝作为遮蔽物。

所有雌性袋鼠都长有前开的育儿袋，育儿袋里有4个乳头。“幼崽”或小袋鼠就在育儿袋里被抚养长大，直到它们能在外部世界生存。

袋鼠对澳大利亚土著人的生存一向有着重要作用。几万年来，土著人一直捕猎袋鼠，以获取袋鼠肉和袋鼠皮。在18世纪晚期欧洲人抵达澳洲后，他们也捕猎袋鼠以求生存。

现在袋鼠仍继续被作为一种资源来利用，但必须在政府的严格控制之下。澳大利亚各州均有立法保护袋鼠。只有数量最多的4种袋鼠和少量的一种常见的小袋鼠可以被捕猎，且只有持照猎人可以狩猎。

澳大利亚各州的法律均保护袋鼠，这包括以严厉的处罚来防止对袋鼠的残暴或不人道行为。

澳大利亚公众保护野生动物的意识很强，他们对任何虐待动物的行为都会作出强烈的反应。

二、人文环境特征

（一）简况

1. 人口

澳大利亚有人口约2 009.04万人，是世界上城市化水平最高的国家之一。人口的70%生活在10个最大的城市中。大部分人口集中在澳洲大陆的东部沿海和东南角。

2．民族

澳大利亚是一个多元文化的国家，它的移民来自于 200 多个国家。但仍以白人为主，占总人口的 95%。土著人约 30 万，华侨华人约 45 万。

3．语言

澳大利亚的官方语言是英语。澳大利亚英语有一些独特的土语和俚语。

4．宗教

澳大利亚居民中 70%信奉基督教，其中多数是新教教徒。少数人信奉犹太教、伊斯兰教和佛教。部分内地的土著居民保留着传统的宗教信仰。其他宗教占 3.4%。非宗教人口占 25.1%。

5．国旗

澳大利亚的国旗是由英国国旗皇家蓝色背景和南十字星组成，左上角英国国旗的图案表明澳大利亚与英国历史上的联系。国旗上最大一颗七角星的六个角代表澳大利亚的州，第七个角代表它的首都区。

6．国歌

澳大利亚国歌是《前进吧，美丽的澳大利亚》，由 19 世纪末的一首爱国歌曲改编而成，于 1984 年 4 月被宣布为国歌，代替《上帝拯救女王》这支指定的皇家颂歌。

7．国花等

澳大利亚国花为金合欢，国树为桉树，国鸟为琴鸟。

（二）简史

澳大利亚在欧洲人到来之前，早就有土著居民散居沿海和内陆自然条件较好地区。17 世纪开始有西班牙人托雷斯、荷兰人塔斯曼、英国人丹皮尔等先后在部分海岸外航行。

1770 年英国人库克斯克率船队到达大陆东南岸悉尼附近的植物学湾，又北航通过托雷斯海峡，声称澳大陆东部海岸已由英国占领。英国第一批遣送流放犯及管理人员共 1 030 人，于 1788 年 1 月 18 日抵达植物学湾，1 月 26 日在悉尼湾岸建立第一个流放犯殖民地，这个日期现成为澳大利亚联邦的国庆日。1840 年又在塔斯马尼亚州建殖民区。19 世纪中叶，全境逐步沦为英国殖民地。1863 年划分的新南威尔士、维多利亚、昆士兰、南澳大利亚、西澳大利亚、塔斯马尼亚等 6 个殖民区，成为今天澳大利亚大行政区划的雏形。

1901 年各殖民地改称为州，组成澳大利亚联邦，成为英国的自治领。1931 年成为英联邦内的独立国家。

（三）政治

1．政体

澳大利亚政体是联邦议会制。澳大利亚联邦宪法由英国议会于 1900 年 7 月通过。宪法规定，澳大利亚联邦和各州都采用英国的议会制度，实行政党政治和责任内阁制。联邦行政议会是联邦最高行政机构，由总督、担任议员的各部部长和一些名誉委员组成。内阁是行政领导机构。内阁总理由众议院多数党领袖担任，并经联邦总督任命。内阁由总理从众议员和参议员挑选的一部分人组成，对议会负责，任期 3 年。部长均为众议员或参议员。

2．政党

澳大利亚有大小政党 10 余个，主要政党有：澳大利亚工党、澳大利亚自由党、澳大利亚国家党。

（1）澳大利亚工党。主张实行“民主社会主义”，多次执政，约有集体党员 120 万，个体党员 5 万，是澳大利亚最大政党。

（2）澳大利亚自由党。于 1944 年成立，主张自由贸易，发展私人企业，吸收外资，党员 10.3 万。曾多次与国家党联合执政。

（3）澳大利亚国家党。建于 1918 年，党员约 14 万，主张保护初级产品市场，维护乡村团体利益。

3．国家首脑

英国女王是澳大利亚名义上的国家元首，由她派总督代行权力。

总理为政府首脑，现任总理为托尼•阿博特。阿博特 1957 年 11 月 4 日出生于英国伦敦，先后毕业于悉尼大学和英国牛津大学，并取得政治学和哲学硕士学位。步入政界前，阿博特从事记者工作。1994 年，他当选为澳大利亚下议院议员。1996 年起，他开始担任联邦议会部长秘书，从事就业、教育、培训和青年事务等方面的工作。1998 年，阿博特成为就业服务部部长。2001 年开始担任就业和劳资关系部及小型企业部部长。2003 年 10 月至 2007 年 11 月，阿博特任澳大利亚卫生与老年事务部部长。2009 年，阿博特当选自由党领袖。2013 年 9 月 7 日在大选中获胜，成为澳大利亚政府总理。2013 年 9 月 18 日，阿博特在澳大利亚总督府宣誓就职。

（四）经济

1．发展水平

澳大利亚的国民生产总值对于一个人口 2 千多万的国家来说是相当大的。

澳大利亚拥有丰富的自然资源。19 世纪以来，澳大利亚人一直享有很高的生活水平，澳大利亚是一个发达的资本主义国家。

2005 年，澳大利亚国民总收入为 541 亿美元，人均国民收入 26 900 美元。

2．主要部门

澳大利亚经济以农牧业、采矿业和制造业为主。因盛产羊、牛、小麦和蔗糖，农牧业产品的生产和出品额较大。澳大利亚的羊毛出口一直居世界首位，又是世界矿产品五大资源国和生产国之一，澳大利亚也因此有“骑在羊背上的国家”“坐在矿车里的国家”等美称。工业以工矿业和制造业为主。矿产品一半以上出口，制造业有装配、建筑、化工等。

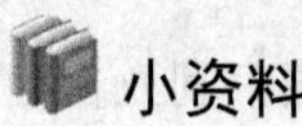

小资料

澳大利亚的“羊节”

澳大利亚被称为“骑在羊背上的国家”，羊为澳大利亚作出了巨大的贡献，因此，每年 8 月 14 日，澳大利亚都要为羊过一次节。当这天来临时，各地的牧羊人天蒙蒙亮便起身着手准备给羊过节。当太阳升起的时候，牧人们开始燃放烟花爆竹，向羊布道贺喜，然后将羊群赶到水草最丰美的地方，让羊群美美地饱餐一顿。这一天，牧人们对羊极为宽容，任其自由吃草追逐、玩耍，以表示对羊群的节日祝贺。甚至有的牧羊人在这天自觉暂停吃羊肉、剪羊毛，以示“忏悔”。

澳大利亚羊毛是澳大利亚的支柱产业之一，澳大利亚的羊毛产量约占世界总产量的 1/4～1/3，其出口创汇占全澳出口创汇总额的 10%以上。虽然澳大利亚农业产值仅占 GDP 的 15%左右，养羊业产值比重还要低，但其养羊业却誉满全球，原毛和净毛销往世界各国。

3．对外贸易

澳大利亚是世界主要贸易国家之一，对国际贸易依赖很大。外贸收入占国民生产总值的 40%。澳大利亚与 130 多个国家和地区有贸易关系。农业和矿产品占外贸出口的 70%，80%以上的进口产品为制成品。服务贸易占出口贸易的 23.2%。主要贸易对象是日本、美国、欧洲共同体、东盟、韩国、中国和新西兰等。

4．货币

澳大利亚元（Australian Dollar），1 澳元＝100 分（Cents）。

（五）文化

澳大利亚文化是典型的多元文化，可以用“原始文明与现代文明并存”“东方与西方联姻”来形容。这里有古老而神秘的土著绘画、雕刻艺术，有拓荒时代的丛林文学，有欧洲古典与现代风格结合的芭蕾舞艺术，有纯朴、清新的乡村音乐等。

1．文学

在荣获世界文学最高奖诺贝尔文学奖的文坛巨匠中，唯一一位来自澳大利亚的作家是帕特里克·怀特。1912 年 2 月 28 日，怀特出生于英国伦敦。幼年时随同父母移居澳大利亚，青年时代曾在其父开办的一家牧场做工。20 世纪 30 年代，怀特返回故乡英国，进入剑桥大学学习现代语言。1939 年，怀特以处女作《幸福谷》步入澳文坛。其早期作品明显地受爱尔兰作家乔伊斯的影响。

怀特的小说题材有非常鲜明的澳大利亚色彩，眼界开阔、寓意深远、耐人寻味。其代表作有《姨妈的故事》、《人类之树》、《活体解剖者》、《风暴之眼》等。《人类之树》和《风暴之眼》为怀特最著名的作品。《人类之树》描写一位叫斯旺·帕克的青年人移民澳大利亚独自拓荒、成家立业、直到生命终止的全部过程，再现了澳大利亚的开拓史，体现人类在发展过程中与自然、邪恶作斗争的艰辛以及享受胜利成果的愉悦。《风暴之眼》是怀特的成名作，描述了亨特一家的没落、崩溃。他们狂热地追求自我，追求金钱，心灵被扭曲了。作品再现了生活在高度物质文明社会里的人们精神世界的空虚、迷茫，以及人们寻求出路的痛苦经历，极具揭露意义。作者因此荣获 1973 年诺贝尔文学奖。

2．艺术

在澳大利亚绘画艺术领域，有一位杰出的艺术大师，他就是西德尼·诺兰。诺兰祖籍英格兰，1917 年 4 月 22 日出生在墨尔本一个工人家庭。1931 年中学没有毕业就离开了学校，在一家制帽公司从事广告创作。诺兰的想象力极为丰富，善于捕捉生活中美好的瞬间。20 世纪 30 年代，他一直同欧洲绘画艺术界保持着接触，学会了毕加索、克利的构思和风格。后来在伦敦举办了一个画展，一举成名。

1960 年，诺兰的绘画风格开始转变，由画风景转向画古典神话和用画笔描绘澳大利亚传奇人物的生平，如《苏格兰人弗雷泽夫人》、《勒达与天鹅》、《内德·凯利》等。其最著名的是描绘 19 世纪风靡全澳的绿林好汉的作品《内德·凯利》。诺兰的不朽功绩在于，他促进了澳大利亚绘画艺术与现代欧洲和北美绘画流派的交流，并且使之赢得了更广泛的承认。

3．教育

澳大利亚教育事业由州政府负责，各州设教育部，独立主管本州大、中、小学和技术教育学院。联邦政府只负责给全澳大学和高等教育学院提供经费，制订和协调教育政策。学校分公立、私立两种，实行学龄前教育、中小学 12

年义务教育和高等教育。

澳大利亚著名高等院校有澳大利亚国立大学、堪培拉大学、墨尔本皇家理工学院、格里菲斯大学、墨尔本大学、悉尼大学、新南威尔士大学等。澳大利亚广泛进行职业培训教育，重视师资队伍建设，科技教育发展迅速。

4．新闻媒介

澳大利亚有4大报业集团，分别是：先驱报和时代周刊杂志集团、默多克新闻公司、费尔法克斯公司和帕克新闻联合控股公司。其中，默多克新闻公司发展最快，已成为国际性的报业集团。全国有200多家报纸，绝大部分是地方报纸，其中有85种民族报纸。主要报纸有《澳大利亚人报》、《悉尼先驱晨报》、《世纪报》、《金融评论》等。

澳联合新闻社为澳最大通讯社，总部设在悉尼，自1964年起与英国路透社结为联社。

澳大利亚有4种性质的广播电台和电视台：①澳大利亚广播委员会统管的国有广播、电视；②民族电视台，用各种语种播音；③商业电台电视台、公众广播电台；④公众广播电台。

（六）习俗

1．物质习俗

澳大利亚人，特别是英国后裔曾十分注重穿着，脑力劳动者和体力劳动者之间亦有“白领阶层”和“蓝领阶层”之分，但是现在这类区别不甚明显。现在主要流行便装，特别是在购物、游览等闲暇活动中，人们更加偏爱便装。

家庭中一般是三餐加茶点。早餐主要食品有牛奶、麦片粥、火腿、煎蛋、黄油、面包；午餐多食快餐，通常食冷肉、凉茶、三明治、汉堡包、热狗等；晚餐是一天中的正餐，食物丰盛，多有热菜、炖煮、烤烧肉食等，并饮用配餐酒和啤酒等。早茶（10:30左右）、午茶（下午5点左右）以咖啡和茶为主，加上饼干、小点心等甜食。澳大利亚人遇有节日和家庭中的婚庆喜事，多习惯于到餐馆就餐，并十分注重穿着和用餐礼仪。吃东西发声大、刀叉碰撞声大、边咀嚼边讲话都被认为是失礼。

澳大利亚人餐饮习惯和英国人相似，但更喜爱吃鱼类和菜肴，对中餐非常喜欢，一些大城市都有很多中餐馆。

澳大利亚人十分喜欢野餐，通常在郊外的野餐是以烤肉为主，在市内进餐，也很喜欢烤肉。

澳大利亚人喜欢乡间别墅，富裕人家一般有市郊和乡间两处住房。大部分住房为一层庭院式。人口较多、十分富有的人家多为二层房，一层设客厅、厨房、餐厅和卫生间，二层是卧室、浴室和卫生间。绝大多数住宅装有空调和现代化供暖设备。

私人汽车是澳大利亚人重要的交通工具，公共汽车、有轨电车、火车亦是许多澳大利亚人，特别是年长者、学生、上班路途较远者所不可缺少的交通工具。公共汽车司机兼售票员，前门上车时购票，后门下车，乘客下车时要提前拉铃告知司机，并到车门等候。火车和汽车都有“日票”“周票”“月票”“年票”出售，乘客可在票证允许的范围内随意乘坐汽车或火车。学生持学生证可获部分汽车费减价和长途汽车、火车半价优待。

澳大利亚给小费不似欧美国家流行，在饭店和餐馆也可有所表示。

2. 重要节日

（1）国庆日。1 月 26 日（1788 年）为澳国庆日。届时，各大城市都举行庆祝活动。

（2）圣诞节。12 月 25 日是澳大利亚的最重大节日。节日前，亲朋好友互赠圣诞卡，表示祝贺。圣诞前夜，父母把为孩子购买的礼物放入特制的袜子里，当作圣诞老人赠给的礼物。圣诞之日人们都打开自己得到的礼物，互致谢意。节日圣餐十分丰富，有传统的火鸡、布丁，也有海鲜、烤肉。正值盛夏的澳大利亚沉浸在欢庆的热潮之中。

3. 礼仪与禁忌

通用西方礼仪。

澳大利亚人在第一次见面或谈话时，通常互相要称呼为“先生”、“夫人”或“小姐”，熟悉之后就直呼其名。人们相见时喜欢热情握手，并喜欢和陌生人交谈，互相介绍后或在一起喝杯酒后，陌生人就成了朋友。在澳大利亚，初次见面时应该握手，访问结束时也得如此。澳人言谈话语极为重视礼貌，文明用语不绝于耳。他们很注重礼貌修养，谈话总习惯轻声细语，很少大声喧哗。在他们的眼里，高声喊叫是一种不文明的粗野行为。

澳人与英美人一样，名在前，姓在后。妇女结婚后，使用丈夫的姓。在家庭成员和亲密朋友之间，不分老幼，互称名字，以表亲切。

初次见面不要直接询问个人问题，如年龄、婚姻、收入等。特别不要问原国籍的问题。

澳人还有个特殊的礼貌习俗，他们乘出租车时，总习惯与司机并排而坐，即使他们是夫妇同时乘车，通常也要由丈夫在前面，妻子独自居后排。他们认为这样才是对司机的尊重，否则会被认为失礼。他们时间观念非常强，对约会是非常讲究信义的，有准时赴约的良好习惯。

在澳大利亚有“女士优先”的良好社会风气，对妇女都是极为尊重的。澳大利亚人还喜欢赞赏女士的长相、才气、文雅举止等方面，他们认为这是一种有教养的表现。

澳人宴请客人，除了企业家较为讲究之外，其他人请客都比较简单。一般来说，首先是请客人喝一碗汤，再上盘主菜，一道甜食水果，然后来一杯波特甜酒，喝杯咖啡，全过程就结束了。为了表示对来客的热情欢迎和祝福，澳大利亚人往往会在饭后的水果布丁中放进一些钱币。这些钱币有一分、两分、五分、壹角等，谁吃到的钱币多，就预示着谁的运气好。澳人喜欢吃烤肉，许多家庭也备有烤炉，因此，有时澳大利亚朋友会请客人到家里吃烤肉。如果澳大利亚朋友邀请你去他家吃饭，而你和这位朋友及其客人很熟悉，平时又不很讲究礼仪，那么穿着就可不必太严肃，否则一定要着西装系领带，这是西方的一种礼貌风俗。吃饭时要注意西方的餐桌礼仪。第二天，你应该给主人打个电话或寄一张明信片，表示感谢和对昨夜晚餐的欣赏。

三、名城与名胜古迹

（一）名城

1. 首都

堪培拉是澳大利亚联邦的首都，坐落在新南威尔士的南台地上。它是一个漂亮而文雅的城市，由于有着众多的公园和花园，春秋两季尤为美丽。市中心有一个人工湖泊，是驾驶帆船或乘船巡游的理想场所。另外，堪培拉著名的建筑还有设计优美的议会大厦、举世闻名的澳大利亚国家美术馆以及其他国家机构。

堪培拉的南部是雪山，在那里冬季可以滑雪，夏季可以漫步林中或骑马。堪培拉的提德宾比拉自然保护地和纳玛奇国家公园还有引以为傲的珍奇动植物，景色壮丽。堪培拉还有土著岩石绘画艺术遗址和土著遗产保护地，这些地方还为游客提供了步行线路。

2. 其他名城

(1) 悉尼。悉尼是新南威尔士州的首府，也是澳大利亚最大的城市和海港。坐落在天然港口杰克逊港周围的海岸上，位于悉尼低地盆地的东部。据统计，悉尼人口占整个澳大利亚人口的22%。

悉尼湾内港叉众多，水深流缓，多天然良港，约有80多个货运和集装箱码头，4个客运码头。悉尼港的年吞吐量在2 000万t以上，是进出澳大利亚的重要门户之一。

悉尼气候温和、阳光充足，年平均气温在 12.3～22.3℃之间。悉尼是一个非常清洁的城市，在这里绝没有尘土飞扬的时候。虽然市区有一些工业企业，但这个幸福的城市得益于太平洋上吹来的海风，因此终年天气晴朗、阳光灿烂。

悉尼风景名胜，古迹众多，有造型新颖别致的悉尼歌剧院、世界上著名的悉尼大桥、堪称南半球之最的高达 325m 的悉尼塔、国王十字街区的名人蜡像馆、全澳最著名的塔隆卡野生动物园、位于悉尼西南 420km 的科修斯科国家公园、全澳最高峰海拔 2 228m 的科修斯科峰以及罕有的冰川湖，还有位于悉尼以南 35km 处波塔尼湾的“澳大利亚之父”詹姆斯·库克船长登陆纪念碑，有位于悉尼西北 100km 处的闻名全澳的珍诺兰洞穴，有被称为澳大利亚一绝的库林该却斯国家森林公园的老船长峰，等等，不胜枚举。

（2）墨尔本。墨尔本是维多利亚州府和澳大利亚第二大城市，是贸易、交通和工业中心。以时装、美食、各种娱乐活动、文化及体育活动而著称。维多利亚式的建筑物、有轨电车、各种剧院、画廊、博物馆以及绿树成荫的花园、街道构成了墨尔本市典雅的风格。从丽艾图塔观景台可以眺望墨尔本市全貌。乘舒适的游船沿亚拉河游览可以更近地观赏两岸的风光。

墨尔本是澳大利亚的文化及艺术首府，有着著名的剧院和世界一流的维多利亚国家美术馆。墨尔本有许多夜总会，夜生活极其多彩。而且，还以现场音乐会和喜剧俱乐部而闻名。皇冠娱乐中心是墨尔本娱乐及赌博的“麦加”。

墨尔本市区周围是山谷、景色优美的公园、酿酒厂、当地的野生动物园、充满诱惑力的小镇、迷人的大海、美丽的海滨城镇，以及在菲利普岛上世界闻名的企鹅大游行。

（3）阿德雷德。阿德雷德是南澳大利亚州的首府城市，是澳大利亚第四大城市。它坐落在托伦斯河岸。该城是根据威廉四世的妻子—— 阿德雷德女王的名字命名的。阿德雷德是南澳大利亚州的行政中心，负责铁路、公路、学校、广播、公安、交通、医院等行业的管理，也是南澳大利亚州的主要港口和市场。

阿德雷德的植物园有南半球最大的温室之一，里面有引人入胜的热带雨林植物。参观阿德雷德的中央市场，可以尽情品尝各种新鲜食品。从市中心乘坐电车至位于海滨的郊区，会看到那里遍布白色的沙滩和富丽堂皇的房屋。在北阿德雷德，有修葺一新的别墅、豪华家居、古色古香的旅馆、花饰阳台和走廊、古玩店以及美术馆。阿德雷德还是世界闻名的阿德雷德艺术节的主办城市，每逢偶数年份的 2～3 月，艺术节在这里举行。

（4）珀斯。珀斯为西澳大利亚的首府城市，是西澳大利亚的政治、经济、商业中心，也是天然良港。其气候条件良好。在全澳 6 个州府中，珀斯是日照最长的一个，每年平均有 118 个晴天，每天平均有 8 小时日照。在最冷的冬季，气温也很少降到 5℃以下，这里从不下雪。良好的气候和美丽的风光，使珀斯很快成为新兴的旅游城市。世界各地的旅客和许多澳洲本土居民都喜欢来这里享受印度洋微风吹拂的感觉。

珀斯既有现代化的高楼大厦，又有乡野风情，市内有天主教大教堂、西澳大利亚大学、默多克大学、州议会大厦等。位于珀斯市北部的扬却普国家公园，是西澳大利亚最有名的自然景观公园之一。园内有成片的野花，每年9～11月，这里鲜花盛开，争奇斗艳。珀斯西郊的国王公园是南半球最大的公园。公园里有一株平躺着的粗大而古老的树干，是西澳大利亚早期拓荒者从遥远的北美洲加拿大运来的。

（二）名胜古迹

1．悉尼歌剧院

悉尼歌剧院坐落在悉尼港口大桥东侧的一块舌状小半岛上，三面环海。在悉尼市任何方位，只要登高眺望，就会看到这座奇特无比、造型怪异、构思大胆、巧夺天工的雄伟建筑的全貌。它好像一艘多层重叠的巨型风帆在迎风招展，又好像是几只洁白无比的大蚌壳在阳光下沐浴。

悉尼歌剧院占地面积为22 300m^2，总长度200m，宽120m，在8个蚌壳形屋顶中最高的为67m，8扇蚌壳形顶层面积为18 000m^2，重2.68t。走进剧院，犹如进了水晶宫一般，在主要的4个大剧场里，个个厅堂宽敞明亮、富丽堂皇。

这4个大剧场分别是：演奏厅，可容纳2 800名观众；歌剧厅，可容纳1 500名观众；戏剧厅，可容纳600名观众；音乐厅，可容纳1 500名观众。整个剧院共有大小厅室900多间。其装潢设计、布置富丽雅致，堪称世界之冠。

自1973年建成以来，世界著名交响乐团、芭蕾舞团、歌剧团、音乐演唱家均以能在此演出为荣。英国女皇伊丽莎白二世曾亲自为歌剧院落成剪彩揭幕。悉尼歌剧院还有一个独到之处是，不仅音响效果、舞台、灯光效果为世界最佳，而且如果需要，观众可以坐在剧场外面的休息室、餐厅等地听到剧场内演奏或演唱的声音，其效果如同在场内一样。

悉尼歌剧院已成为世界各地旅游者和艺术家们向往的地方，每年都有数百万人出席在这里举行的各种活动，参观者更是络绎不绝。

2．大堡礁

大堡礁位于昆士兰州东北部沿海，它南北绵延长达2 400km，宽约65km。整个礁群水域面积23万km^2，是世界上最大的天然珊瑚礁和珊瑚群岛。它形成的年代久远，珊瑚礁由无数珊瑚虫的尸体堆积而成。但令人惊奇的是，在大堡礁的400多个珊瑚礁群中，竟有300多个是活珊瑚。珊瑚虫能把海水中的石灰质吸收，变成自己的骨骼，这些骨骼彼此相连吸附，天长日久便逐渐形成这一壮观的景色。大堡礁所处的水域，终年受太平洋的南赤道暖流和东澳大利亚暖流的影响，全年平均水温在 20℃以上，加上这一带海域海水浅、含盐度和透明度高，非常适合珊瑚生长。一般的珊瑚最多不过长到 80m 厚，而这里的珊瑚厚度竟达 220m，为世界之最。

大堡礁水域共约有大小岛屿 600 多个，这些各有特色的岛屿现都已开辟为旅游区。在大堡礁群中，珊瑚礁色彩斑斓，构成一幅千姿百态的海底景观。在这里生活着大约 1 500 种热带海洋生物。

3．黄金海岸

澳大利亚四面环海，海岸线绵长，拥有许多优良的海滨浴场，其中以东海岸昆士兰州内长约 32km 的一段沙滩最令人叫绝。那里的海水清澈见底，细沙清凉如粉。从此往南有 9 处海滨，是澳大利亚首屈一指的避暑胜地。加之终年日照时间长，平均气温在 25℃左右，最适于人们游泳和滑水，每年都有数百万国内外游客到此度假，旅游人数居全国之冠。

黄金海岸旅游设施规模不断扩大，各种游乐项目应有尽有，有专供青少年游戏的儿童公园，有鸟瞰名胜的空中缆车，有精彩的海豚表演，有展示奇花异兽的大小公园，有直升飞机的低飞游览，有令人眼花缭乱的水上芭蕾等，让男女老幼各得其所，舒心惬意，流连忘返。

4．艾尔斯岩

这块大漠中的红色巨石是澳大利亚著名的旅游景点。它在荒漠中拔地而起：高 384m，周长 9km，据称还有 2/3 以上埋藏在沙漠里，是目前世界上发现的最大的单体巨石。艾尔斯岩可谓澳大利亚第一地貌奇观。它平地突起，无草无木，甚至没有泥土，敦实的一块“馒头”形的大石头。称它“石头”，似乎又委屈了它。这块“石头”也太大了，在 100km 外就能看到它。想拍下它的全景，要在 20km 以外。

在阳光照耀下，这块整体火红的巨石又随光线照耀的角度不同而反射出不同颜色的光芒，千变万化，如万星闪烁，晶莹璀璨，神秘难言。每天都有很多旅游者、探险者从世界各地来参观巨石。要爬上这块巨石可不是件容易的事。石坡陡的地方角度高达 40°，人们非得借助固定在山石上的长长的铁链才敢攀登。即使借助铁链，也要非常小心。这里发生过几次探险者坠落陡崖的事故。巨石又被称作“会变色的大石头”，旅游者的最大乐趣之一是伺机抢拍下它不同的颜色。在烈日照耀下，它如火通红，阴天下雨时，它又面色铁青。耐心的摄影家可以捕捉到它七八种“肤色”。

5．蓝山

蓝山位于新南威尔士州，处于大分水岭界的东边。从远处望去呈现出明显的蓝色，故名蓝山。这个所谓蓝山实际上是一个高原，其西面隆起达 1 100m，在东部缓缓降低，距悉尼西部 65km。

蓝山地区已被开发为澳大利亚重要的假日中心之一。高地上令人心神爽快的气候和飞瀑流泉的自然美景，每年吸引着几十万游客前来游玩，包括来自世界各地的游客。

6．库克船长登陆处

1770 年，英国船长詹姆士·库克率一艘叫做奋进号的考察船来到澳大利亚东海岸的小海湾停泊。

1768 年，库克受英国皇家学会的请求，由海军部派往塔希提观察行星金星的凌日。任务完成后，接着向西南航行至新西兰，6 个月之后，在启程回国时，由于风浪，船只改变航线，于 1770 年 4 月 8 日在澳大利亚大陆东海岸登陆。奋进号在这里停留了一个星期。由于船上的两名植物学家在此采集到了大量新的动物标本，库克将此海湾命名为植物学湾。

库克向北航行时又看到了杰克逊湾，他以此名定名，这就是后来悉尼最大的海港。8 月 22 日，在约克角端的波塞森岛，他升起了英国国旗，并宣布大陆的整个东部归乔治三世所有，取名为“新南威尔士”。

【思考与练习】

1．澳大利亚的地理位置、面积？
2．澳大利亚的地形特点和主要地形区？
3．澳大利亚的气候特点及其成因？
4．简述澳大利亚的发展简史。
5．澳大利亚的经济水平及其主要部门？
6．澳大利亚的习俗和传统节日？
7．根据澳大利亚的礼仪与禁忌，你能总结西方礼仪的基本特点吗？
8．澳大利亚有哪些著名城市和名胜古迹？

第二章　欧洲地区

内容提要　本章讲授欧洲地区主要旅游客源国的基本情况，包括各客源国的自然环境特征、人文环境特征以及名城与名胜古迹。这些国家有：俄罗斯、英国、法国、德国、意大利、西班牙。

第一节　俄　罗　斯

关键词语　东欧平原、西伯利亚、温带大陆性气候、伏尔加河、乌拉尔河、叶尼塞河、贝加尔湖、里海、煤矿、森林、俄罗斯族、东正教、基辅罗斯、沙皇、彼得大帝、列宁、苏联、杜马、卢布、普希金、托尔斯泰、列宾、柴可夫斯基、俄塔社、俄新社、谢肉节、莫斯科、圣彼得堡、喀山、克里姆林宫、红场、冬宫、艾尔米塔奇博物馆

一、自然环境特征

（一）位置

俄罗斯联邦位于亚欧大陆北部，地跨欧亚两洲。其中亚洲部分约占俄领土的3/4，欧洲部分占1/4。面积为1 707.54万km^2，是世界上面积最大的国家。虽然亚洲部分占领土的绝大部分，但是俄罗斯是一个传统的欧洲国家。这主要是因为：欧洲部分是历史上俄罗斯兴起的核心，一直到现在仍然是俄罗斯政治、经济、文化的重心区，虽然二战以后俄罗斯大力开发西伯利亚，但欧洲部分依然是国家经济中心区和经营重点；欧洲部分虽然只占领土的1/4，但却拥有全国人口的3/4；俄罗斯的首都莫斯科位于欧洲部分；俄罗斯的语言、宗教及各种风俗习惯都与欧洲国家相近或相同。

俄罗斯的领土轮廓大致呈长方形。它北临北冰洋，东濒太平洋，西和西南面与大西洋的内海——波罗的海、黑海和亚速海相连。陆界自西向东与亚欧两洲的14个国家为邻：挪威、芬兰、爱沙尼亚、拉脱维亚、立陶宛、波兰、白俄罗斯、乌克兰、格鲁吉亚、阿塞拜疆、哈萨克斯坦、蒙古、中国、朝鲜。东与美国的阿拉斯加州、日本隔海相望。

（二）地形

俄罗斯的地形以平原为主，约占国土的70%，地势东高西低。位于西伯利

亚的叶尼塞河是其最大的地形分界线，叶尼塞河以西，以平原地形为主；以东则多为高原和山地。俄罗斯主要地形区有：

1．东欧平原

又称为俄罗斯平原，位于波罗的海到乌拉尔山之间。这是欧洲最大的平原，上面有波状起伏的一些冰碛丘陵。

2．西西伯利亚平原、中西伯利亚高原、东西伯利亚山地

西西伯利亚平原位于乌拉尔山和叶尼塞河之间，是亚洲著名大平原之一。位于叶尼塞河与勒拿河之间的是中西伯利亚高原，在勒拿河以东至太平洋沿岸为东西伯利亚山地。

（三）气候

俄罗斯大部分地区属于温带大陆性气候，冬季漫长、严寒和干燥；夏季短促、温凉，降水不多而变率较大，气温年温差较大。俄罗斯土地辽阔，各地气候有较大的差异。以叶尼塞河为界，西部属较温和的大陆性气候，东部属较强烈的大陆性气候。西北部地区尤其是沿海，因为受大西洋暖流的影响，虽属于极地气候，但不甚寒冷，位于北纬 69° 附近的摩尔曼斯克港，终年不冻，成为北极圈里的不冻港，是俄罗斯北部唯一的一个不冻港。而西伯利亚地区，冬季则极为寒冷。上扬斯克和奥伊米亚康两地的绝对最低气温分别曾达到–68℃和–71℃，是北半球的冷极。黑海沿岸地区属于地中海气候，这种气候也称为夏干型气候，夏季炎热干旱，冬季较为温和多雨。太平洋沿岸属温带季风气候，冬季寒冷干燥，夏季温暖短促，降水集中在夏季。

（四）河湖

俄罗斯境内河湖众多，沼泽广布。大小河流 300 万条，大小湖泊 200 多万个。主要河流有伏尔加河、顿河、乌拉尔河、鄂毕河、叶尼塞河、勒拿河等。主要湖泊有里海、贝加尔湖等。

1．伏尔加河

发源于东欧平原上的瓦尔代丘陵，向东南流淌，注入里海。全长 3 600km，是欧洲最长的河流，水量也居欧洲首位。伏尔加河为俄罗斯提供了航运、灌溉、发电等多种水利，被俄罗斯人民称为“母亲伏尔加”。

2．乌拉尔河

源于乌拉尔山，自北向南注入里海，位于俄罗斯中部，是亚欧两洲的界河。

3．鄂毕河、叶尼塞河、勒拿河

它们是北亚即俄罗斯西伯利亚的 3 条大河，它们都源于亚洲中部山脉，由南向北注入北冰洋。

4．贝加尔湖

位于俄罗斯西伯利亚南部，是亚欧大陆上最大的淡水湖，最大水深达 1 620m，是世界最深的湖泊，其蓄水量也居世界第一。贝加尔湖，中国古称“北海”，曾是中国古代北方民族主要活动地区，汉代苏武牧羊即在此地。

5．里海

位于俄罗斯西南，为一咸水湖。这是世界上最大的湖泊，面积达到 37 万 km^2。里海是亚、欧两洲边界上的大湖，为俄罗斯和西亚、中亚的一些国家共有。

（五）资源

俄罗斯具有丰富的矿产、森林和水力资源，自然资源的自给程度高。矿产资源中，煤、铁、石油、天然气、有色金属等储量居世界前列。库兹巴斯的煤、库尔斯克的铁、西西伯利亚的秋明油田，都很有名。俄罗斯的森林面积约占其国土面积的 1/3，西伯利亚大部分地区、东欧平原北部，都分布有大片的针叶林，是俄罗斯的森林宝库和木材基地。水力资源主要分布在东部地区，特别是东西伯利亚地区。

二、人文环境特征

（一）简况

1．人口

目前俄罗斯共有人口约 1.43 亿（2005 年 7 月），是欧洲人口最多的国家，也是世界仅次于中国、印度、美国、印尼、巴西、巴基斯坦、孟加拉等 7 个国家的第八人口大国。

2．民族

俄罗斯是一个多民族的国家，其中俄罗斯族占总人口的 80%以上，并有鞑靼、乌克兰、楚瓦什、摩尔多瓦等 100 多个民族。

3．语言

俄罗斯各民族均有自己的语言，俄语为官方语言和通用语言，也是联合国 6 种官方语言和工作语言之一。

4．宗教

俄罗斯的主要宗教为东正教，其次为伊斯兰教。俄罗斯有东正教徒约 5 000 多万人，分布于俄罗斯的各地区。

5．国名、国旗、国徽

国名俄罗斯联邦或俄罗斯。俄罗斯是从罗斯一词演化而来。公元 9 世纪，在建立以基辅为中心的古罗斯国家过程中，逐步形成了俄罗斯人的祖先古罗斯部族人，这些人的祖先来自于瑞典东海岸的一个叫罗登的居民区，故斯拉夫人称他们为罗斯。

俄罗斯国旗由自上而下白、蓝、红3个相等的长方形组成，它原为沙皇俄国的旗帜。白、蓝、红3种颜色被称为泛斯拉夫颜色。

国徽为盾形，红色盾面上有一只金色双头鹰，鹰头上装饰着彼得大帝的3顶金冠，鹰爪抓着象征皇权的权杖和金球。

6. 国歌

国歌为《俄罗斯联邦国歌》。

7. 国花

俄罗斯国花为向日葵。

（二）简史

俄罗斯是一个古老的国家。公元6世纪，居住在欧洲东部的斯拉夫人中的一支——东斯拉夫人，逐渐形成部落联盟，到9世纪末，形成以基辅为中心的封建国家——基辅罗斯，到12世纪又解体，分裂出许多独立的封建公国，包括莫斯科公国。15世纪末，大公伊凡三世建立了俄罗斯中央集权国家——莫斯科大公国。16世纪，伊凡四世改大公称号为沙皇，形成沙皇俄国，并积极对外扩张。1721年，彼得一世（彼得大帝）改国号为俄罗斯帝国，并继续扩张侵略。1861年废除农奴制，资本主义在俄国得到发展，到19世纪末20世纪初，成为一个地跨欧亚两洲的大帝国。

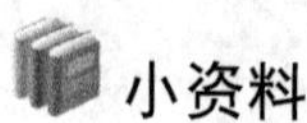

小资料

彼得一世改革

彼得大帝（1672—1725），即彼得一世，一般被认为是俄国最杰出的沙皇。他制定的西方化政策是使俄国变成一个列强国的主要因素。

彼得于1672年生于莫斯科，1682年不到4岁时他的父亲老沙皇就去世了。他与其兄伊凡五世同时即位，立为第二沙皇，由其姐索菲亚摄政。1689年推翻索菲亚掌握实权，1696年伊凡五世病卒后，彼得成为唯一君主。

1689年的俄国是一个落后的国家，几乎所有的方面都比西欧落后几百年，到处盛行着农奴制——实际上农奴的数目在增加，而其合法权利在减少。俄国错过文艺复兴和宗教改革的大好时机。神职人员愚昧无知，文学暗淡无光，数学和自然科学无人问津。同西欧相比，俄国几乎还在中世纪时期。

为此，彼得大帝效仿西方，在经济、政治、军事、文化等方面实行改革，加强封建专制的中央集权制，史称“彼得一世改革”，对外实行扩张政策。

彼得仪表非凡，高大魁梧，精力充沛，潇洒欢快。但他时常发脾气，饮酒过度时就大发雷霆。彼得除了政治和军事才能外，还对射击、印刷、航海、造船等做过研究。他是一位杰出的帝王。

为了能够向西方学习，1697～1698年间，彼得到西欧作了一次长途旅行。他以一个下士地身份，使用了一个假名，因而他看到了许多否则就无法看到的事物。在这次旅行期间，他在荷兰东印度公司当了一个时期的船长，还在英国造船厂工作过，在普鲁士学过射击。他走访工厂、学校、博物馆、军火库，甚至还参加了英国议会举行的一届会议。

总之，他尽了最大的努力学习西方的文化、科学、工业及行政管理方法，这为他的改革提供了基本的思路与方向。

1917年11月7日（俄历10月25日），以列宁为首的布尔什维克党，领导俄国无产阶级，推翻了资产阶级统治，建立了世界上第一个社会主义国家——俄罗斯苏维埃联邦社会主义共和国。1922年，俄罗斯与白俄罗斯、乌克兰、外高加索联邦（包括阿塞拜疆、亚美尼亚、格鲁吉亚）缔结联盟条约，成立苏维埃社会主义共和国联盟，简称苏联。20世纪30～40年代，逐步扩大到15个加盟共和国。

从1990年3月到1991年12月，苏联政局发生了巨大变化。原苏联的15个加盟共和国，除俄罗斯联邦继承了前苏联外，其余的均先后宣布脱离苏联而独立。1991年底，苏联解体，俄罗斯联盟社会主义加盟共和国更名为俄罗斯联邦，并继承苏联在联合国安理会中的常任理事国地位，莫斯科成为俄罗斯的首都。1991年12月21日，成立独联体，俄罗斯成为独联体中的一员。

（三）政治

1. 政体

俄罗斯于1993年12月通过了《俄罗斯联邦宪法》，确定在俄罗斯实行三权分立原则，俄罗斯实行联邦总统制。

（1）总统。总统为国家元首和国家最高行政首长，联邦武装力量最高统帅。总统任期为4年，连任期不得超过两届。俄总统有权任命政府总理，主持政府会议，解散国家杜马等。俄罗斯现任总统为普京。

（2）议会。俄罗斯联邦会议为议会，是俄罗斯联邦的代表和最高立法机关，由联邦委员会（上院）和国家杜马（下院）两院组成。每届任期4年。

（3）政府。俄罗斯联邦政府是国家权力最高执行机关。由总理、副总理和联邦部长组成。总理由总统任命并征得国家杜马的同意。联邦政府服从总统，对俄罗斯总统及俄罗斯议会负责。

2．主要政党

俄罗斯从20世纪90年代以来，涌现出众多党派。主要党派有：

俄罗斯联邦共产党、公民联盟、统一全俄社会政治运动、俄罗斯民主选择、俄罗斯自由民主党等。

俄罗斯联邦共产党，前身为苏联共产党。1999年国家杜马选举中，获将近1/4的选票，为国家杜马第一大党。

（四）经济

前苏联解体前，曾是世界经济大国，国民生产总值仅次于美国，位居世界第二。苏联解体后，俄罗斯推行私有化和全面市场经济为核心的经济改革，由于一系列政策的失误，曾导致经济严重滑坡。1999年开始，由于大幅调整经济政策，加强宏观调控，俄罗斯经济呈现好转势头，国内生产总值增长率达到3.2%。2000年以来，普京继续推行社会经济稳定政策，致力于改善投资环境，减轻税负，促进国内工业复苏和发展。大搞“能源外交”，拓展国外市场。俄罗斯经济好转势头进一步得到巩固，宏观经济指标大幅上扬。2005年，俄罗斯国民总收入487亿美元，人均国民收入3 410美元。

1．主要经济部门

俄罗斯具有雄厚的工业基础，部门齐全，以重工业占优势。主要工业部门有机械、钢铁、有色冶金、石油天然气、煤炭、化工、森林工业等。纺织、食品工业也很发达。军火工业在工业中占有重要地位。俄罗斯的工业主要分布在欧洲部分。俄罗斯有4大工业区：以莫斯科为中心的工业区和以圣彼得堡为中心的工业区，这两个工业区位于欧洲部分，都是综合性工业区，主要有机械、化工和纺织等工业；乌拉尔工业区，有丰富的煤、铁和有色金属资源，是俄罗斯重工业基地；新西伯利亚工业区，以军事工业和重工业占重要地位。俄罗斯的大企业有芬帕金融公司、天然气工业公司、俄罗斯国家经济安全服务股份公司、工业国营企业联合公司、军工投资股份公司等。

俄罗斯农业是农牧业并重，畜牧业的产值约占农牧业总产值的60%。主要农作物有小麦、大麦、燕麦、玉米、水稻和豆类。主要经济作物有亚麻、甜菜、向日葵等。俄罗斯的农产品需要进口。

2．对外贸易

俄罗斯同世界上100多个国家建立了外贸关系。出口物资主要有能源、工业原材料、机械产品等，进口物资主要有粮食、轻工产品、消费品、先进机器设备等。中国也是俄罗斯重要的贸易伙伴。

3．货币

俄罗斯货币为卢布。

（五）文化

俄罗斯在文学艺术方面名人辈出，留下大量不朽的作品，在世界文化宝库中放出夺目的光彩。

1．文学

俄国文学的鼎盛时期是19世纪，这一时期以批判现实主义著称的文学名著与文学家很多，在欧洲文学史乃至世界文学史上都占有特殊地位。俄国文学史上著名的文学家主要有：

普希金（1799—1837）。俄国著名诗人，俄罗斯近代文学的奠基人。他的政治诗具有积极浪漫主义的精神和明朗清新的抒情风格，体现了十二月党人那种追求资产阶级自由平等的政治热情。有的政治诗还以现实主义笔触，展示了农奴制度下俄国农村的悲惨图景，充满了对人民苦难的同情。诗体小说《叶甫盖尼·奥涅金》是其最有名的代表作。

克雷洛夫（1768—1844）。欧洲文学史上著名寓言作家之一。他的寓言力图反映现实，针砭时弊，抨击专制农奴制社会的腐朽，同情农民。他进一步使寓言这种体裁成为具有巨大概括意义的讽刺艺术，对后来俄国批判现实主义作家很有影响。《鱼的跳舞》、《农民与河》、《树叶和树根》等都是其较有名的寓言。

果戈理（1809—1852）。小说《死魂灵》和喜剧《钦差大臣》是其代表作。

屠格涅夫（1818—1883）。主要作品是长篇小说，《罗亭》、《贵族之家》是其代表作。

车尔尼雪夫斯基（1828—1889）。他既是革命民主主义运动的领袖，又在哲学、政治经济学、美学、文学评论、小说等方面做出卓越贡献。他的最著名的长篇小说是《怎么办？》。

列夫·托尔斯泰（1828—1910）。他是俄罗斯伟大的批判现实主义作家，在自己半个多世纪的文学活动中创造了许多天才的作品。他主要是描写了1905年革命前的旧俄国，提出了许多重大的社会问题，并且拥有巨大的艺术力量，从而“使他的作品在世界文学史上占第一流的地位”（列宁语）。主要作品有《战争与和平》、《安娜·卡列尼娜》、《复活》等。他的作品对世界文学产生巨大而深远的影响，并反映了俄国社会一整个时代的矛盾，被列宁称为“俄国革命的镜子”。

契诃夫（1860—1904）。一生中写有大量中、短篇小说和剧本，大多带有讽刺性和喜剧意味。著名的如小说《小公务员之死》、《变色龙》、《套中人》，喜剧《求婚》等。

高尔基（1868—1936）。跨越俄、苏两个时代的无产阶级作家，苏联社会主义文学的奠基人。主要作品有自传体三部曲《童年》、《在人间》、《我的大学》，以及散文诗《海燕之歌》、小说《母亲》等。

2．绘画

19 世纪同样也是俄罗斯绘画史上的顶峰时期，以“巡回展览画派”为代表的批判现实主义画派的创作内容和艺术水平，都达到了世界高度。著名画家有：

列宾（1844—1930），巡回展览画派代表人物之一。他的绘画以批判现实主义的手法，反映俄国劳动人民在沙皇制度下的悲惨遭遇和对美好生活的渴望。作品富有活力，构思构图深刻，标志着 19 世纪后半期俄罗斯绘画艺术发展到一个新的历史阶段。代表作有《伏尔加船夫》、《拒绝忏悔》、《宣传者被捕》等。

克拉姆斯科伊，代表作有《荒野中的基督》、《列夫·托尔斯泰》等。

列维坦，代表作有《小白桦树林》、《金色的秋天》、《弗拉基米尔大道》。

3．音乐

19 世纪下半叶是俄罗斯音乐的繁荣时期。这一时期乐坛上出现了许多著名作曲家。柴可夫斯基（1840—1893）是这一时期俄罗斯最伟大的音乐家，他的传世之作有歌剧《叶甫盖尼·奥涅金》、《黑桃皇后》；芭蕾舞剧《天鹅湖》、《睡美人》、《胡桃夹子》；交响幻想曲《罗密欧与朱丽叶》等。十月革命后著名作曲家肖斯塔科维奇（1906—1975）的创作被誉为 20 世纪音乐高峰之一，他的著名作品是第一、第五、第七和第十一交响曲。

4．舞蹈

俄罗斯的芭蕾舞艺术历来在世界上享有很高的声誉。著名芭蕾舞剧目有《天鹅湖》、《罗密欧与朱丽叶》、《吉赛尔》等。乌兰诺娃是苏联时代享誉世界的芭蕾舞表演艺术家，她先后主演了《仙女们》、《天鹅湖》、《睡美人》、《吉赛尔》、《罗密欧与朱丽叶》、《舞姬》等世界名作，以出众的舞蹈感觉、深厚的艺术修养、抒情优美的艺术形象而闻名。

5．著名高等学府

国立莫斯科罗蒙诺索夫大学，建于 1755 年，是俄罗斯第一所大学，也是目前全国规模最大的综合性大学和教学科研中心。曾培养出 7 个诺贝尔奖获得者。

圣彼得堡大学，建于1819年，是仅次于莫斯科大学的第二所综合大学和科研中心。培养出6个诺贝尔奖获得者。

莫斯科鲍曼国立技术大学，建于1830年，是俄罗斯最大的机器、仪表仪器制造和科研中心，著名的高等工科学校，被称为“工学院的楷模”。

此外还有圣彼得堡技术大学、莫斯科动力学院、莫斯科门捷列夫化工学院、莫斯科航空学院以及莫斯科音乐学院、圣彼得堡列宾美术学院等多家高等学府。

6．新闻媒体

俄罗斯著名报刊有：报纸《俄罗斯新闻报》、《红星报》、《劳动报》、《消息报》、《真理报》、《独立报》等，刊物《莫斯科新闻》、《经济与生活》、《星火》、《新时代》等。

主要广播电台有：第一广播电台（原苏联中央广播电台）、俄罗斯广播电台、青春广播电台、俄罗斯之声、灯塔广播电台等。

主要电视台有俄罗斯电视台、公共电视台、独立电视台等。

主要通讯社有：俄通社—塔斯社，是俄罗斯国家通讯社，简称俄塔社，其前身是俄通社；俄罗斯新闻社，简称俄新社，是俄罗斯两大国家通讯社之一，其前身是苏联通讯社。

（六）习俗

1．物质习俗

俄罗斯人的姓名由名、父名和姓3部分组成。在正式文件中，姓在前，依次为姓、名、父名。名和父名可缩写，只用名和父名的第一个字母。女子婚后一般随丈夫姓，也有保留原姓的。

俄罗斯人的主食为面包和肉类，大多喜食黑面包。黄油、酸牛奶、酸黄瓜、鱼子酱、咸鱼等也是他们偏爱的食品。俄罗斯人口味偏重咸、甜、酸、辣、油大，喜欢中国的京菜、川菜、粤菜、湘菜。喜爱的饮料有烈性酒（如伏特加），格瓦斯、啤酒等。最喜欢的热饮料是红茶，习惯在茶中放糖，一边喝茶一边吃果酱、蜂蜜、糖果和甜点心等。现代青年人以饮热咖啡为时髦。

2．主要节日

俄罗斯人的节日主要有元旦（1月1日）、圣诞节（1月6日）、妇女节（3月8日）、谢肉节、复活节、独立节（6月12日）、十月革命节（11月7日）等。

（1）圣诞节。在1月6日，为东正教的圣诞节。由于圣诞节在新年开始之际，因此祈求新的一年幸福吉祥是节日的主要内容。圣诞前夜，人们准备各种美味佳肴，通宵达旦，欢乐异常。

（2）复活节。它是基督教徒纪念耶稣“复活”的节日，节期从每年的4月底5月初的第一个星期天开始，过7天节日。节日期间亲朋好友互赠礼物或写信祝贺，同时还要上坟祭祖，到教堂举办隆重的祈祷仪式。

（3）谢肉节。又称送冬节，在复活节前第八周举行。这是俄罗斯所有民间节日中最古老、最盛大的传统节日。这是欢庆太阳重返大地的节日，人们为此兴高采烈，节前家家户户打扫卫生，节日期间举办各种娱乐活动，节日宴桌上象征太阳的俄式春饼必不可少。

3．礼仪与禁忌

俄罗斯通用西方礼仪。一般的见面礼是握手、拥抱和亲吻。男士一般吻女士的手背，父母吻儿女的额头。在隆重场合，俄罗斯人用“面包加盐”的方式迎接贵宾，以表示最高的敬意和最热烈的欢迎。俄罗斯人十分尊重妇女，在各方面体现女士优先原则。十分注重仪表，即使天热也不轻易脱下外衣。他们习惯守时，约会切忌迟到。

应邀到俄罗斯人家做客，最好按约定时间准时或稍晚一点到达，不要早到。进屋后应脱帽，先向女主人问好，然后再向男主人和其他人问好。要坐在主人让给的位置上，千万不可坐在床上。

与俄罗斯人交谈，最好不要问工薪、年龄、婚姻等生活私事，也应回避俄国内的政治、经济、民族、宗教、独联体国家关系等话题。在任何情况下，都不可当面问及女子的年龄。

俄罗斯人忌讳13，认为这个数字不吉利，是凶险和死亡的象征，最忌讳13个人聚集在一起。不喜欢星期五，尤其视“13日星期五”为不祥的日子。俄罗斯人视7为吉祥数字，在他们看来7意味着幸福和成功。

俄罗斯人忌讳黑色，认为黑色表示死亡和不祥，喜爱红色。他们喜欢马的图案，认为能避邪，但讨厌兔子和黑猫，特别是遇到黑猫过马路，被认为非常晦气。镜子被看成是神圣的物品，千万不可打碎。打碎镜子意味着个人生活将出现疾病或灾难。在俄罗斯，打翻盐瓶盐罐是家庭不和的预兆，民间有“打翻盐罐，引起争端”的说法。相反，打碎盘碟却被认为是富贵和幸福的象征。

给俄罗斯人送花，忌送菊花、杜鹃花、石竹花和黄色的花，枝数和花朵数都不能是 13 或双数。他们有“左主凶，右主吉”的传统观念，所以忌用左手递物、进食、握手、抽签等。

三、名城与名胜古迹

俄罗斯名城与名胜古迹众多，为开展旅游活动提供了很好的条件。

（一）名城

1．首都

莫斯科是俄罗斯的首都，坐落在东欧平原中部，莫斯科河两岸，因莫斯科河而得名。莫斯科始建于 12 世纪，15 世纪以来，一直作为国家的首都和最大的政治、经济、文化中心。800 多年的历史，为莫斯科留下许多名胜古迹，著名的有克里姆林宫、红场、列宁墓、列宁图书馆、莫斯科大剧院、莫斯科小剧院等，以及文学巨匠普希金、果戈理、托尔斯泰等的故居博物馆。

2．其他名城

（1）圣彼得堡。圣彼得堡是俄罗斯的第二大城，坐落在波罗的海芬兰湾东岸、涅瓦河口。1703 年彼得大帝在此建立要塞，后扩建为城市，称圣彼得堡。1712 年，俄国首都从莫斯科迁此定都 200 余年，改称彼得格勒。1924 年列宁逝世后，改称列宁格勒。前苏联解体后恢复圣彼得堡一名。整个城市分布在 40 多个岛屿上，涅瓦河及其支流和运河在城里纵横交错，整座城市由 500 多座桥梁连接，因此有“北方威尼斯”之称。而每年夏季到来之时，这里出现的“白夜”奇观，更为这座水城带来神秘色彩。主要名胜有冬宫、艾尔米塔奇博物馆、“阿芙乐尔”号巡洋舰等。

（2）喀山。喀山位于伏尔加河中游左岸，建于 13 世纪。15～16 世纪为喀山汗国都城，市内古迹众多，是著名的伏尔加河沿岸旅游城市。

（3）伏尔加格勒。该市坐落在伏尔加河下游平原上，建于 16 世纪。是苏联内战时期和第二次世界大战时期的著名战场，享有“英雄城”称号。旧称察里津，1925 年改称斯大林格勒，1961 年改称伏尔加格勒。市内有纪念二次大战牺牲的无名战士墓、大型群雕，以及斯大林格勒大会战全景画馆。

（4）符拉迪沃斯托克。该市是俄罗斯远东地区太平洋沿岸最大港市。中国传统名为海参崴。依山临海，市内高楼鳞次栉比，海湾岛屿风光秀丽，是俄罗斯远东地区的名城。

此外，美丽的伏尔加河、贝加尔湖、叶尼塞河也都风光无限，是俄罗斯有名的自然旅游资源；波罗的海和黑海沿岸气候宜人，风景优美，是闻名于世的旅游疗养度假区；高加索山脉北麓矿泉众多，气候温和湿润，是俄罗斯最大的矿泉疗养区，还是冬季山地滑雪的传统地区。

（二）名胜古迹

1．克里姆林宫

位于莫斯科市中心，为建于 12～17 世纪的宏伟建筑群，曾是历代沙皇的皇宫。十月革命后，苏联和俄罗斯联邦共和国最高苏维埃以及苏联政府均曾设在这里。现在是俄罗斯总统府和国家杜马所在地。主要建筑有大克里姆林宫、圣母升天大教堂、克里姆林大会堂等。东宫墙上的钟楼是克里姆林宫的主塔，以塔顶的“克里姆林宫的红星”著称于世，为莫斯科和俄罗斯的标志性建筑。

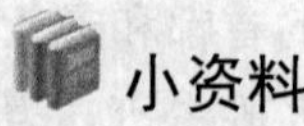

小资料

十月革命和列宁

1917 年 11 月俄国发生的十月革命，是震撼世界的伟大的历史事件。俄国无产阶级在以列宁为首的布尔什维克党的领导下，组织广大农民、士兵，以革命暴力推翻资产阶级统治，成功地建立起世界上第一个无产阶级专政的社会主义国家，这是人类历史上最伟大的一次革命，是无产阶级打碎旧世界、建立新世界的一次最伟大的创举。十月革命的胜利，为当时和俄国无产阶级处于同样遭遇的各国无产阶级树立了榜样。各国无产阶级从俄国无产阶级的革命斗争中，获得了鼓舞自己前进的勇气。十月革命开辟了世界无产阶级的新时代。因为事件发生在俄历 10 月 25 日，故称为“十月革命”。

列宁于 1870 年 4 月 22 日出生在俄国伏尔加河畔的辛比尔斯克，1887 年秋进入喀山大学法律系学习，不久因参加学生运动而被学校开除，遭到逮捕和流放。此后他开始研究马克思的《资本论》和普列汉诺夫的著作，筹建马克思主义小组，并将《共产党宣言》译成了俄文，还写下了第一本著作《农民生活中新的经济变动》。这时的列宁已由一个革命民主主义者转变为一个共产主义者了。

在他的革命生涯中，多次遭到逮捕和流放，并曾被流放到西伯利亚。在西伯利亚的 3 年中，他开始使用“列宁”这个化名，写出了《俄国资本主义的发展》一书，并与另一位革命者克鲁普斯卡娅结了婚。

1900 年 2 月，列宁在西伯利亚的流放结束，转赴西欧，创办《火星报》。1903 年，俄国社会民主工党在布鲁塞尔召开代表大会，会上形成了以列宁为核心的布尔什维克，布尔什维克的意思是多数派。布尔什维克及其思想体系的产生，标志着列宁主义的形成。

1917 年 3 月，沙皇政府被推翻，列宁立即返回俄国，积极准备发动武装起义。在列宁的领导下，俄国人民终于取得了十月社会主义革命的胜利。这一伟大胜利开辟了人类历史发展的新纪元。

革命胜利后，列宁当选为第一届苏维埃政府主席，他领导人民粉碎了帝国主义的三次武装进攻和国内的叛乱，使苏俄的经济建设逐步走上了正轨。

1924 年，列宁因脑溢血病与世长辞，终年 54 岁。

2. 红场

莫斯科的中心广场。广场西南和克里姆林宫毗连，广场西侧为列宁墓。南面是瓦西里·勃拉仁内大教堂，它由 9 个小教堂组成，上面是形式不同的“葱头形”穹顶，为古代俄罗斯式建筑的典型代表。

3. 冬宫

坐落在圣彼得堡宫殿广场上，昔日是沙皇皇宫，为俄罗斯著名故宫。它是 18 世纪中叶俄国巴洛克式建筑的杰出典范。十月革命后，这里成为博物馆的一部分。

4. 艾尔米塔奇博物馆、“阿芙乐尔”号巡洋舰

在圣彼得堡市中心，由冬宫等 5 座建筑物组成。内藏有各国不同时期的艺术珍品近 300 万件，是世界著名博物馆之一。它与英国伦敦的大英博物馆、法国巴黎的卢浮宫、美国纽约大都会博物馆并称为“世界四大博物馆”。

“阿芙乐尔”号巡洋舰，原是沙俄波罗的海舰队的一艘巡洋舰，1917 年，舰上官兵在圣彼得堡参加十月武装起义，炮轰冬宫，宣告了伟大的十月革命的开始，从而声名远播。1923 年它改为练习舰，后来又参加过苏联的卫国战争。1948 年作为军舰博物馆，永远停泊在圣彼得堡涅瓦河上，供人们参观。

5. 伊萨基辅大教堂

圣彼得堡最著名的教堂。它与梵蒂冈、伦敦和佛罗伦萨的大教堂并称世界 4 大教堂。教堂内饰有精美的壁画，现辟为博物馆。每逢盛大宗教节日，教堂仍向社会开放并举行仪式。

【思考与练习】

1. 俄罗斯绝大部分领土在亚洲，为什么却是一个传统的欧洲国家？
2. 俄罗斯的地理位置、领土面积有什么特点？
3. 俄罗斯的气候类型和特点？对旅游有什么影响？
4. 伏尔加河为什么被称为“母亲伏尔加”？
5. 简介贝加尔湖和里海。
6. 俄罗斯历史上著名作家、著名画家和音乐家及其作品？
7. 俄罗斯人有哪些独特习俗？有哪些礼仪与禁忌？
8. 简介俄罗斯的名城和名胜古迹。

第二节 英 国

关键词语 大不列颠岛、英格兰、苏格兰、威尔士、爱尔兰岛、多佛尔海峡、英吉利海峡、奔宁山脉、温带海洋性气候、塞文河、泰晤士河、基督教新教、米字旗、日不落帝国、女王、英镑、莎士比亚、牛津大学、剑桥大学、路透社、五朔节、圣帕特里克节、女士优先、绅士风度、伦敦、伯明翰、白金汉宫、大英博物馆

一、自然环境特征

（一）位置

英国全称“大不列颠及北爱尔兰联合王国”，位于欧洲西部，是由大不列颠岛（包括英格兰、苏格兰、威尔士）和爱尔兰岛东北部及附近许多岛屿组成的岛国。隔北海、多佛尔海峡、英吉利海峡与欧洲大陆相望。东濒北海，面对比利时、荷兰、德国、丹麦和挪威等国；西邻爱尔兰，横隔大西洋与美国、加拿大遥遥相对；北走大西洋可达冰岛；南穿英吉利海峡行 33km 就到法国。总面积 24.41 万 km^2（包括内陆水域）。

（二）地形

英国全境可分为英格兰东南部平原区、中西部山地区及北爱尔兰高原和平原区，地势从西北部往东南部倾斜。苏格兰和威尔士以丘陵为主，英格兰平原占优势。主要山脉有奔宁山脉、坎布里宁山脉和格兰扁山脉。英格兰面积为 13 万 km^2，占大不列颠岛的大部分。这一地区自西向东分为 4 部分，即以塞文河流域为中心的米德兰平原、海拔 200m 左右的高地、伦敦盆地和威尔德丘陵。威尔士面积有 2 万 km^2，境内多山，地势崎岖，其境内有 1/4 的土地被列为国家公园及天然保护区。苏格兰和其周围的许多小岛，面积共为 7.8 万 km^2，全境均属山岳地带，只有中部较为低平。北爱尔兰面积 1.4 万 km^2，隔爱尔兰海与大不列颠岛遥遥相望。北爱尔兰地区湖泊较多，英国的第一大湖——讷湖卧波其间，沿湖为平原。英国全境海岸线总长 11 450km。

（三）气候

英国全岛属温带海洋性气候，其特点是全年湿润、温和、多雨，日照时间短，季节间的温度变化很小，通常最高气温不超过 32℃，最低气温不低于–10℃。全年雨天较多，年降水量丰富，平均达 1 000mm 左右。北部和西部山区雨量较大，年降水量超过 2 000mm，最高可达 4 000mm；中部低地年降水量为 700～850mm；东部、东南部年平均降水量只有 550mm。每年 2～3 月最为干燥，10 月～次年 1 月最为湿润，大部分时间有雾。

（四）河湖

主要河流有塞文河（长 354km）和泰晤士河（长 346km），主要湖泊是讷湖

（$396km^2$），面积居全国之首。

（五）资源

英国是欧盟中能源资源最丰富的国家，也是世界主要生产石油和天然气的国家。主要能源有煤、石油、天然气、核能和水力等。英国开发核能有几十年的历史，目前供发电的核电站有 14 座。英重视对新能源及可再生能源的研究开发。英国的非能源资源不丰富，主要工业原料依赖进口。英国的渔业资源比较丰富，农业资源比较缺乏。英国森林面积约占全国土地面积的 6%，仅能满足英国木材需求量的 15%，其余要依靠进口。

二、人文环境特征

（一）简况

1．人口

英国人口共约 6 021 万人（2005 年 7 月）。从分地区看，英格兰人口为 5 043.2 万，占英国总人口的 83.8%；威尔士人口为 295.9 万，占 4.9%；苏格兰人口为 509.5 万，占 8.5%；北爱尔兰人口为 172.4 万，占 2.9%。

2．民族

英国包括由不同部落融合而成的 4 个民族，即英格兰人、威尔士人、苏格兰人、北爱尔兰人。这些民族都带有克尔特人的血统，融合了日耳曼人的成分。此外，还有盖尔人、奥尔斯特人、犹太人、华人（占总人口的 3%，主要分布在曼彻斯特和利物浦）等。

3．语言

官方语言为英语。威尔士北部还使用威尔士语，苏格兰西北高地及北爱尔兰部分地区仍使用盖尔语。

4．宗教

英国居民多信奉基督教新教，主要分英格兰教会（亦称英国国教圣公会，其成员约占英成年人的 60%）和苏格兰教会（亦称长老会，有成年教徒 66 万）。另有天主教会及佛教、印度教、犹太教和伊斯兰教等较大的宗教社团。

5．国旗

英国国旗为“米”字旗，由深蓝底色和红、白色“米”字组成，呈横长方形，长与宽之比为 2:1。旗中带白边的红色正十字代表英格兰守护神圣乔治，白色交叉十字代表苏格兰守护神圣安德鲁，红色交叉十字代表爱尔兰守护神圣帕特里克。此旗产生于 1801 年，是由原英格兰的白地红色正十字旗、苏格兰的蓝地白色交叉十字旗和爱尔兰的白地红色交叉十字旗重叠而成。

6. 国歌

国歌为《天佑女王》。

7. 国花等

国花是玫瑰花，国鸟是红胸鸲，国石是钻石。

（二）简史

英国上古史可追溯到旧石器时代。公元前地中海伊比利亚人、比克人、凯尔特人先后来到不列颠。公元1～5世纪，大不列颠岛东南部受罗马帝国统治。后盎格鲁、撒克逊、朱特人相继入侵。

7世纪开始形成封建制度，许多小国并成7个王国，争雄达200年之久。829年英格兰统一，史称“盎格鲁—撒克逊时代”。

8世纪末遭丹麦人侵袭，1016～1042年为丹麦海盗帝国的一部分。1066年诺曼底公爵威廉渡海征服英格兰，建立诺曼底王朝。

1215年约翰王被迫签署大宪章，实行君主立宪制度，王权遭抑制。

1338～1453年英法进行“百年战争”，英国先胜后败。

1536年英格兰与威尔士合并，1588年击败西班牙“无敌舰队”，树立海上霸权。1640年爆发资产阶级革命，1649年5月19日宣布为共和国。1660年王朝复辟。1688年发生“光荣革命”，确定了君主立宪制。1707年英格兰与苏格兰合并。1801年又与爱尔兰合并。

18世纪60年代～19世纪30年代英国成为世界上第一个完成工业革命的国家，从而也成为最先进的资本主义国家。19世纪是大英帝国的全盛时期，到1914年，英国占有的殖民地比本土大111倍，是第一殖民大国，自称“日不落帝国”。

第一次世界大战后英国开始衰落。第二次世界大战严重削弱了其经济实力，政治地位下降，其世界霸权地位逐渐为美国所取代。随着1947年印度和巴基斯坦等英国殖民地的相继独立，英国殖民体系开始瓦解，“日不落帝国”的盛名，终成昔日的回忆。目前，英国在海外仍有13块领地。1973年1月，英国加入了欧共体。

（三）政治

1. 政体

英国是个典型的资产阶级议会制的君主立宪国家。它的政府机构是最早根据“三权分立”演说建立起来的，即议会行使立法权、内阁行使行政权、法院等司法机构行使司法权。

英王是英国世袭的国家元首、最高司法长官、武装部队总司令和英国圣公会的“最高领袖”，英国政府被称为“英王陛下政府”，英国的武装部队是“皇家部队”。英王形式上有权任免首相、各部大臣、高级法官、军官、各属地的总督、外交官、主教及英国圣公会的高级神职人员等，并有召集、停止和解散议会、批准法律、宣战媾和等权力，但实权在内阁。

议会是最高司法和立法机构，由国王、上院和下院组成。上院（又称贵族院）包括王室后裔、世袭贵族、新封贵族、上诉法院法官和教会大主教等组成。1999 年 11 月，上院改革法案通过，除 102 名留任外，600 多名世袭贵族失去上院议员资格，非政治任命的上院议员将由专门的皇家委员会推荐。下院也叫平民院，议员由普选产生，采取最多票当选的小选区选举制度，任期 5 年，但政府可决定提前大选。

政府实行内阁制，由女王任命在议会选举中获多数席位的政党领袖出任首相并组阁，向议会负责。

2．政党

英国政党体制从 18 世纪起即成为英宪法中的重要内容。主要政党有：

（1）工党。工党现为执政党。1900 年成立，原名劳工代表委员会，1906 年改用现名。该党曾于 1945～1951 年，1964～1970 年，1974～1979 年上台执政。1997 年大选获胜，2001 年 6 月、2006 年 6 月大选后蝉联执政。工党近年来更多倾向于中产阶级的利益，与工会关系有所疏远。布莱尔当选工党领袖后，政治上提出“新工党、新英国”的口号，取消党章中有关公有制的第四条款，经济上主张减少政府干预，严格控制公共开支，保持宏观经济稳定增长，建立现代福利制度。对外主张积极参与国际合作，对欧洲一体化持积极态度，主张加入欧元区，主张同美国保持特殊关系。现有党员近 40 万名，是英国第一大党。

（2）保守党。保守党主要反对党。前身为 1679 年成立的托利党，1833 年改用现名。该党从 1979～1997 年 4 次连续执政，成为 20 世纪在英国占主导地位的政党。在 1997 年 5 月和 2001 年 6 月两次大选中惨败于工党。保守党的支持者一般来自企业界和富裕阶层，主张自由市场经济。通过严格控制货币供应量和减少公共开支等措施来压低通货膨胀。主张限制工会权利，加强“法律”和“秩序”。近年来，提出实行“富有同情心的保守主义”，关注教育、医疗、贫困等社会问题。强调维护英国主权，反对“联邦欧洲”，反对加入欧元区，主张建立“大西洋共同体”以加强英美特殊关系。强调北约仍是英国安全与防务的基石。现有党员 30 多万名。

（3）自由民主党。1988 年 3 月由原自由党和社会民主党内支持同自由党合并的多数派组成。该党主张继续维持与工党的合作关系，推动工党在地方选举及下院选举中实行比例代表制，在公共服务、社会公正、环境保护等问题上采取比工党更“进步”的政策。现有党员约10万名，是英第三大党。

英国其他政党还有苏格兰民族党、威尔士民族党，以及北爱尔兰一些政党，如北爱尔兰统一党、民主统一党、社会民主工党、新芬党等。

3．国家首脑

英国国家元首伊丽莎白二世，全称为“托上帝洪恩，大不列颠及北爱尔兰联合王国以及其他领土和属地的女王、英联邦元首、基督教的保护者伊丽莎白二世”。

英国现任首相为保守党领袖卡梅伦，2010年5月上台，是英国第53任首相。

（四）经济

1．发展水平

英国是发达的资本主义国家，工业在国民经济中占绝对优势，其国内生产总值在西方国家中位居前列。2007年，英经济规模居世界第六，成为全球排名在美国、日本、德国、中国和法国后的第六大经济国。经济竞争力国际排名第20位，是世界最大的海外投资国。私有企业是英国经济的主体，占国内生产总值的60%以上。服务业占国内生产总值的2/3，而制造业仅占1/5。2001～2002年是英国的财政年，政府财政盈余高达221亿英镑，失业率和通膨率接近历史最低水平。

2005年，英国国民总收入为2 016亿美元，国民人均收入为33 940美元。

2．主要部门

主要工业有采矿、冶金、化工、机械、电子、电子仪器、汽车、航空、食品、饮料、烟草、轻纺、造纸、印刷、出版、建筑等。农业在国民经济中不占重要地位，产值约占其国内生产总值的1%。但农业生产水平高，农产品可满足国内需求的2/3。

3．主要财团

2005年世界500强中，英国的大企业、财团，其排名和主营业务如下：

名　次	英文名	中文名	主营业务
2	BP	英国石油	炼油
4	Royal Dutch/Shell Group	壳牌石油	英国/荷兰，炼油
42	Aviva	阿维瓦	人寿健康保险
47	HSBC Holding	汇丰控股	商业与储蓄银行

（续）

名　次	英 文 名	中 文 名	主 营 业 务
49	Vodafone	沃达丰	电信
60	Tesco	特易购	食品、药品店
70	Unilever	联合利华	英国/荷兰，食品
84	Royal Bank of Scotland	苏格兰皇家银行	商业与储蓄银行
107	HBOS	苏格兰哈里法克斯银行	商业与储蓄银行
109	Prudentia	保诚	人寿健康保险
114	GlaxoSmithKline	葛兰素史克	制药
136	BT	英国电信	电信
142	Barclays	巴克莱银行	商业与储蓄银行
150	Centrica	英国煤气	天然气与电力
152	J. Sainsbury	桑斯博里	食品、药品店
188	Lloyds TSB Group	劳埃德 TSB 集团	商业与储蓄银行
231	Standard Life Assurance	标准人寿保险	人寿健康保险
253	British American Tobacco	英美烟草	烟草
262	Royal & Sun Alliance	皇家太阳保险	财产意外保险
269	AstraZeneca	阿斯利康	制药
275	Anglo American	英美资源集团	采矿、钻石
286	Compass Group	金巴斯集团	饮食服务
304	Old Mutual	耆卫公司	人寿健康保险
338	Legal & General Group	法通保险公司	人寿健康保险
351	National Grid Transco	国家电力供应公司	天然气与电力
368	Royal Mail Group	皇家邮政集团	邮递包裹货运
369	Hilton Group	希尔顿集团	酒店
373	Kingfisher Group	翠丰集团	专业零售
379	Alliance UniChem	单化联盟	保健品批发
391	Marks & Spencer	马克斯思班塞	一般商品零售
399	BAE Systems	BAE 系统公司	航天国防
418	Wolseley	沃斯利集团	多样化
420	Corus Group	康力斯集团	金属产品
423	British Airways	英国航空	航空运输
425	GUS		专业零售
472	Diageo	迪阿吉奥	饮料
494	Abbey National	阿比国民银行	商业与储蓄银行

4．对外贸易

英国是世界第五大贸易国，贸易额占世界贸易的 5.6%，人均出口额高于美国和日本。英国奉行自由贸易，主张开放的多边贸易体系和世界贸易的进一步自由化。与世界80多个国家和地区有贸易关系，主要贸易对象是欧盟成员国、美国和日本。主要出口产品有石油及相关产品、化工产品（主要是医药）、食品、烟草、饮料（威士忌等）、机械设备等。

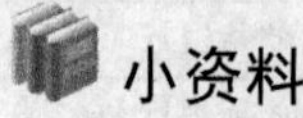

小资料

欧洲联盟

欧洲联盟（European Union），简称欧盟（EU），是由欧洲共同体（European Communities，又称欧洲共同市场）发展而来的，是一个集政治实体和经济实体于一身、在世界上具有重要影响的区域一体化组织。1991年12月，欧洲共同体马斯特里赫特首脑会议通过《欧洲联盟条约》，通称《马斯特里赫特条约》（简称《马约》）。1993年11月1日，《马约》正式生效，欧盟正式诞生。

欧盟总部设在比利时首都布鲁塞尔。欧盟的宗旨是“通过建立无内部边界的空间，加强经济、社会的协调发展和建立最终实行统一货币的经济货币联盟，促进成员国经济和社会的均衡发展”，“通过实行共同外交和安全政策，在国际舞台上弘扬联盟的个性”。欧盟27国总面积432.2万km^2，人口达到5万人。

截至2007年1月，欧盟共有27个成员国，分别是：

法国、德国、意大利、荷兰、比利时、卢森堡、英国、丹麦、爱尔兰、希腊、葡萄牙、西班牙、奥地利、瑞典、芬兰、马耳他、塞浦路斯、波兰、匈牙利、捷克、斯洛伐克、斯洛文尼亚、爱沙尼亚、拉脱维亚、立陶宛、罗马尼亚、保加利亚。

5. 货币

英镑是英国国家货币和货币单位名称。英国虽然是欧盟的成员国，但尚未加入欧元区，故仍然使用英镑。英镑，以“镑”和“便士”为单位，1镑等于100便士。发行的纸币共有5种，包括50镑、20镑、10镑、5镑和1镑。硬币包括1镑、50便士、20便士、10便士、5便士、2便士和1便士，还有1先令和2先令的硬币，分别等于5便士和10便士。

（五）文化

1. 文学

中世纪前期文学方面，盎格鲁—撒克逊人的成就最大，他们的叙事诗至今仍在英国流传。早期英国文学作品首推14世纪乔叟的《坎特伯雷故事集》以及马洛礼的《阿瑟王》。16世纪欧洲文艺复兴时期，英国的戏剧特别发达，莎士比亚（1564—1616）是举世知名的戏剧泰斗，代表作品有《哈姆雷特》、《奥瑟罗》、《罗密欧与朱丽叶》等。18 世纪，笛福（1661—1731）著有小说《鲁宾逊漂流记》，被称为现代小说之祖。19 世纪，英国出现了浪漫主义诗人拜伦（1788—1824）、批判现实主义小说家狄更斯（1812—1870）、戏剧兼评论家萧伯纳（1856—1950）等一大批文学巨匠。

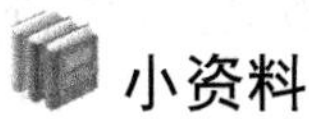

小资料

莎士比亚故居

斯特拉特福（Stratford）位于牛津西北，是大文豪莎士比亚的故乡，此小城也因此而扬名天下。这里人口仅 2 万，但游客每年达 150 万人次。人们来此的主要目的是要看一看莎士比亚诞生、工作、生活和安息的地方。

莎士比亚的故居坐落在亨利街，古雅庄重。房子的右侧是“莎士比亚中心”，这所现代化的大厦既是图书馆也是档案馆，完好地保存了莎翁的手稿及生前的一些用品。莎翁故居是一幢园木结构的白色小楼，小楼很简朴，年代久远，已有 400 多年的历史，狭窄的楼梯踩上去咯吱作响。1564 年大文豪莎士比亚就出生在这座小楼里。二楼是他出生的房间及睡过的床，地板已经是很陈旧了。莎翁诞生于此，年轻时去伦敦，并在那儿一举成名，晚年隐居故里，可惜房屋已被毁。莎士比亚婚后住的房子叫“安妮·赫舍薇的茅舍”，房内布置仍尽量仿照当年模样。

莎士比亚热爱自己的家乡，死后就葬在小镇的圣三一教堂。莎士比亚在这里接受洗礼、结婚，后来又安葬在这里。这里还保留着他的几个孩子出生、受洗礼的记录。除了莎翁本人之外，他的夫人、女儿、女婿也安葬在这里。这是一座具备典型的基督教教堂建筑风格的建筑物。

2．艺术

英国人对音乐会、戏剧、歌剧、舞剧和室内音乐等古典音乐有广泛的兴趣。流行音乐、民间音乐和爵士音乐也有大批听众。英国著名音乐家有亨利·珀塞尔、爱德华·爱尔加爵士、本杰明·布里顿等。英国所有的主要城市皆拥有世界知名、令人羡慕的歌剧院、博物馆及艺术馆，如爱丁堡的苏格兰皇家博物馆、贝尔法斯特的北爱尔兰博物馆、卡的夫国际露天剧场等。

3．著名学府

英国著名的高等学校有牛津大学、剑桥大学、伦敦政治经济学院、爱丁堡大学等。

4. 新闻媒介

英国报纸的人均销量比任何发达国家的都多。全国现共有约 1 300 种报纸、9 000 种周刊和杂志。主要报刊有《泰晤士报》、《每日快报》、《每日邮报》、《每日镜报》、《星期日快报》、《星期日镜报》等。

通讯社主要有 3 家：路透社、新闻联合社和 AFX 新闻有限公司。英国最大的通讯社——路透社创立于 1851 年，集体合营，是世界 3 大通讯社之一，总部设在伦敦。

英国广播电台和电视台都是由政府控制的，文化、媒体、体育部负责新闻广播事务。英国广播公司（BBC）和独立广播公司（IBA）共同提供广播电视服务。英国广播公司于 1922 年创办，该公司有 5 个对内广播电台，1 个对外广播电台，用 43 种语言向全世界各国播放节目。

（六）习俗

1. 物质习俗

西服仍称得上是英国的国服。但是，虽然上班族西装革履，甚至在重要场合，男士着燕尾服，女士着低胸晚礼服，但是，很多老百姓日常喜欢穿休闲服，式样简单，舒服合体。

英国人的饮食习惯式样简单，注重营养。早餐通常是麦片粥冲牛奶或一杯果汁，涂上黄油的烤面包片，熏咸肉或煎香肠、鸡蛋。中午，孩子们在学校吃午餐，大人的午餐就在工作地点附近买上一份三明治，就一杯咖啡，打发了事。只有到周末，英国人的饭桌上才会丰盛一番。通常主菜是肉类，如烤鸡肉、烤牛肉、烤鱼等。蔬菜品种繁多，有卷心菜、新鲜豌豆、土豆、胡萝卜等。蔬菜一般都不再加工，装在盘里，浇上从超市买回的现成调料便食用。主菜之后总有一道易消化的甜食，如烧煮水果、果料布丁、奶酪、冰激凌等。

英国人喜欢喝红茶，喜欢在周末假日里自己动手修缮房屋，制作家具，装修房间，修整花园。

2. 重要节日

（1）元旦。1 月 1 日。

（2）复活节。复活节是纪念耶稣被钉死在十字架上又复活的节日，它是英国仅次于圣诞节的第二个大节日。复活节每年的日期不固定，它是根据《圣经》的记载，按两种历法结合计算的。具体算法是每年春分月圆后的第一个星期日就是复活节，通常在 4 月份。

（3）五朔节。它是一个非常古老的节日，在古罗马时代就已存在，原是春末祭祀“花果女神”的日子，象征着生命与丰收。姑娘们一早就起来到村外树林中采集花朵与朝露，并用露水洗脸。后来逐渐发展为要在这一天选出一个少妇为“五月皇后”。被选中的“皇后”坐在用鲜花装饰起来的四轮大马车里，一个穿礼服、戴礼帽的男孩为她赶马车。

（4）圣帕特里克节。3 月 17 日，它是北爱尔兰人纪念保护神圣帕特里克的节日。每年这一天，爱尔兰人要吃带绿色的蛋糕，穿绿色的衣服，并进行化装游行。

3．礼仪和禁忌

英国人习惯以握手表示友谊。与人握手，无论男女，无论天多冷，都应先把手套脱掉，而且脱得越爽快，越能体现对对方的尊重。

在进行介绍时，一般先少后老，先低后高、先次后要、先宾后主。

在接到英国人邀请之后，去与不去都应明确告诉邀请人，以便其安排。接受邀请后因急事不能前往者，应及时通知邀请者，否则将被视为极端失礼。在英国探访朋友，最好先与他们联络好，突然造访会被认为是打扰他人私生活的行为。

保守是英国人最明显的性格特点。人们习惯按以往的规矩办事，墨守成规，往往不愿做出也不愿看到突然变化。因此，在旅游活动中应尽量避免对既定活动日程作出突然变更。

英国人不爱交际，忌问私事，不喜欢将自己的事情随便告诉别人，也无意打探他人的事情。与英国人聊天不应该涉及有关金钱、婚姻、职业、年龄等私事。英国人谈话，不喜欢距离过近，一般保持 50 ㎝以上为宜。在众人面前，忌讳相互耳语，英国人认为这是失礼之举。

尊重女性，女士优先，是英国男子绅士风度的主要表现之一。

保持克制，耐心行事，是英国人性格特征之一。在一般情况下，明显流露出烦躁情绪或发火，会被认为欠修养。

英国人喜爱读报，常常是茶不离口，报不离手。

三、名城与名胜古迹

（一）名城

1．首都

首都伦敦，位于英格兰东南部，跨泰晤士河下游两岸，距河口 88km。是英政治、经济、文化中心，也是世界十大都市之一，英国最大的海港和首要工业城市。伦敦金融城是世界最大的金融中心之一。伦敦始建于 2 000 多年以前，11 世纪成为商业和政治中心，18 世纪成为世界最大的港口和国际贸易中心。1864 年第一国际在伦敦成立，马克思和恩格斯曾在这里领导国际工人运动，海格特墓地有马克思墓。伦敦多古迹名胜，这里有白金汉宫、唐宁街 10 号（首相府）、议会大厦、大本钟、大英博物馆、圣保罗教堂、威斯敏斯特教堂、“中国城”、伦敦塔、格林尼治天文台原址、海德公园和马克思城等。

2. 其他名城

（1）伯明翰。伯明翰是仅次于伦敦的英国第二大城市，是17世纪后逐渐发展起来的一个工业城市，享有“世界车间”之美称。伯明翰分为新城和老城。新城的火车站附近是英国工业展览会的所在地。老城车站是伯明翰市的中心。伯明翰的四周，有无数大工厂，它的工业产值占全国工业产值的1/5。

（2）利物浦。利物浦是全国第二大商港，位于英格兰西北海岸。

（3）曼彻斯特。在英格兰西北部兰开夏郡内，是英国中部地区工商业、金融和文化中心。从20世纪初，曼彻斯特的工业结构发生了变化，纺织工业衰退了，机械、电子、化学、炼油、食品加工、玻璃塑料等工业发展起来。曼彻斯特市中心的商业区相当繁华，阿登商业中心是该市最大的商店。曼彻斯特也是一座文化城市，是英国新闻业的第二中心，英国北部地区的广播和电视总部都设在这里。曼彻斯特是英国工人运动的中心之一。

（4）格拉斯哥。格拉斯哥位于苏格兰西海岸，是英国最大的造船工业中心。

（5）爱丁堡。自11世纪起一直是苏格兰首府，是苏格兰政治、文化和金融中心。爱丁堡的自然景色和优雅的建筑为其赢得了“北方雅典”的美称。爱丁堡有迷人的海湾，城里有许多用黑灰色沙石修建的带有尖塔的宫殿、教堂和城堡。位于市中心的古堡曾经是苏格兰古代要塞。中世纪以来，爱丁堡在欧洲文化交流中占有重要地位。英国著名作家司各特和斯蒂文森、古典政治经济学家亚当·斯密、唯心主义哲学家大卫·休谟等都曾长期在此生活和著书立说。18世纪德国著名作曲家门德尔松曾赞美爱丁堡绮丽的风光是他创作灵感的源泉。1974年以来，每年八九月份，爱丁堡都要举行为期3周的国际艺术节，来自世界各国的艺术团体云集于此。爱丁堡金融服务业较发达，是欧洲重要的金融中心之一。

（二）名胜古迹

1. 白金汉宫

白金汉宫建于1703年，位于伦敦威斯敏斯特区，是英国王权的象征。自1837年维多利亚女王登基至今，一直是英国国王或女王在伦敦的行宫。女王的重要国事活动，如召见首相和大臣，接待和宴请来访的外国国家元首或政府首脑，接受外国使节递交国书等都在该宫举行。此外，来英国进行国事访问的国家元首也在宫内下榻。王宫由身着礼服的皇家卫队守卫。白金汉宫的皇宫花园为英王乔治四世所设计。园内有湖泊、草地、小径，并有各种花草树木。每年夏天，女王在园内举行花园招待会，邀请全国各界代表、知名人士及各国驻伦敦的外交官参加。白金汉宫前禁卫军交接仪式是伦敦一大观光景观。

2. 唐宁街 10 号

唐宁街为 17 世纪后半叶由唐宁爵士开发建筑的私人住宅街道，日前保留了 4 所住宅。唐宁街 10 号建于 1680 年。1733 年英国国王将 10 号辟为首相官邸，11 号现为财政大臣官邸，12 号是财政大臣的办公室。唐宁街 10 号楼内最有名的房间是内阁室，从室内可远眺皇家禁卫军的换岗仪式和圣·詹姆士公园。二战期间，丘吉尔将地下室的一间房间用作餐厅。二楼有早餐厅、国宴厅、书房及第二会客厅，其中最大的为国宴厅。客厅内挂有名贵油画，大部分借自博物馆和画廊。

3. 圣保罗大教堂

位于泰晤士河北岸，是伦敦规模最大的教堂。它建于 1675～1710 年，为一座两层十字形绿色圆顶巨型建筑物，顶端矗立着一个镀金十字架，建筑物总高达 100m。教堂建有欧洲最大的地下室，内有英国名将纳尔逊、威灵顿和建筑师雷恩的坟墓，还停放着历代国王的大理石浮雕像。

4. 伦敦塔、伦敦塔桥

伦敦塔位于泰晤士河北岸，是英国最古老的王宫之一。1078 年，“征服者威廉”为守卫伦敦城而建，占地 7 万 m^2。经过数代君主的扩建和修整，曾做过堡垒、王宫、监狱、皇家铸币厂和伦敦档案馆，现为王冠、王袍、兵器和盔甲陈列馆。塔内最古老的建筑是白塔，也称大塔或中央要塞，1078 年，威廉一世时开始兴建，1097 年威廉二世时建成。白塔位于伦敦塔中心，是一座诺曼底式建筑，高 3 层，四角建有塔楼。白塔四周有内外两层的多座防御性建筑。这里曾关押过英国历史上不少王公贵族和政界名人。第二次世界大战期间，希特勒的副手鲁道夫·赫斯曾通过护城壕边圣托马塔下的叛徒门被送入伦敦塔监禁。白塔内的圣约翰教堂是伦敦现有教堂中最古老的一座。伦敦塔内的皇家珍宝馆展出 17 世纪以来英国君主镶满宝石的皇冠、权杖等国宝。兵器馆展出历代王族所使用的各种武器、盔甲和战袍等。

伦敦塔桥系泰晤士河上 28 座桥梁之一，位于伦敦塔附近，建于 1886～1894 年，因桥身由 4 座塔形建筑连接而得名。伦敦搭桥的两座主塔高 40m，两塔之间跨度为 60m。桥分上下两层，下层桥面可以开合，平时通车，桥开启时可容万吨船只通过；上层为一条宽阔的悬空人行道，两旁装有玻璃窗，行人登桥可欣赏泰晤士河景色。

5. 威斯敏斯特宫

位于泰晤士河畔，建于 11 世纪中叶，初为王宫，1547 年开始成为议会大厦。主体是 3 排宫廷大楼，两端和中间由 7 幢横楼相连，是世界上最大的哥特式建筑。东北角有一高 97m 的钟楼，举世闻名的“大本钟”即安放于此。议会大厦前的议会广场，伫立着前首相丘吉尔等一些历史人物的雕像。

6．威斯敏斯特大教堂

威斯敏斯特教堂坐落在伦敦议会广场附近，是 11 世纪号称“笃信者”的英王爱德华建立的，为十字形建筑。教堂的主要特点是大门处有一对塔楼。教堂自建以来，一直是英国历代国王或女王加冕礼典和王室成员举行婚礼的场所。英国历代国王死后，大部分葬在这里。英国资产阶级革命后，许多名人死后，在此教堂也占有一席安葬之地。英国人把威斯敏斯特教堂称为“荣誉的宝塔尖”。现在，威斯敏斯特大教堂不但是名人的墓地，而且是难得的“历史博物馆”。

7．大英博物馆

大英博物馆坐落在伦敦鲁塞尔大街上，是英国最大的综合性博物馆，也是世界上最著名的博物馆之一。1753 年，英国议会通过法案，决定把大批重要文物收藏集中在一起。1755 年购置了大英博物馆现址，1759 年首次以大英博物馆名义对外开放。以后不断扩建，从而使其呈现出今日的宏伟面貌。该馆原由全国考古和人类学博物馆、国家图书馆和英国出版物与绘画收集博物馆 3 部分组成。1973 年，图书馆部分与英国其他图书馆合并组成英国图书馆，在组织上与大英博物馆脱离，但仍在大英博物馆内保留 4 个图书室和阅览厅。

马克思曾在这里刻苦攻读，为撰写《资本论》搜集和抄录了大量资料。马克思读书时使用的座位至今尚存。

1897～1898 年，中国民主革命先行者孙中山在伦敦蒙难获救后，曾在大英博物馆研究当时英国资本主义制度及经济、政治、社会状况，在此基础上提出关于“民生主义”的理论。

博物馆的主要展品是古代埃及、希腊、罗马、西亚、东方和欧洲中世纪文物，以及各国铸币、纪念章、绘画和人类学方面的文物等。东方馆内藏有大批珍贵的中国文物，最著名的包括《女史箴图》，宋罗汉三彩像，敦煌经卷和宋、明两代名画等。

8．格林尼治天文台

格林尼治位于伦敦东部泰晤士河畔，地势险要。15 世纪 30 年代英国摄政王罗斯特公爵在该处山巅建立了一个瞭望站。1675 年，瞭望站被改建成皇家天文台。格林尼治天文台之所以举世闻名，主要是因为院内有决定世界标准时间和时区的本初子午线标志（用铜条线标出），为东西经度的分界线。1950 年皇家天文台迁往新址后，该天文台划归国家海洋博物馆，设有天文站、天文仪器馆等，主要供展览用。展出的天文历史资料中有英国早期使用的天文观测仪、天文时钟、天象图和航海图等，以及各国早期设计的时钟、地球仪、浑天仪（其中不少是当时中国的制品）。

9．“大本”钟

泰晤士河畔议会大厦的北面，耸立着高高的钟楼，镶有大钟，名为“大本”。每隔一小时，大钟根据格林尼治时间发出沉重而铿锵的响声，在数英里之外也能听到钟声的回荡。1859 年，大钟由当时的英王工务大臣本杰明·霍尔爵士监制，大钟共重 21t，铸造时耗资 2.7 万英镑。“大本”钟被视为伦敦的象征，凡到伦敦观光的人，无不想到钟楼周围，站在议会桥上欣赏伦敦这个独具一格的建筑。

10．海德公园

坐落在伦敦市区西部，是伦敦最知名的公园。该公园原属海德采邑，1536 年起成为皇家花园，1635 年成为查理一世的赛车和赛马场。18 世纪前这里是英王的狩鹿场。海德公园享誉全球，主要还是因为其东北角入口处有著名的“自由讲演者之角”，这是一个可以随意公开发表自己观点的地方，经常可见有人在此即兴演讲。自 19 世纪以来，每逢星期日的下午，英国人喜欢站在那里的肥皂箱上发表讲演，故这种讲演方式被称作“肥皂箱上的民主”，旅游者对此颇觉新鲜。

【思考与练习】

1．英国领土由哪 4 部分构成？
2．英国的气候类型和特点？
3．英国“日不落帝国”一称的来历？
4．英国经济水平和主要部门？
5．英国历史上有哪些著名的文化名人？
6．英国的西方礼仪和绅士风度表现在哪些方面？
7．英国有哪些著名的传统节日？
8．英国有哪些著名的城市和名胜古迹？

第三节 法 国

关键词语 科西嘉岛、中央高原、巴黎盆地、勃朗峰、海洋性气候、大陆性气候、地中海气候、法兰西人、马赛曲、拿破仑、欧元、法新社、愚人节、巴黎、马赛、凡尔赛宫、卢浮宫、埃菲尔铁塔、巴黎圣母院

一、自然环境特征

（一）位置

法兰西共和国位于欧洲大陆西部，西临大西洋，南濒地中海，北临北海。西南与西班牙、安道尔接壤，东面、北面与摩纳哥、意大利、瑞士、德国、卢森堡、比利时为邻，西北隔拉芒什（英吉利）海峡与英国相望。地中海上的科西嘉岛是法国最大岛屿。边境线总长度为5 695km，其中海岸线为2 700km，陆地线为2 800km，内河线为195km，总面积55.16万km^2。

（二）地形

法国的地形以平原和丘陵为主，地势东南高西北低。中部为中央高原，西部和北部是大平原，称巴黎盆地，平原占法国总面积的2/3。法意边境的勃朗峰海拔4 807m，为欧洲最高峰。主要山脉有阿尔卑斯山脉、比利牛斯山脉、汝拉山脉等。

（三）气候

1．气候类型

法国所处地理位置，决定了法国受3种气候的影响。

温带海洋性气候：主要是法国西部，气温差别小，雨量相对丰富，全年降雨分布均匀。

温带大陆性气候：法国中部和东部，主要表现在布列塔尼、巴黎和洛林地区。冬季较冷，年温差较大；降雨冬季较多，夏天较少。

亚热带地中海气候：法国南部，夏天炎热干燥，冬季温和湿润。

法国1月平均气温北部1～7℃，南部6～8℃；7月北部16～18℃，南部20～23℃。全国年平均降雨量为600～1 000mm。

2．气候特点

法国全年温和多雨，由西向东，海洋性逐渐减弱，大陆性逐渐增强。

（四）河湖

主要河流有卢瓦尔河（1 010km）、罗讷河（812km）、塞纳河（776km）。

（五）资源

法国缺少能源。铁矿蕴藏量约为70亿t，但品位低、开采成本高，所需的铁矿石大部分依赖进口。煤储量约为210亿t（其中褐煤100亿t），有开采价值的约为14.7亿t；铝土矿储量约9 000万t；其他有色金属储量很少，几乎全部依赖进口；石油储量只有3 000万t；天然气储量2 500亿m^3，所需石油的

99%、天然气的 75%依赖进口；水力资源约为 1 000 万 kW，核能、水力资源和地热的开发利用比较充分；森林面积约 1 687 万 hm^2，占欧盟森林总面积的 25%，森林覆盖率为 27.3%。

二、人文环境特征

（一）简况

1．人口

法国人口约 6 065.62 万人（2005 年 7 月），其中本土约 5 900 万人，海外省约 180 万人。法国人口在欧盟中仅次于德国，居第二位。人口密度为每平方千米 110 人。法国人口中，外国移民 430.6 万人。其中，阿尔及利亚人、葡萄牙人、摩洛哥人、意大利人、西班牙人、突尼斯人比较多，还有一些土耳其人、德国人、波兰人、比利时人和中国人。

2．民族

民族主要为法兰西人，约占 90%。

3．语言

法语为官方语言。

4．宗教

法国人多信奉天主教，居民中 81.4%的人信奉天主教，有 6.89%的人信奉伊斯兰教，其他人信新教、犹太教、佛教等其他宗教。

5．国旗

法国国旗呈长方形，长与宽之比为 3:2，旗面由三个平行且相等的竖长方形构成，从左至右分别为蓝、白、红三色。该旗首次出现在 1789 年法国资产阶级革命时期，巴黎国民自卫队当时就以蓝、白、红三色旗为队旗。白色居中，代表国王，象征国王的神圣地位；红、蓝两色分列两边，代表巴黎市民。因此三色旗曾是法国大革命的象征。1848 年 4 月 20 日法兰西第三共和国决定蓝、白、红三色旗为法国国旗，沿用至今。据说三色分别代表自由、平等、博爱。

6．国歌

法国国歌是《马塞曲》。歌词原作者是鲁日·德·里斯尔，最早出现于 1792 年的斯特拉斯堡，很快唱遍全国。由于马赛义勇军高唱这首战歌进入巴黎，故名《马赛曲》。

7．国花等

国花是鸢尾花，国鸟是公鸡，国石是珍珠。

（二）简史

公元前高卢人在此定居。公元前 1 世纪，罗马的高卢人总督恺撒占领了全部高卢，从此受罗马统治达 500 年之久。公元 5 世纪法兰克人征服高卢，建立法兰克王国。10 世纪后，封建社会迅速发展。1337 年英王觊觎法国王位，爆发“百年战争”。初期，法大片土地被英侵占，法王被俘。后法国人民进行反侵略战争，于 1453 年结束百年战争。15 世纪末～16 世纪初形成中央集权国家。17 世纪中叶，君主专制制度达到顶峰。随着资产阶级力量的发展，1789 年法国爆发大革命，废除君主制，并于 1792 年 9 月 22 日建立第一共和国。1799 年 11 月 9 日（雾月 18 日），拿破仑·波拿巴夺取政权，1804 年称帝，建立第一帝国。1848 年 2 月爆发革命，建立第二共和国。1851 年路易·波拿巴总统发动政变，翌年 12 月建立第二帝国。1870 年在普法战争中战败后，于 1871 年 9 月成立第三共和国，直到 1940 年 6 月法国贝当政府投降德国，至此第三共和国覆灭。1871 年 3 月 18 日，巴黎人民举行武装起义，成立巴黎公社。同年 5 月底，被法国军队残酷镇压。第一次、第二次世界大战期间法国遭德国侵略。1944 年 6 月宣布成立临时政府，戴高乐担任首脑，1946 年通过宪法，成立第四共和国。1958 年 9 月通过新宪法，第五共和国成立，同年 12 月戴高乐当选总统。之后蓬皮杜、德斯坦、密特朗、希拉克、萨科奇先后出任总统。

19 世纪时，法国是仅次于英国的第二号殖民帝国，占有相当于本土面积 20 倍的殖民地。第二次世界大战后法兰西殖民帝国逐渐解体。

小资料

拿破仑的出生地、流放地、安葬地

拿破仑·波拿巴（1769—1821），人称奇迹创造者，法兰西第一共和国第一执政（1799 年～1804 年），法兰西第一帝国及百日王朝的皇帝（1804～1814 年，1815 年）、军事家、政治家，曾经占领过西欧和中欧的大部分领土，使法国资产阶级革命的思想得到了更为广阔的传播，法兰西共和国近代史上著名的军事家和政治家，法国人民的骄傲。

拿破仑的出生地，是法国地中海中的科西嘉岛。科西嘉岛是地中海第四大岛，位于法兰西共和国大陆东南海域，岛长 185km，最宽 85km，面积 8 680km^2。岛上气候属地中海气候，年平均气温 15.5℃，冬季温和，夏不酷热。森林覆盖面积占全岛 20%。岛上盛产谷物、水果和橄榄油，主要出口产品有乳酪、葡萄酒等。

作为拿破仑·波拿巴的故乡，岛上的阿雅克修城到处都有他留下的遗迹。现在，拿破仑故居被重点保护着，并开发为岛上著名的阿雅克修·拿破仑博物馆。

以拿破仑命名的大街、饭店到处可见。城中的广场上耸立着一组拿破仑及其兄弟们的塑像。

拿破仑第一次被流放的地方是意大利的厄尔巴岛。厄尔巴岛是意大利中部西边海域的一个岛屿，面积 200km^2，人口有 3 万多，是意大利的第三大岛，仅次于西西里岛和撒丁岛。当年拿破仑流放时（1814～1815 年）居住的地方就叫“铁港镇”。

拿破仑是作为阶下囚被流放到厄尔巴岛的，但是，他的壮志并未就此泯灭。1815 年 2 月 16 日，他果然寻了一个机会，乘英国看守不在，偷偷乘船离开了这个小岛，再次率领军队，重返巴黎。路易十八仓皇逃跑，他又重新登上了帝位。这就是历史上著名的“百日政变”。

人们为了纪念拿破仑，将岛上的许多饭馆、旅馆、街道和广场都以拿破仑的名字命名。他们要感谢拿破仑，是他使小岛名扬天下。

但是，没过多久，拿破仑的军队在比利时滑铁卢战役中全军覆没，拿破仑再次被流放，这一次流放地是大西洋上的圣赫勒拿岛，并在此岛上结束了自己的一生。

1821 年 5 月 5 日，拿破仑在岛上去世，被葬在圣赫勒拿岛上的托贝特山泉旁。

他去世 9 年后，法国人民将拿破仑的塑像重新竖立在旺多姆圆柱上。1840 年，法兰西共和国七月王朝将拿破仑的遗体接回。同年 12 月 15 日，拿破仑的灵柩被运回巴黎，安葬到塞纳河畔的老残军人退休院（即荣誉军人院）。

（三）政治

1．政体

法国是半总统制共和政体（兼有议会制和总统制的特点）。总统是国家元首和武装部队统帅，任期 5 年（2000 年 6 月改为 5 年，定于 9 月 24 日举行全民公决），由选民直接选举产生。总统有权任免总理和批准总理提名的部长；主持内阁会议、最高国防会议和国防委员会；有权解散议会；可不经议会将某些重要法案直接提交公民投票表决；在非常时期，总统拥有“根据形势需要采取必要措施”的全权。在总统不能履行职务或空缺时，总统离职期间由参议院议长代行总统职权。

议会由国民议会和参议院组成，拥有制定法律、监督政府、通过预算、批准宣战等权力。国民议会共有 577 个议席，任期 5 年，采用两轮多数直接投票制，由选民直接选举产生。参议院共 321 席，参议员任期 9 年，每 3 年改选 1/3，以省为单位，由国民议会和地方各级议会议员组成选举团间接选举产生。1995 年 7 月 31 日，法国议会通过了一项宪法修正案。这项法案使总统有权更多地使用公民投票来解决经济和社会问题。法国总统在政府或参议院、国民议会的建议下，可将所有事关公共权力组织、法国经济或社会政策的改革方案交由公民投票表决。

法国总统府——爱丽舍宫，总理府——马提翁宫，国民议会——波旁宫。

2．政党

法国实行多党制，目前共有30多个政党。除传统左右翼党外，近年来生态组织党派力量有所加强。其他主要政党有保卫共和联盟、法国民主联盟和法国社会党等。

（1）右翼政党总统多数派联盟。在2002年总统大选期间以保卫共和联盟为核心，吸收其他右翼政党中支持希拉克竞选总统的成员组合而成，2002年11月17日正式建党。

（2）保卫共和联盟（戴党）。属传统右翼，成立于1958年10月。曾经多次易名，1976年底改称现名，为主要执政党。

（3）法国民主联盟。由民主力量、激进党、社会民主党和法兰西民主人民党4党派组成。

（4）保卫法兰西联盟。由从保卫共和联盟与法国民主联盟中脱离出来的部分成员于1999年合并组成。

（5）自由民主党。原为法国民主联盟成员，1998年6月脱离联盟独立。

（6）左翼政党法国社会党。前身是1905年组成的“工人国际法国支部”，曾多次执政，现为第一大在野党。

（7）共产党。1920年12月成立。

（8）绿党。1984年初创立。

（9）极右翼政党国民阵线。1972年成立，代表极端民族主义思潮，煽动排外情绪。

3．国家首脑

总统为国家元首，总理为政府首脑。现任总统是奥朗德，总理是瓦尔斯。

（四）经济

1．发展水平

法国是全球经济发达国家之一，是欧盟主要发起国和成员国，是发达的工业国家，国内生产总值位居世界第五位。法国实行的是现代市场经济体制，产权的基本形式是私有制，市场是配置资源的主要机制，经济对外开放程度较高，奉行自由贸易政策。

第一次世界大战前，由于历史、文化和传统的原因，与其他工业发达国家相比，法国经济发展迟缓、工业水平相对落后。虽然早在 18 世纪末法国就已开始产业革命，但直至第一次世界大战前，农业在国内生产总值中仍占较大比重。至 20 世纪 20 年代，法国才完成产业结构的转变。随着冶金、有色金属、橡胶和机械工业的兴起，工业产值在国民经济中的比重超过农业，最终完成向工业国的过渡。但这个进程与美国和德国相比落后了约 30 年，比英国则落后了整整 1 个世纪。

第二次世界大战期间，法国的工业遭到严重破坏，1944 年的工业生产指数只相当于 1938 年的 40%，而且设备老化，技术陈旧，市场物资匮乏。为了振兴经济，战后法国动用政府干预手段，成立了以经济学家让·莫奈为首的国家计划总署，制定、实施了著名的“现代化与装备计划”，开创了此后延续数十年国家经济计划的先河，为延续至今的法国经济模式打下了深深的烙印。

20 世纪 50 年代末～70 年代初，是法国经济的起飞时期，在继续实施第三个经济计划的基础上，计划总署相继制定了第四个（1962～1965 年）和第五个（1966～1970 年）经济计划。在此期间，法国把发展重心转移到石油化工、电子和机电、汽车、高速火车、宇航、造船、通讯设备等新兴工业部门，以此为龙头带动整个工业的全面发展。经过 10 余年的快速发展，法国一跃成为世界先进工业国。1973 年的国内生产总值首次突破 1 万亿法郎，人均国民收入首次突破 2 万法郎。在经济高速增长的带动下，基本实现充分就业，在 50 年代末～70 年代初期，失业率始终控制在 2.8%以内的低水平。

70 年代以后，法国经济进入缓慢增长阶段。在石油危机引发的世界性经济危机中，法国经济反复衰退，物价轮番上涨，失业人数猛增。到 1992 年下半年，法国经济进入战后最严重的经济衰退，1993 年国内生产总值甚至下降 1%。

从 1994 年起，在全球经济复苏的带动下，法国经济进入恢复性增长时期。

2005 年，法国国民总收入为 1 859 亿美元，人均国民收入为 30 090 美元。

2. 主要部门

法国工业、农业都很发达。

（1）工业。主要工业部门有矿业、冶金、汽车制造、造船、机械制造、纺织、化学、电器、动力、日常消费品、食品加工和建筑业等。核能、石油化工、海洋开发、航空和宇航等新兴工业部门近年来发展较快，在工业产值中所占比重不断提高。核电设备能力、石油和石油加工技术居世界第二位，仅次于美国；航空和宇航工业仅次于美国和独联体，居世界第三位。钢铁工业、纺织业占世界第六位。但工业中占主导地位的仍是传统的工业部门，其中钢铁、汽车、建筑为 3 大支柱。工业在国民经济中的比重有逐步减少的趋势。

（2）农业。法国是欧盟最大的农业生产国，也是世界主要农副产品出口国。农业产值约占国内生产总值的 2.8%，用工人数约占总劳动力的 4%。法国共有耕地面积 5 491 万 hm^2，其中 61%为农业用地，27%为林业用地，12%为非农业用地。农业用地的 96%为家庭所有。农业的传统地区结构为：中北部地区是谷物、油料、蔬菜、甜菜的主产区，西部和山区为饲料作物主产区，地中海沿岸和西南部地区为多年生作物（葡萄、水果）的主产区。法国已基本实现了农业机械化，这是法国提高农业生产率的主要手段。农业食品加工业是法国外贸出口获取顺差的支柱产业之一。欧洲前 100 家农业食品工业集团有 24 家在法国，世界前 100 家农业食品工业集团有 7 家在法国。法国的农副产品出口居世界重要地位，占其出口总金额的 25%，位居欧盟之首，其产量占欧盟农业总产量的 22%。

（3）服务业。法国服务业相当发达，该行业拥有全国 65%的就业人口，实现 70%的国内生产总值。

（4）旅游业。法国是全球第一旅游大国，2005 年，法国接待海外游客 7 500 万人次，排在西班牙（5 400 万）、美国（4 600 万）、中国（4 200 万）和意大利（3 800 万）之前。

法国旅游资源丰富，首都巴黎、地中海和大西洋沿岸风景区、阿尔卑斯山区、科西嘉岛及一些海外省均是著名旅游胜地。法国一些著名的博物馆收藏着世界文化的宝贵遗产。此外，法国还有一些历史名城和众多古堡。法国有 4 万余家旅馆和分布在乡间的小旅店、野外宿营地、青年之家，可提供 1 849 万张旅客床位。

3．主要财团

（1）埃尔夫阿奎坦公司。主要业务范围包括石油、化工、医药等。

（2）雷诺汽车公司。主要产品包括轿车、货车、大型商业用车等。

（3）法国电力公司。经营范围为发电、输电、配电等。

（4）家乐福集团。经营范围是超级市场。

4．对外贸易

法国是世界上重要的对外贸易国之一，与世界各大地区和 100 多个国家有贸易往来。近年来法国政府把促进出口作为带动经济增长的主要因素，在保持和扩大原有国际市场的同时，积极开发拉美、亚太等地区的新市场。

法国进口商品主要有能源和工业原料等，出口商品主要有机械、汽车、化工产品、钢铁、农产品、食品、服装、化妆品和军火等。法国对外贸易的 70%在欧盟内部及欧洲国家内进行，美国是法国在欧盟之外的最大贸易伙伴。

5．货币

货币名称为欧元（EURO）。1 欧元＝100 生丁。

（五）文化

1. 文学

17世纪开始，法国的古典文学迎来了自己的辉煌时期，相继出现了莫里哀、司汤达、巴尔扎克、大仲马、雨果、福楼拜、小仲马、左拉、莫泊桑、罗曼·罗兰等文学巨匠。他们的许多作品成为世界文学的瑰宝。其中的《巴黎圣母院》、《红与黑》、《高老头》、《基督山伯爵》、《悲惨世界》和《约翰·克利斯朵夫》等，已被翻译成世界文学作品，在世界广为流传。

莫里哀（1622—1673），法国剧作家，一生写了30多部喜剧，主要剧作有《伪君子》（1664）、《唐璜》（1665）、《吝啬鬼》（1668）等。

拉封丹，法国启蒙运动代表，代表作《寓言诗》。

伏尔泰（1694—1778），18世纪法国启蒙思想家，被誉为“思想之王”“法兰西最优秀的诗人”。主要著作有《哲学辞典》、《论各民族的风俗与精神》、《路易十四时代》等。伏尔泰还写过有关中国的历史剧《中国的孤儿》。

孟德斯鸠（1689—1755），法国启蒙运动的先驱者，在文学创作上也取得很高的成就，其书信体文学作品《波斯人的信札》，是法国第一部富有强烈战斗性的文学作品，揭露法国社会的种种弊端，宣告了法国君主专政的极盛时期已经一去不复返了，从而打破了君主制度永世长久的传统观念。

狄德罗（1713—1784），法国启蒙思想家，百科全书派的领袖人物，也是资产阶级现实主义美学的奠基人之一。《修女》、《拉摩的侄儿》、《宿命论者雅克》等3部哲理小说代表了他在文学上的成就。

卢梭（1712—1778），法国启蒙思想家、哲学家，主张建立资产阶级民主共和国，认为私有制是人民群众遭受社会压迫的根源，但不主张彻底消灭私有制。主要著作有《社会契约论》（旧译《民约论》）、《论人类不平等的起源和基础》、《忏悔录》、《爱弥尔》等。

19世纪上半叶，文学艺术以浪漫主义和现实主义为主要标志。这一时期的杰出代表有：

雨果（1802—1885），法国文学史上最伟大的作家之一。他一生追随时代步伐前进。1831年发表的小说《巴黎圣母院》，表现出作家强烈的反封建、反教会的思想。1862年完成了长篇小说《悲惨世界》。1872年完成了他最后一部小说《九三年》。

大仲马（1802—1870），代表作有《三个火枪手》、《基督山伯爵》等。

司汤达（1783—1842），代表作有《红与黑》。

巴尔扎克（1799—1850），最著名代表作是《人间喜剧》。

福楼拜（1821—1880），代表作《包法利夫人》。

乔治·桑（1804—1876），代表作《魔沼》。

19世纪后半叶的文学主要有自然主义和象征主义两大流派，重要作家有：

左拉（1840—1902），代表作《金钱》。

莫泊桑（1850—1893），代表作《羊脂球》。

小仲马（1824—1895），代表作《茶花女》。

20世纪法国名作家有：

罗曼·罗兰，代表作《约翰·克利斯朵夫》。

罗歇·马丁·杜伽尔，代表作《蒂波一家》，并因此获诺贝尔文学奖。

2. 艺术

近现代，法国的艺术在继承传统的基础上颇有创新，不但出现了罗丹这样的雕塑艺术大师，也出现了像莫奈和马蒂斯等印象派、野兽派的代表人物。法国历史上最著名的绘画大师有莫奈、雷诺阿、高更、塞尚、罗丹等。

从17世纪开始，法国在工业设计、艺术设计领域的世界领先地位早已有目共睹。有关实用美术、建筑、时装设计、工业设计专业的学校也早已凭借其“法国制造”的商业硕果而闻名海外。

戛纳国际电影节是世界5大电影节之一，每年5月在法国东南部海滨小城戛纳举行，它是世界上最早、最大的国际电影节之一，为期2周左右。1956年最高奖为“金鸭奖”，1957年起改为“金棕榈奖”。

法国著名的音乐大师是德彪西、柏辽兹。

3. 著名学府

法国著名高等学校有巴黎大学、格勒诺布尔第一大学、斯特拉斯堡第一大学、里尔第一大学、里昂第一大学等。巴黎大学是法国历史最悠久、规模最大的综合性大学。

4. 新闻媒介

主要报纸：《费加罗报》、《世界报》、《法兰西晚报》、《解放报》、《巴黎日报》。地方报纸主要有：《西部法兰西报》，它是法国发行量最大的报纸；《北方之声》。

主要周刊：《快报》、《观点》、《新观察家》、《巴黎竞赛画报》、《费加罗杂志》等。

法国约有6 000家出版社。

通讯社：法新社，世界5大通讯社之一。1835年创立，原名哈瓦斯通讯社，1944年9月重建并改用现名。1956年政府确定法新社的独立地位，但其财政管理仍由国家控制。在国外有 112 个分社，向各国 7 000 家报纸、2 500 家电台和 400 家电视台供稿。

广播电台：法国国家广播公司成立于 1975 年，下设 6 个广播电台，为国内综合台、新闻台、文化台、音乐台、蓝色台、7 号台。此外，还有国家广播公司和地方共同投资的 17 个独立的地方台。为加强对外宣传，国家广播公司专设独立的法国国际台，对外广播几乎遍及全世界。1982 年政府通过法令，取消国家对电台的垄断，允许私人和团体设立电台。目前，全国私营电台近 1 300 家，主要有卢森堡电台、蒙特卡洛电台、欧洲一台等。

电视台：现有 4 家全国性国营电视台，分别是法 2 台、法 3 台、ARTE 台（与德合办的文化台）、法 5 台（教育台）。3 家为全国性私营台，分别是法 1 台、法 6 台、法 4 台（收费台）。20 来家中央或地方的有线电视台，另有许多可通过卫星接收的电视频道。

（六）习俗

1．物质习俗

法国人日常生活中的服饰比较随意，讲究舒适和突出个性。在正式的社交场合，对着装的要求较严格。法国的饮食文化有着悠久的历史和传统，法国菜不仅做起来复杂，强调色、香、味、形，吃起来也很有讲究，从进餐程序、酒与菜的搭配、餐具和酒具的形状乃至服务员上菜倒酒的方式都有严格的规矩。蜗牛与肥鹅肝是最有特色的法式菜。法国的葡萄酒、香槟和白兰地（又称干邑）享誉全球。法国人待人接物十分注意礼节，礼貌用语不离口。现以商务宴请和部分节日为例。

商务宴请有午宴和晚宴两种形式：午宴带有业务特性，但不正式；晚宴较为正式。如果是午宴，邀请时，一般打个电话就可以了。如果是晚宴，一般需发请柬邀请客人。请柬印制的或写的均可，需邮寄给客人，注意给客人留有答复的时间。

出席晚宴，着装较为讲究。女士一般是颜色较深的无袖、较短的连衣裙或外衣；佩戴手镯、项链、耳环等；整理发型，发蜡不宜过多；袜子的颜色，视季节而定，冬季穿黑色的，夏季穿较为透明的；天气凉爽时，可带上披肩；一般都带上个化妆品包。男士穿深色套服，白色长袖衬衫；领带新颖大方，不易过花；皮鞋上蜡，袜子长一些的为好。餐厅迎接客人，主人不应迟到。如果与客人一同去餐馆，进餐馆时，主人应走在前面。如果客人中有女士，男士先进餐馆，需对女士彬彬有礼地说声“请允许我走在您的前面”。餐厅座位安排，好的位子，一般是视野好的，留给最重要的客人。夫妇不应分开坐。观点看法不同的人，最好分开坐。主人右边的座位，留给社会地位最高的受尊敬的年长者，左边座位留给排行第二的客人。等年长者坐下后，其他人才能入座。餐桌上艺术，餐具搭配比较讲究，第一道菜，用最外面的刀叉。如果是鱼，只用叉子就行了，这样可显得高贵。酒杯，大号的是水杯，中号的是红葡萄酒杯，小号的是白葡萄酒杯。请客时间，午宴不宜过长，这样客人下午还可以继续工作；晚宴时间可以长些。

用餐付款，招呼买单，迅速看一眼单子，然后用信用卡支付，以避免掏出钞票，让客人觉得不自在；如果邀请主人是女士，客人是男士，女主人付款有3种办法，即进入餐馆时就将信用卡交给餐馆，或就餐结束时起身去柜台付款，或注视服务员，让他明白将由女主人付款。

2. 重要节日

（1）元旦。1月1日。元旦当天，向家人、亲戚和朋友祝新年好和身体好。家庭团聚，吃年饭，有时也馈赠年终赏钱和小礼物。若元旦没能见面，可寄新年贺卡，整个一月份都可以寄。

（2）复活节。复活节每年的日期不固定，它是根据《圣经》的记载，按两种历法结合计算的。具体算法是每年春分月圆后的第一个星期日就是复活节（3月21日～4月25日）。复活节这一天习惯给孩子们送些用巧克力制作的钟、蛋、鱼、鸡等。

（3）万圣节。11月1日。万灵节，向死者献鲜花。注意千万不要将这些花送给其他人。

（4）圣诞节。12月25日。圣诞除夕之夜，各家都要吃丰盛的年夜饭，传统的菜肴有肥鹅肝、牡蛎、火鸡、奶酪和甜点等，喝葡萄酒和香槟酒。孩子们可与父母一同吃饭，也可先去睡觉等待圣诞老人的来访。信教的人，年夜饭前或圣诞之日午饭前还要作弥撒，相互祝愿圣诞快乐，交换礼物。唱的歌曲都是些宗教歌曲，如圣诞小爸爸、美丽的圣诞树、甜美之夜、神圣之夜、子夜基督徒等。

（5）国庆节。7月14日。1880年议会立法确认攻克巴士底狱日为国庆节，以纪念法国资产阶级大革命。节日期间白天有阅兵仪式，晚上放烟火。有些村庄会组织火炬游行、跳舞等。

（6）愚人节。4月1日。这一天调皮者会悄悄地在你的衣背上贴上纸鱼开玩笑。

3. 礼仪与禁忌

欧美各国礼仪相近，甚至相同，是因为西方礼仪多数源于法国。

法国人尊重妇女，故以“殷勤的法国人”而著称。在社交场合，法国人处处体现着“女士优先”的原则。

法国人讲文明、重礼貌，“请”“对不起”“谢谢”等随时挂在嘴上。法国人尊重个人隐私，所以不要不经同意就贸然闯入法国人的家。

法国人热情，与人萍水相逢，就会亲热交谈，但好许诺，却少兑现。法国人约会不守时，赴约或赴宴，准时是对主人的尊重，迟到一刻钟甚至半小时是常事，但不可早到；法国人朋友聚会往往在餐馆或咖啡馆，很少请人到家中做客。

到法国人家中做客，送礼是友好的表示，礼物不一定贵重，但讲究包装；鲜花是备受欢迎的礼物，但不送法国人红玫瑰（情人的礼物）、黄色的花（不忠诚的表示）和菊花（葬礼上使用的花）。在法国人家中做客，千万不可用餐巾擦拭餐具，那是对主妇的莫大侮辱。

三、名城与名胜古迹

（一）名城

1．首都

首都巴黎，位于北部巴黎盆地中央。市区面积 105km^2，人口 200 万。巴黎包括市区及周围的 7 个省，面积达 1.2 万 km^2，总人口近 1 000 万。塞纳河自东南方缓缓进入巴黎，从西南方出巴黎城，然后，蜿蜒曲折向西北方向流去，在勒阿弗尔港注入英吉利海峡。塞纳河流经巴黎市区 13km。

巴黎有 2 000 多年的历史，最早是从西岱岛发祥的。据说，当时居民仅几百人，居住在不到半平方千米的旧城岛上。公元 4 世纪，罗马人的一个部落强占岛上高卢人村庄，并建立了巴黎吉人的首府，巴黎从此得名。公元 6 世纪起，巴黎成为法兰西王国的首都，以后历代法兰西的封建王朝均以巴黎为国都。

1546 年，卢浮宫开始兴建。以后的历代帝王，尤其是路易十四，不惜花费巨资修宫殿、造花园、建广场。17 世纪和 18 世纪，法国的统治者曾迁都凡尔赛，但巴黎仍是法国宗教、文化、艺术中心。

巴黎是法国的政治中心。1789 年 7 月 14 日，巴黎人民愤起捣毁了封建王朝囚禁革命者的监狱——巴士底狱，由此爆发资产阶级大革命，发表人权宣言，废除封建制度。

巴黎是法国的经济和商业中心。法国是个发达的资本主义国家，经济实力强大。巴黎集中了法国多数大型集团公司和金融机构。

巴黎也是法国的文化和教育中心。巴黎是座文化古都，到处是历史遗产和文化古迹，随处可感受到浓郁的文化气息。著名的建筑物有巴黎圣母院、卢浮宫、凯旋门、埃菲尔铁塔、凡尔赛宫、协和广场、巴黎歌剧院、旺多姆广场、圣心大教堂、荣军院、先贤祠、巴士底广场、枫丹白露宫等。

法国现代文化设施的建设，如蓬皮杜国家文化艺术中心、卢浮宫中的金字塔、奥赛博物馆及巴士底歌剧院，均得到几任总统呕心沥血的关怀。

巴黎市区塞纳河上的桥共有 36 座，建造年代不同，建筑式样各异。其中 26 座桥的历史在百年以上。

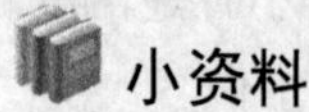

小资料

巴黎塞纳河上的桥

静静的塞纳河，由东南向西北，曲曲折折，流经巴黎市区。横跨这条河，巴黎就有了 36 座桥。每一座桥都有不同的式样，建造于不同的年代。它们就像是巴黎历史的见证者，默默地向今天的人们诉说。

这些用石砖、钢铁建造的桥，记录了战争的演变，王朝的兴衰，历史的变革。多少电影艺术家、歌词作曲家，多少诗人、画家、文人墨客，曾在桥上沉思遐想，汲取灵感。巴黎的每一座桥都有一段历史，诉说着历史的变迁和人民的哀乐。

塞纳河上最古老的桥称为小桥，连接西岱岛和河的左岸，据说桥已有 2 000 年的历史，几经修建，最后一次修缮是在 1852 年。

最著名的桥是新桥，1578 年动工建造，1603 年竣工。

最壮观的桥是亚历山大三世桥，建于 1900 年，桥上一组组青铜雕像栩栩如生，装饰讲究。

从 1993 年 8 月，在塞纳河上开始建造第 36 座桥——夏尔·戴高乐桥，位于奥斯特利茨桥的上游，1996 年 7 月 15 日建成，于 8 月 8 日通行。这大概是塞纳河上最后的一座桥。

巴黎的博物馆有 80 多家，除卢浮宫外，还有罗丹雕塑博物馆、毕加索博物馆等。此外，巴黎尚有军事、海军、人文、自然、技术、海洋博物馆及钱币、邮政、广播、时装、电影、乐器、钟表、眼镜等博物馆，还有格雷万蜡像馆。

巴黎的画廊有 300 多个，文化交流很多，经常展出绘画、雕塑、摄影等作品，据统计，每年组织的这类展览会达 1 400 次以上。

巴黎市属图书馆有 83 个，尚有各类国立图书馆及国家资料中心。国家图书馆最大。

巴黎文化生活丰富，市区有 70 家剧场，400 家电影院，200 间艺术大厅，30 所临时展览馆。

巴黎有 70 多所高等专科学院（占全国一半以上），13 所综合性大学，许多学院和大学分布在拉丁区。著名的巴黎索邦大学、综合科技大学、国立行政管理学院（ENA）、高等师范大学等培养了一批又一批的高级技术、行政和管理人才。法国的总统、总理、部长和科学家等大多毕业于这些学校。

巴黎还是法国的交通枢纽。巴黎共有 3 个机场：戴高乐（CHARLES DE GAULE）机场、奥利（ORLY）机场和布尔热（BOURGET）机场。

巴黎地铁、公共汽车和地区快速铁路组成的地上和地下立体交通网，安全和快速地把人们输送到四面八方。

巴黎是全国铁路网的中心，建有 6 个火车站。乘客根据所去方向，到不同的车站乘坐火车。

2．其他名城

（1）马赛。马赛市位于法国南部地中海利翁湾东岸，三面环山，面积 $240km^2$，人口 123 万，是法国第二大城市，地中海沿岸最大港口。马赛是普罗旺斯——蓝色海岸大区首府和罗讷河省省府，是法国南部的行政、经济、文化和交通中心。

马赛是法国最古老的城市之一，建于公元前 6 世纪古希腊时代，已有 2 600 年的历史。该市资源丰富，工商业发达，是全国炼油工业中心；它还有制盐、铝矾土、煤炭、发电、冶金、造船、化工、直升飞机制造、纺织及食品加工等工业；它海产丰富，渔业发达，有现代化的罐头加工联合企业；它还是全国最大的船舶修理中心。

马赛市的兴衰与马赛港的历史息息相关，马赛港自 12 世纪就闻名世界。20 世纪 70 年代以来，马赛港区进行了改造和扩建，新兴的马赛——福斯港是法国最大的现代化港口，港区长 70km，年吞吐量达 1 亿 t，180 条海运线通过 13 000 个中途站联系着 109 个国家和地区。福斯港是油船、天然气船、矿石船和集装箱等大型海运业的现代化港口，有输油管道通往阿尔萨斯、瑞士和德国的炼油厂。

马赛——普罗旺斯机场是法国第二大机场。马赛还有高速公路、铁路、内河航运等极为便利的交通设施连接国内外。

目前以马赛市为中心已形成一个辐射形的经济网。

马赛拥有众多的文物古迹，近年来还发掘出公元前 6 世纪希腊时代的堡垒和古城垣遗址。距马赛老港 3km 处有一座孤岛——伊夫岛，传说是大仲马《基督山伯爵》一书中主人公被囚禁的地方，每年吸引着成千上万的旅游者来此参观。

马赛市距巴黎 770km，距米兰 550km，距巴塞罗那 500km，是法国联系南欧、北非和西亚的交通枢纽。

（2）里昂。里昂是法国东南部大城市，位于罗讷河和索恩河汇流处，地中海通往欧洲北部的战略走廊上。里昂市人口 126 万，始建于公元前 43 年，罗马帝国之前已很繁荣，长期为法国的政治中心。工业发展始于 19 世纪，曾是西方丝织业中心，全国的丝织业几乎全部集中于此。同时里昂也是化学纤维的主要产地，冶金、化工、汽车、机械、电子等工业均较发达。

作为水、陆、空交通枢纽，里昂是沟通北欧和南欧的交通要道，尤其是有高速火车通往法国各大城市及地中海诸大城市。

里昂的科研和教育事业也很发达，梅里尔生物制品研究所为世界最大的研究所之一，该市还有 20 所高等院校。

里昂作为历史名城，有许多中世纪建筑和博物馆，每年在此举办国际博览会。1996 年的西方七国首脑会议便在里昂举行。著名的旅游点有里昂大教堂、古罗马剧场遗址等。

（二）名胜古迹

1．凡尔赛宫

位于巴黎西南郊，建于 1623 年，是一座豪华宫殿，其建筑、雕刻、绘画、园林艺术等，都称得上是法国文化艺术的瑰宝。其宫门是用黄金和黑铁铸成，冠以金灿灿的国徽和别致的图案装饰。院子正中有路易十四的塑像，两旁排列着历代历史人物的全身塑像。

2．枫丹白露

位于巴黎南郊，与凡尔赛并列为巴黎市郊的两大观光胜地。它是 12 世纪的城堡遗迹，法兰西斯一世于 16 世纪将其建成极其富丽堂皇的宫殿，宫殿变化莫测，在面积为 1.7 万 hm^2 的美丽森林之中，是座被称为“建筑之花”的森林宫殿。

3．卢浮宫

卢浮宫是法国最大的王宫建筑之一，位于巴黎市中心塞纳河右畔、巴黎歌剧院广场南侧，原是一座中世纪城堡，16 世纪后经多次改建、扩建，至 18 世纪为现存规模，占地约 45 hm^2。

早在 1546 年，法王弗朗索瓦一世决定在原城堡的基础上建造新的王宫，此后经过 9 位君主不断扩建，历时 300 余年，形成一座呈U字形的宏伟辉煌的宫殿建筑群。

1793 年 8 月 10 日，在推翻君主制的周年纪念日时，法国“国民公会”决定把昔日的皇宫辟为国立美术博物馆；同年 11 月 18 日，卢浮宫博物馆正式向公众开放。其全部工程于 1857 年完成。

在卢浮宫口字形正殿的西侧，伸展出两个侧厅，中间的空地形成卡鲁赛广场。东侧有长廊，建筑巍峨壮丽。其画廊藏有大量 17 世纪以及欧洲文艺复兴期间许多艺术家的作品。馆藏品达 40 万件。

卢浮宫美术博物馆分为 6 大部分：希腊和罗马艺术馆；东方艺术馆；埃及艺术馆；欧洲中世纪、文艺复兴时期和现代雕像馆；历代绘画馆。展览按不同流派、学派和时代划分：一层展出雕刻，二层是油画，三层是素描和彩粉画。20 世纪 80 年代初，法国政府实施扩建和修复卢浮宫的“大卢浮宫计划”。

4. 爱丽舍宫

爱丽舍宫是巴黎的著名建筑物之一，建于 1718 年，自 1879 年以来，一直为法国的总统府。

5. 艾菲尔铁塔

埃菲尔铁塔在巴黎市中心塞纳河南岸，是世界上第一座钢铁结构的高塔，被视为巴黎的象征，因法国著名建筑师斯塔夫·埃菲尔设计建造而得名，建于 1887～1889 年。塔高 300 余米，塔身重达 9 000t，分三层。第一层平台距地面 57m，设商店和餐厅；第二层平台高 115m，设有咖啡馆；第三层平台高达 276m，供游人远眺，底部面积 1 万 m^2，在第三层处建筑结构猛然收缩，直指苍穹，从一侧望去，像倒写的字母“Y”。该塔由 1.8 万余个组成部件和 250 多万个铆钉构成。游客可乘电梯或徒步登塔顶。入夜，塔顶发出转动着的彩色探照灯光，防飞机碰撞。塔旁竖立长方形白色大理石柱，柱顶安放斯塔夫·埃菲尔镀金头像。

6. 巴黎圣母院

巴黎圣母院是最著名的中世纪哥特式大教堂，以其规模、年代和在考古、建筑上的价值而著称。1163 年由教皇亚历山大三世奠基。内部平面 130m×48m，屋顶高 35m，塔高 68m。塔的尖顶始终未建。教堂经过历代的损坏不得不于 19 世纪重修，只有 3 个巨大的圆花窗仍保持着 13 世纪的彩色玻璃。后堂的飞扶垛特别雄健优美。

7. 凯旋门

巴黎凯旋门坐落在巴黎市中心星形广场（现称戴高乐将军广场）的中央，是法国为纪念拿破仑 1806 年 2 月在奥斯特尔里茨战役中打败俄、奥联军而建的，12 条大街以凯旋门为中心，向四周辐射，气势磅礴，形似星光四射。工程由建筑师夏尔格兰设计，1806 年 8 月奠基，历时 30 个寒暑，于 1836 年 7 月落成。凯旋门高 49.54m，宽 44.82m，厚 22.21m。它四面有门，中心拱门宽 14.6m，门楼以两座高墩为支柱，中间有电梯上下。在拱形圆顶之上有 3 层围廊，最高一层是陈列室，这里展示着有关凯旋门的各种历史文物以及拿破仑生平事迹的图片；第二层收藏着各种法国勋章、奖章；最低一层则是凯旋门的警卫处和会计室。

8. 巴士底狱遗址

巴士底狱遗址位于巴黎市区东部、塞纳河右岸，这里曾是公元 1369～1382

年建立的一座军事堡垒。“巴士底”一词的法文原意是“城堡”。这座古城堡拥有8座巍峨坚固的炮台，兴建之初是用来抵抗英国入侵的。1380～1422年，这座城堡被改为王家监狱。整座城堡占地2 670m^2，四周建有一堵又高又厚的石墙和8座高30 m的塔楼，四周掘有宽24m的深沟，设吊桥进出。早在16世纪，这里就开始关押政治犯，法国启蒙思想家伏尔泰就曾两次被关押在这里。在法国人民心目中，巴士底狱已成为法国封建专制统治的象征。

1789年7月3日，巴黎人民奋然起义，14日，攻占了巴士底狱，揭开了法国大革命的序幕。1791年，巴黎人民拆毁了巴士底狱，在其旧址上建成了巴士底广场，并把拆下来的石头铺到塞纳河的协和桥上，供路人践踏。1830年，法国人民又在广场中心建立起一座纪念7月革命的烈士碑。这座烈士碑高52m，碑身是用青铜铸成的圆柱体，人称“7月圆柱”，在柱的顶端是一尊右手高举火炬的金翅自由神像，神像左手提着被砸断的锁链，象征着获得了自由。在监狱遗址前方立着一块牌子，上写：“大家在这里跳舞吧！”

1880年6月，法国将7月14日巴黎人民攻占巴士底狱这一天定为法国国庆日。

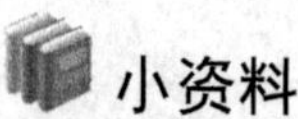

小资料

法国大革命——攻克巴士底狱

在法国巴黎市区的东部，有一个巴士底广场。200多年以前，举世闻名的巴士底狱曾经耸立在这里。

巴士底狱很高，围墙很厚，有8个塔楼。上面架着15门大炮，大炮旁边堆放着几百桶火药和无数炮弹。它居高临下，俯视着整个巴黎，活像一头伏在地上的巨兽。凡是胆敢反对封建制度的著名人物，大都被监禁在这里。巴士底狱成了法国专制王朝的象征。

多少年来，人们像痛恨封建制度一样痛恨这座万恶的巴士底狱。许多人曾经作过推倒巴士底狱的尝试，可惜都没有成功。然而，人们的希望没有落空，他们终于盼到了这一天。1789年，法国爆发了大革命。巴黎的警钟长鸣，工人、手工业者、城市贫民纷纷涌上街头，夺取武器，开始了武装起义。

1789年7月13日这一天，手执武器的人群攻占了一个又一个的阵地，巴黎市区到处都有起义者的街垒。到了14日的早晨，人民就夺取了整个巴黎。最后只剩下巴士底狱还在国王军队手里。

“到巴士底去！”起义队伍中响起了呼喊声。起义者不约而同地从四面八方涌向巴黎的最后一座封建堡垒。

守卫巴士底狱的士兵从房顶上和窗户里向起义者开火，塔楼上的大炮也开始轰击。

冲在前面的起义战士被暴风雨般的火力压住，但是人们没有屈服，在重大伤亡情况下，依然坚持战斗。两个多小时后，一门威力巨大的火炮终于被拉来了，有经验的炮手也找到了。不一会儿，猛烈的炮火射向巴士底狱。一部分守军终于举起白旗投降了。吊桥徐徐放下，起义群众冒着另一部分拒降的守军射来的弹雨，冲了进去，解放了被关押的囚犯。

攻占巴士底狱成了全国革命的信号。各个城市纷纷仿效巴黎人民，武装起来夺取市政管理权，建立了国民自卫军。在农村，到处都有农民攻打领主庄园，烧毁地契。不久，由人民组织起来的制宪会议掌握了大权。这一年，制宪会议颁布了“废除一切封建义务”的“八月法令”，紧接着又通过了著名的《人权宣言》，向全世界庄严宣布了“人身自由，权利平等”的原则。

法国大革命的发生有着深刻的思想根源。在18世纪上半叶，著名的思想启蒙运动就以不可阻挡之势深入人心了。孟德斯鸠、伏尔泰、卢梭、狄德罗等杰出的思想家和哲学家提出了一系列资产阶级的民主思想，抨击封建专制制度，为大革命的爆发准备了条件。

9．香榭丽舍大街

香榭丽舍，闻其名就感受到一种浓浓的诗情画意。香榭丽舍大街是巴黎最为繁华、风景又极为特殊的主要街道，是一个风格独异、融法国悠久历史文化和现代气息于一体的地方。它西起戴高乐星形广场，东至协和广场，全长约1 800m。在法文中，“香榭丽舍”是“田园乐土”的意思。过去，这里曾是一片低洼潮湿的空地。17世纪，路易十四在位时，曾在这里植树造林，使之成为专供宫廷贵族游乐的禁区。以后又加扩展，1709年才将其命名为香榭丽舍大街。

街道两边店铺林立，橱窗里的商品琳琅满目，甚为豪华气派。大街的西段集中了诸如法国航空公司、法兰西商业信贷银行和奔驰、雪铁龙等名牌轿车公司的展厅，汇聚了一些著名的香水店、夜总会和快餐店，可称得上是商贾云集。

大街的东段则是花园锦簇、鸟语花香，协和广场与绿树成荫、艺术气息浓郁的卢浮宫毗邻，呈现一派恬静自然的风光。

香榭丽舍大街除了拥有优越的四车道外，街道两边还各有10～20m宽的步行道。茂密的梧桐树沿街排列，郁郁葱葱，在夹杂着浓烈的香水味的空气中，使人顿时产生一种心旷神怡的感觉。

香榭丽舍大街的两端是一些历经沧桑的历史古迹。著名的凯旋门就矗立在大街西段星形广场的中央。1806年，拿破仑为了炫耀战功，决定修建凯旋门。

而凯旋门历经 30 年的风雨后才得以与世人见面。以后，每年法国的国庆阅兵式和一些盛大庆典活动就从这里开始。东段有建于 1757 年的协和广场，广场中央竖立着据说 19 世纪 30 年代从埃及运来的一座高 23m 的方尖碑。

法国大革命时，愤怒的人民把国王路易十五和王后推向设在协和广场上的断头台。广场上还保留有两个于 1836～1846 年修建的圆形喷水池，这两个喷水池模仿了罗马圣·彼得广场上的水池风格，造型独特，尤其是在夜晚灯光四射时，水池喷涌，五彩斑斓。

夜幕下的香榭丽舍大街惹人迷醉。微风轻拂，香味扑鼻。喜好夜生活的法国人三五成群地聚集在街边的咖啡厅或酒吧门前的小桌旁，倾心交谈。有些年轻、时髦的金发女郎倚在橱窗边悠闲欣赏，恋人们则在街边相拥漫步。夜生活是法国人生活中的一个重要组成部分，而夜生活的活动主要集中在香榭丽舍大街。街道两边五光十色的霓虹灯令人眼花缭乱，车流驶过，划出一道道灯影，甚为壮观。没有嘈杂的喧闹，没有汽车的鸣笛，呈现出一派静谧和恬美。

【思考与练习】

1. 法国的地形与气候有什么特点？
2. 阐述法国的简史以及法国大革命的过程。
3. 法国的经济水平和主要经济部门？
4. 法国历史上有哪些著名的文学艺术大师？
5. 法国有哪些习俗与礼仪禁忌？有哪些独特的节日？
6. 简介法国首都巴黎。
7. 法国有哪些著名的名胜古迹？请简介之。

第四节　德　　国

关键词语　北海、波罗的海、阿尔卑斯山、过渡性气候、莱茵河、多瑙河、德意志民族、矢车菊、第一次世界大战、第二次世界大战、希特勒、纳粹、联邦德国、民主德国、欧元、康德、歌德、马克思、贝多芬、爱因斯坦、德新社、狂欢节、啤酒节、柏林、汉堡、慕尼黑、科隆大教堂

一、自然环境特征

（一）位置

德国全称“德意志联邦共和国”，位于欧洲中部。北部濒临北海和波罗的海，南部毗连阿尔卑斯山。东界波兰、捷克，南界奥地利、瑞士，西界荷兰、比利

时、卢森堡、法国，北与丹麦接壤。总面积为35.7万km^2。

（二）地形

德国地势北低南高，从南部的阿尔卑斯山向北倾斜，直至北海和波罗的海。从北向南，可划分为4个地形区：北德平原，平均海拔不到100m；中德山地，由东西走向的高地块构成；西南部莱茵断裂谷地区，两旁是山地，谷壁陡峭；南部的巴伐利亚高原和阿尔卑斯山区，其中拜恩阿尔卑斯山脉的主峰祖格峰海拔2 963m，为全国最高峰。海岸线长1 333km。

（三）气候

德国处于东西欧之间的过渡地带，气候也带有明显的过渡性。西北部海洋性气候比较明显，往东、南部逐渐向大陆性气候过渡。气候比较温和湿润，冬无严寒，夏无酷暑。年降水量500～1 000mm，南部山地、高原区为1 000mm以上。

（四）河湖

德国河川丰沛且变化多端，主要河流有莱茵河、易北河、威悉河、奥得河、多瑙河等。莱茵河是德国的“黄金水道”和最大河流，流经境内有865km。德国境内的湖泊星罗棋布，较大的湖泊有博登湖、基姆湖、阿莫尔湖、里次湖、维尔姆湖等。

（五）资源

德国是自然资源较为贫乏的国家，除硬煤、褐煤和盐的储量丰富之外，在原料供应和能源方面很大程度上依赖进口，2/3 的初级能源需进口。天然气产量能满足国内需求量的1/4。硬煤的探明储量为2 300亿t，可采储量约240亿t；褐煤可采储量约940亿t，钾盐约130亿t。东南部有少量铀矿。森林覆盖面积为1 070万hm^2，占全国面积29%。水域占2%。

二、人文环境特征

（一）简况

1．人口

德国总人口约8 243.14万人（2005年7月），是欧洲第二人口大国。

2．民族

德国民族主要是德意志人，为日耳曼人的一个分支，属欧罗巴人种，还有少数丹麦人、荷兰人、吉卜赛人、犹太人和索布族人。德国有750万外籍人，占人口总数的9%。

3．语言

德国通用德语。

4．宗教

德国居民中33.7%的人信奉基督教新教，33.2%的人信奉罗马天主教，此外，还有少数人信奉伊斯兰教和犹太教。

5．国旗

德国国旗为三色旗，呈横长方形，长与宽之比为5:3，自上而下由黑、红、黄三个平行相等的横长方形相连而成。三色旗的来历众说纷纭，最早可追溯到公元1世纪的古罗马帝国。在后来16世纪的德国农民战争和17世纪的德国资产阶级民主革命中，代表共和制的三色旗也飘扬在德意志大地上。1918年德意志帝国垮台后，魏玛共和国也采用黑、红、黄三色旗为国旗。1949年9月德意志联邦共和国成立，依然采用魏玛共和国时期的三色旗；同年 10 月成立的德意志民主共和国也采用三色旗，只是在旗面正中加了包括锤子、量规、麦穗等国徽图案，以示区别。1990年10月3日，统一后的德国仍沿用德意志联邦共和国国旗。三色国旗可在机场、宾馆、宴会和其他场合悬挂。联邦政府机构和驻外使馆等场馆悬挂带有黑鹰图案的国旗。

6．国歌

德国国歌为《德意志之歌》，歌词是奥古斯特·海因里希·霍夫曼于1841年撰写的，曲调由约瑟夫·海顿谱写。1922 年，魏玛共和国第一任帝国总统弗里德里希·艾伯特将《德意志之歌》升格为国歌。1952 年，在联邦总统豪伊斯和联邦总理阿登纳之间的一次通信中，这首歌重新被承认为国歌。联邦总统魏茨泽克和联邦总理科尔在1991年8月的通信中确认了《德意志之歌》对统一的德国的传统意义。

7．国花

国花为矢车菊，又名蓝芙蓉、荔枝菊、翠蓝，属于菊科。经过德国人多年的培育，这种“原野上的小花”已经有浅蓝、蓝紫、深蓝、深紫、雪青、淡红、玫瑰红、白等多种颜色。头状花序生在纤细茎秆的顶端，仿佛一位隽秀的少女，向着“生命之光”——太阳，祈祷着幸福和欢乐。矢车菊是德国的名花，德国人用她象征日耳曼民族爱国、乐观、顽强、俭朴的特征，并认为她有吉祥之兆，因而被誉为“国花”。

国鸟为白鹳，是一种著名的观赏珍禽。在欧洲，自古以来白鹳就被认为是“带来幸福的鸟”，是吉祥的象征，是上帝派来的“天使”，是专门来拜访交好运的人的。白鹳被选为国鸟后，不少德国家庭特地在烟囱上筑造了平台，供它们造巢之用。

（二）简史

公元前日耳曼人即在境内生息，公元2～3世纪逐渐形成部落，10世纪形成德意志早期封建国家，13 世纪中期走向封建割据。18 世纪初奥地利和普鲁士崛起，根据 1815 年维也纳会议，组成了德意志邦联。1848 年德国各地爆发革命，普鲁士于 1866 年的“七星期战争”中击败奥地利，次年建立北德意志联邦。1870～1871 年在普法战争中击败法国，同时兼并了南德诸邦，建立了统一的德意志帝国。

1914 年德国挑起第一次世界大战，1918 年战败，帝国崩溃。1919 年 2 月建立魏玛共和国。1933 年希特勒上台，1939 年发动第二次世界大战，1945 年 5 月 8 日德国战败投降。战后，根据雅尔塔协定和波茨坦协定，德国分别由美、英、法、苏四国占领，并由四国组成盟国管制委员会接管德国最高权力。柏林市也划分成 4 个占领区。1948 年 6 月 20 日，美、英、法三国占领区合并。翌年 5 月 23 日，美、英、法控制的西占区成立了德意志联邦共和国。同年 10 月 7 日，东部的苏占区相应成立了民主共和国。德国从此正式分裂为两个主权国家。

1955 年 5 月 5 日巴黎条约生效后，联邦德国成为一个主权国家，同年加入北约，1957 年成为欧共体成员国。1955 年 11 月，民主德国加入“华沙条约组织”。1989 年，民主德国局势发生急剧变化。1990 年 9 月 24 日，民主德国正式退出华约组织。10 月 3 日，民主德国正式加入联邦德国，分裂 40 多年的两个德国重新统一。

（三）政治

1．政体

德国国家政体为议会共和制，联邦总统为国家元首。议会由联邦议院和联邦参议院组成。议会行使立法权，监督法律的执行，选举联邦总理，参与选举联邦总统和监督联邦政府的工作等，每届任期 4 年。参加联邦议院的各党议员分别组成议会党团；联邦参议院参与联邦立法和对联邦的行政管理施加影响，维护各州的利益。按各州人口比例由各州政府指派 3～6 名州政府成员组成参议院，共 68 席。议长由各州州长轮流担任，任期 1 年，总统因故不能行使职权时议长代行总统职务。

联邦政府由联邦总理和联邦部长若干人组成，联邦总理为政府首脑。

联邦宪法法院是最高司法机构，主要负责解释《基本法》，监督《基本法》的执行。有 16 名法官，由联邦议院和联邦参议院各推选一半，由总统任命，任期 12 年。正、副院长由联邦议院和联邦参议院轮流推举。此外设有联邦法院（负责民事和刑事案件）、联邦行政法院（负责一般行政司法案件）、联邦惩戒法院（负责公职人员违纪案件）、联邦财政法院（负责财政案件）、联邦劳工法院（审理劳工案件）、联邦社会法院（审理社会福利纠纷）和联邦专利法院（审理有关专利问题的案件）。各级法院设检察机关，任务是对违法、犯罪提出起诉，但不受法院的管辖，不干预法院的审判工作，也不独立行使职权，而受各级司法部门的领导。

联邦行政法院设联邦最高检察院，由联邦检察长和数名联邦检察官进行工作。

2．政党

德国的政党有：

（1）德国社会民主党。简称社民党，是主要执政党，1875 年成立，纳粹时期被取缔，1945 年 10 月重建。

（2）绿党。在 1979 年成为全国性组织，与社民党联合执政。1993 年 5 月由德东部联盟 90/绿党和德西部绿党合并组成。

（3）基督教民主联盟。简称基民盟，是最大在野党，1945 年 12 月成立，1947 年以来与基社盟结成姊妹党。

（4）基督教社会联盟。简称基社盟，是在野党，1945 年 10 月成立，只在巴伐利亚州设有组织。

（5）自由民主党。简称自民党，1948 年 12 月正式建党。

（6）民主社会主义党。简称民社党，前身是民德统一社会党，1990 年 2 月改为现名。

（7）德国的共产党。1968 年成立，前身为 1956 年被禁止的德国共产党。

（8）共和党。1983 年成立，自称是社会、爱国主义政党，政治上右倾激进，主要争取工农选民，反对外来移民。

3．国家首脑

联邦总统为国家元首，联邦总理为政府首脑。现任联邦总统约阿希姆·高克，联邦总理默克尔。

（四）经济

1．发展水平

德国是高度发达的工业化国家，经济实力居欧洲首位，是仅次于美国和日本的世界第三大经济强国，是继美国之后的世界第二大贸易国。2005 年，德国国民总收入 2 489 亿美元，仅次于美国、日本，居世界第三位。人均国民收入 30 120 美元。

2．主要部门

工业是德国的主导产业，重工业占绝对优势。汽车、机械制造、化工、电气等部门是支柱产业，占全部工业产值的 40%以上。其他如食品、纺织与服装、钢铁加工、采矿、精密仪器、光学、航空与航天工业也很发达，主要部门的产品一半或一半以上销往国外。

农牧业发达，机械化程度很高，但农产品需要进口。

交通运输业十分发达，是全国经济的重要组成部分。

旅游业发达，国际旅游收入在世界排名前列。每年有大量国内外游客在德国旅游。

3．主要财团

（1）戴姆勒—克莱斯勒股份公司。该公司于 1998 年由戴姆勒—奔驰公司与美国克莱斯勒汽车公司合并而成，主要生产各种车辆、飞机发动机和内燃机等。

（2）西门子股份公司。1847 年成立，主要生产经营各类电气设备、电子元件等。

（3）大众汽车股份公司。成立于 1938 年，主要生产销售各式汽车、发动机和有关配件。

（4）巴斯夫集团。又称巴登苯胺苏打公司，1865 年建立，主要经营石油、化工产品和药品等。

（5）安联保险集团。成立于 1890 年，主要提供保险、风险管理咨询及投资理财服务。

4．对外贸易

德国是世界贸易大国，目前同世界上 230 多个国家和地区保持有贸易关系，全国近 1/3 的就业人员在出口行业工作。外贸长期顺差，2006 年德国出口 11 120 亿美元，进口 9 100 亿美元，外贸盈余 2 020 亿美元。德国出口业素以质量高、服务周到、交货准时而享誉世界。主要出口产品有汽车、机械产品、电气、运输设备、化学品和钢铁。进口产品主要有机械、电器、运输设备、汽车、石油和服装。主要贸易对象是西方工业国。

5．货币

2002 年 2 月 28 日 24 时，德国马克正式停止流通，欧元（EURO）成为德国法定货币。

（五）文化

1．哲学、文学

德国是哲学与诗人的国度，历史上曾涌现出一批闻名世界的思想家、文学家、艺术家、音乐家和科学家。马克思、康德、黑格尔、费尔巴哈是德国著名的哲学家、思想家。受意大利文艺复兴的影响，德国的18世纪文学走向顶峰。歌德、海涅、席勒、莱辛和格林兄弟都是杰出的代表。20世纪最著名的作家有托马斯·曼、海因利希·曼和贝托尔特·布莱希特。作家海因里希·伯尔和贡特·格拉斯分别于1972年和1999年获得诺贝尔文学奖。

康德（1724—1804）是世界著名的哲学家、思想家，逻辑和形而上学教授。主要著作有《关于自然神学和道德的原则的明确性研究》、《把负数概念引进于哲学中的尝试》、《上帝存在的论证的唯一可能的根源》、《视灵者的幻梦》、《纯粹理性批判》、《实践理性批判》、《判断力批判》等。

歌德（1749—1832）是德国著名诗人、剧作家和思想家，其大量作品成为德国文学乃至世界文学的瑰宝。代表作有中篇小说《少年维特之烦恼》、诗剧《浮士德》等。

席勒（1759—1805）是德国剧作家、诗人。代表作有剧本《强盗》、《阴谋与爱情》等。

黑格尔（1770—1831）是德国哲学家，德国古典唯心主义哲学代表人物之一。其客观唯心主义体系包括逻辑学、自然哲学、精神哲学3个有机组成部分。主要著作有《精神现象学》、《逻辑学》、《哲学全书》、《法哲学原理》、《哲学史讲演录》、《历史哲学》和《美学》等。

海涅（1797—1856）是德国著名的抒情诗人、文学家。代表作有《法兰西现状》、《论法国的画家》、《德国近代文学史略》、《德国，一个冬天的童话》等文章和诗歌。

马克思、恩格斯是世界著名思想家、革命家、马克思主义创始人，世界无产阶级的导师和领袖。两人共同创立了马克思主义哲学的精华——唯物辩证法。

2. 艺术

音乐是德国人生活中不可缺少的组成部分。德国造就了各个不同时期的音乐大师，如贝多芬、巴赫、门德尔松、瓦格纳、舒曼、伯拉姆斯等。柏林爱乐乐团更是享誉世界。

贝多芬（1770—1827）是德国著名作曲家、音乐家。其主要作品有《第三交响曲》（《命运》）、《第六交响曲》（《田园》）、《第九交响曲》（《合唱》），以及《悲怆》奏鸣曲、《月光》奏鸣曲等。

门德尔松（1809—1847）是德国著名作曲家、音乐家，38岁时病故。在短暂的一生中，他创作了大量的各种体裁的音乐作品，作品风格温柔舒适，优美恬静，完整严谨，极少矛盾冲突，富于诗意幻想，反映出他生活上的安定富足。他的交响曲《仲夏夜之梦序曲》、《苏格兰》、《意大利》、序曲《芬格尔山洞》、《平静的海与幸福的航行》、《e 小调小提琴协奏曲》等都是著名作品。

瓦格纳（1813—1883）是德国著名作曲家、音乐家、歌剧作家。代表作有《漂泊的荷兰人》、《汤豪塞》、《指环》、《罗亨格林》、《特里斯坦与伊索尔德》、《纽伦堡的名歌手》等，其著作有《论德国音乐》、《艺术与革命》、《未来的艺术作品》以及《歌剧与戏剧》等。

德国著名美术家代表人物是丢勒。丢勒是欧洲文艺复兴时期最杰出的美术家之一，代表作有油画《四圣徒》、木刻组画《启示录》、铜版画《骑士、死神、魔鬼》。

3．著名学府

德国著名大学有科隆大学、慕尼黑大学、亚琛工业大学、海德堡大学、柏林自由大学等。

4．著名学者

伦琴（1845—1923）是德国物理学家，1901 年诺贝尔奖获得者。1895 年发现了“伦琴”射线（X 射线），并在此领域进行了卓有建树的研究。

爱因斯坦（1875—1955）是德国著名物理学家，1921 年诺贝尔奖获得者。1933 年受纳粹政权迫害迁居美国。主要贡献《相对论》揭示了空间和时间的辩证关系，加深了人类对物质和运动的认识，相对论的观念和方法对 20 世纪物理学的发展，产生了极为深刻的影响。

5．新闻媒介

德国新闻出版事业十分发达，报刊种类繁多。发行量最大的日报是《图片报》。其他全国性大报有《南德意志报》、《法兰克福汇报》、《时代周报》、《世界报》，最大的地方性报纸是《西德意志汇报》，时事政治性周刊《明镜》、《明星》画报发行量也都很大。大报业托拉斯施普林格报业集团垄断了全国报纸出版量的 1/5。

通讯社有：①德意志新闻社，1949 年成立，为私营股份有限公司，下设报纸、广播和电视新闻 200 多个部门，是世界大通讯社之一。总社在汉堡，图片新闻编辑总部在法兰克福，在波恩设有一个联邦分社，在国内其他 50 多个城市设有分社或编辑部，在 80 多个国家派驻记者或聘用撰稿人。该社是德国大众传媒的主要消息来源。德新社每天通过卫星、电传等通讯手段用德语、英语、西班牙语和阿拉伯语发稿，内容涉及国内外的政治、经济、科技和文化等各个领域，在德国日报中的采用率高达 99%。②德意志电讯社，1971 年成立，总社在波恩，主要向国内报纸提供新闻稿，对外只用德文向瑞士、卢森堡发消息，德国统一后，该社与前民主德国的德通社合并。

此外还有一些专业性通讯社：福音教新闻社、体育新闻社、联合经济新闻社等。

全国主要广播电台有：①德国广播电台，由联邦政府和州广播电台出资兴办，主要负责对国内广播。②德国之声电台，1960 年成立，总部设在科隆，由联邦出资兴办，用包括中文在内的 31 种语言向全世界广播；此外还有 11 家州电台。

全国主要电视台：①德国电视一台，由各州电台、德国广播电台和德国之声电台组成的德国广播协会共同经营。②德国电视二台，是德国最大的电视台，1961 年由各州共同组建，总部设在美因兹。

（六）习俗

1. 物质习俗

德国人的传统民族服装，以富有特色的女装黑森林山地最为典型，她们身着黑色长裙，内穿黑白相间的衬衣；巴伐利亚地区的男装也极具代表性，男子身着皮短裤、长袜、背心、外套西服上装，帽子上插有羽毛。

德国人的主食是黑麦、小麦和土豆，面包、奶酪、香肠、生菜色拉和水果为日常食品，传统食物是香肠、猪蹄、酸菜和土豆。矿泉水、果汁、葡萄酒和啤酒是常用饮料，其中啤酒和葡萄酒较为有名，啤酒在德国有“液体面包”之称。

2. 重要节日

（1）圣诞节。12 月 25 日。人们也许可以在某种程度上认为，欧洲的圣诞节具有很强烈的德意志色彩。圣诞节是德国一年一度最大的、也是最热闹的节日。德国人庆祝圣诞节的不少方式现在已经风靡全世界，比如德国人用冷杉树枝扎成的基督降临节花环、圣诞树，以及一些著名的圣诞歌曲如《平安夜，圣善夜》等。德国的每一个信奉耶稣教的家庭，都会有一株圣诞树，圣诞树是在德国最先出现的，古代日耳曼人就有在隆冬时节用冷杉树的树枝树叶装饰住宅和牲口棚来送冬迎春的习俗。

圣诞节里最受孩子们欢迎的人当数圣诞老人了。据辞书记载，圣诞老人的雏形是公元 4 世纪时一位名叫圣·尼古拉的小亚西亚米拉城的主教，他为人心地善良、仁慈好施，他喜欢夜间出门，为听话的孩子带来一些礼物，并敲门敲窗表示对未来的祝福。这一人物后来被神化，成为今天的圣诞老人。

鲤鱼和肥鹅是德国人圣诞节餐桌上必不可少的菜肴。德国人认为鲤鱼是财富的象征，可以使家庭兴旺发达；德国人把鹅看作是土地神对人类的恩赐，是家畜肥壮、粮食满仓的象征。德国人在做圣诞鹅时，习惯把苹果和葡萄干填入肥鹅肚中。德国人认为圆圆的苹果预示着丰收，葡萄干则表示上帝的宠爱。

（2）狂欢节。狂欢节是德意志民族的传统节日，它从每年 11 月 11 日 11 时起，一直到第二年复活节前 40 天为止，历时两三个月，它的最高潮期在最后一周。

（3）啤酒节。慕尼黑的啤酒节，也称“十月节”，是德国历史节日中最负盛名的一个，时间是在每年 9 月第二或第三周至 10 月第二周。

小资料

慕尼黑啤酒节

啤酒，清冽芳香，提神消渴，是许多人喜爱的饮料。在风景优美的德国古城慕尼黑，每年九月十月之交，都要举行大规模的狂欢活动，这就是各国游客们争先一赴的“啤酒节”，因为时序，也叫做“十月节”

慕尼黑是举世闻名的啤酒城，那里出产的啤酒清香可口、气足泡密。慕尼黑人饮酒也是海量惊人，据统计，该地平均每人每年要喝 220L 啤酒。自 1810 年以来，除两次世界大战及之后几年，慕尼黑啤酒节年年举行。

节日当天上午，在 12 响礼炮声中，慕尼黑市市长在特丽莎广场当众打开一桶啤酒，宣告了节日的开始。这时，穿着传统服装的啤酒女郎，立即将新鲜的啤酒用单耳大杯，川流不息地送到早已迫不及待的饮客们面前。她们每人一次可送上 10 杯清香甘冽的啤酒，甚至不用托盘。

节日活动的主要场地是黛丽丝草场。这里碧草萋萋，无数气球、彩旗将广场装饰得缤纷多姿，几百个五光十色的货摊、到处林立的惹人注目的广告和几十个大啤酒亭组成了一个繁华的集市。慕尼黑酿酒公司的大型啤酒馆，可同时聚集 5 万人酣酒娱乐，壮观的场景可谓是“啤酒之天国”。在酒场的中央演奏着德国民谣，醉意惺忪的游客，肩碰着肩，反复和声高唱，忘记了深夜早已降临。

街头张灯结彩，慕尼黑的七大酒厂组成的游行队伍，在街上载歌载舞。街头有戏剧演出、民歌和音乐会助兴。人们手里举着啤酒杯，逢人便喊“干杯!”

慕尼黑的十月啤酒节，既是狂欢节，也是一个传统文化艺术的盛会。热情、奔放、欢乐的节日庆祝活动要持续半月之久，直到 10 月的第一个星期日才宣告结束。

（4）复活节。复活节每年的日期不固定，它是根据《圣经》的记载，按两种历法结合计算的。具体算法是每年春分月圆后的第一个星期日就是复活节（3 月 21 日至 4 月 25 日间）。

3．礼仪与禁忌

德国通行西方礼仪。

三、名城与名胜古迹

（一）名城

1．首都

德国首都柏林，人口 300 多万，为德国第一大城市，是欧洲的金融、政治、文化中心之一，也是东西文化的交汇点，有 750 多年的历史，典型的古欧洲建筑分布全市。二次世界大战后，德国分裂为德意志民主共和国（原东德）和德意志联邦共和国（原西德），柏林也随之分成东、西二区。1961 年 8 月，原东德于东西柏林间筑起围墙，这就是著名的柏林墙，从而使柏林成为近 30 年的孤岛，许许多多重大历史事件曾以此为背景。1989 年 11 月，围墙被推倒，德国统一。柏林墙被推倒使柏林不仅成为德国内部统一的焦点，而且也是欧洲大团结的重要标志。

柏林是一个河多、湖多、空气湿润新鲜的花园城市，其 1/3 的地区为河流、湖泊和森林、草地，柏林年平均气温约 8.6℃。主要旅游景点有柏林墙遗址、勃兰登堡门、泰尔公园、达勒姆博物馆、帝国国会大厦、菩提树下街、亚历山大广场、柏林电视塔和柏林大教堂等。

2．其他名城

（1）汉堡。汉堡是德国的最大港口城市，是易北河出口运输的总汇点，交通繁忙。汉堡也是一个文化城市，市内文化设施很多，有许多著名的剧院和歌剧院，如建于 17 世纪的德国最古老的歌剧院——汉堡歌剧院。汉堡的书报出版业也很发达，汉堡是国际著名的舆论中心之一，也是德国最大的新闻基地，德新社总部就设在这里。城市的夜生活使汉堡被称为欧洲大陆上的第二个巴黎。旧城区的夜晚灯火通明，华丽炫人的夜总会、彩色刺眼的霓虹灯、自由大街上的剧场舞场，使之成为不夜城。

（2）慕尼黑。位于德国南部，在巴伐利亚州境内的阿尔卑斯山北约 40km 的伊萨尔河边。依山傍水，风景秀丽，是一座令人向往的山城，人口 130 多万。慕尼黑得名的由来是在慕尼黑城出现以前，有一群修道士在伊萨尔河边落户的缘故，德语中“慕尼黑”就是“修道士之家”的意思。

悠久的历史给慕尼黑留下了不少的古建筑。有坐落在广场附近的建于 1470 年的哥特式旧市政府大楼和建于 1899 年的新市政厅大厦，华丽的哥特式圣母玛利亚教堂则耸立在广场的西北面，建于 1488 年，教堂西边有一对建于 1525 年的对称的穹窿顶塔楼，是慕尼黑市的象征性建筑物。慕尼黑博物馆很多，全市大约有 50 多个公共博物馆和收藏馆。其中古绘画陈列馆是世界上最著名的绘画博物馆之一，展出欧洲 14～18 世纪的绘画。

慕尼黑市内公园多、喷泉多、雕塑多。有 40 多个公园，2 000 多个喷泉，各种雕塑比比皆是，栩栩如生。

慕尼黑的“十月啤酒节”更是闻名世界。

（3）波恩。德国历史悠久的文化古城，位于德国西部风景秀丽的莱茵河畔。城内有许多著名的名胜古迹和罗马式的建筑物，市中心明斯特广场上有乐圣贝多芬的纪念铜像。有 1050 年前后修建的雄伟壮观的大教堂，教堂顶上的一座 90 多米高的正方形古塔，是波恩市的象征。波恩是欧洲绿化最好的城市之一，有大小公园 930 多个，满城郁郁葱葱，万紫千红。

（4）科隆。科隆是德国第 4 大城市，也是莱茵区最大的国际商业城市。其历史可以追溯到公元前 50 年，由罗马人建立并繁荣了这个城市。1475 年科隆加入汉撒同盟，成为自由都市，其后逐渐成为欧洲有名的商业都市。著名的世界贸易展示中心几乎每年都有展示活动。

（二）名胜古迹

1. 科隆大教堂

科隆大教堂是世界上最完美的哥特式教堂，也是全欧洲最高的尖塔，建于公元 10 世纪，位于德国科隆市中心的莱茵河畔。东西长 144.55m，南北宽 86.25m，高 43.35m，顶柱高 109m。中央是两座与门墙连砌在一起的双尖塔，这两座 157.38m 高的尖塔像两把锋利的宝剑，直插苍穹。整座建筑物全部由磨光石块砌成，占地 8 000 m^2，建筑面积约 6 000 m^2。大教堂的四周林立着无数座小尖塔，整个大教堂呈黑色，在全市所有的建筑中格外引人注目。

2. 亚琛大教堂

亚琛大教堂是 796 年查理曼大帝下令、著名建筑师奥多建造的宫廷教堂，建成后成为王宫建筑群的中心。15 世纪又增建了哥特式祭坛。在 1517 年神圣罗马帝国首都迁都法兰克福之前，德国皇帝的加冕典礼都在大教堂内举行。亚琛大教堂是建筑艺术的杰作，是把欧洲晚期古典主义建筑艺术和拜占庭建筑艺术揉合在一起的一座风格独特的伟大建筑物。整座教堂为加洛林式的八角形建筑，装饰华丽，内部结构以圆拱顶为主要特色，是中世纪拱顶建筑的杰作。亚琛大教堂现已被列入世界遗产名录。

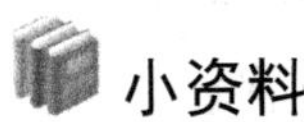 小资料

哥特式、拜占庭式与巴洛克式

哥特式建筑的特点是尖塔高耸，形体向上的动势十分强烈，轻灵的垂直线

直贯全身。不论是墙和塔都是越往上分划越细，装饰越多，也越玲珑，而且顶上都有锋利的、直刺苍穹的小尖顶。不仅所有的顶是尖的，而且建筑局部和细节的上端也都是尖的，整个教堂处处充满向上的冲力。这种以高、直、尖和具有强烈向上动势为特征的造型风格是教会的弃绝尘寰的宗教思想的体现，也是城市显示其强大向上蓬勃生机的精神反映。在设计中利用十字拱、飞券、修长的立柱，以及新的框架结构以增加支撑顶部的力量，使整个建筑以雄伟的外观和教堂内空阔的空间为特点，再结合镶着彩色玻璃的长窗，使教堂内产生一种浓厚的宗教气氛。教堂的平面仍基本为拉丁十字形，但其西端门的两侧增加一对高塔。

拜占庭式建筑的特点是十字架横向与竖向长度差异较小，其交点上为一大型圆穹顶。穹顶在方形的平面上，建立覆盖穹顶，并把重量落在四个独立的支柱上，这对欧洲建筑发展是一大贡献。

巴洛克建筑是 17～18 世纪在意大利文艺复兴建筑基础上发展起来的一种建筑和装饰风格。其特点是外形自由，追求动态，喜好富丽的装饰、雕刻和强烈的色彩，常用穿插的曲面和椭圆形空间。

巴洛克一词的原意是奇异古怪，古典主义者用它来称呼这种被认为是离经叛道的建筑风格。这种风格在反对僵化的古典形式、追求自由奔放的格调和表达世俗情趣等方面起了重要作用，对城市广场、园林艺术以至文学艺术部门都发生影响，一度在欧洲广泛流行。

3. 巴登·巴登

中世纪时就是欧洲王公贵族和富豪消暑度假的胜地，以温泉著名，是游览黑森林地区的出发点，市区到处都是散步道。

4. 特里尔古城

特里尔又称特雷维斯，位于德国与卢森堡边境，处于 3 条河的交汇点，是德国最古老的城市，也是阿尔卑斯山北面有名的风景优美的小镇。远在公元前 3000 年就已经有居民在特里尔定居。公元前 15 年，奥古斯都大帝执政时，罗马人便创立了这个小镇。公元 3 世纪末，戴克里先大帝使特里尔成为罗马帝国西部的首都、皇室居所以及早期的基督教中心。古罗马遗迹之多仅次于罗马，故特里尔有“北方的罗马”之称。布吕肯大街 10 号是马克思的诞生之地。现今的特里尔是著名的葡萄酒产地、摩泽尔河港口及区域行政中心。

【思考与练习】

1. 德国的地形和气候有什么特点？
2. 德国的经济水平和主要经济部门？

3．德国历史上有哪些著名的哲学家、文学家和艺术家？

4．说说德国的圣诞节和啤酒节的独特之处。

5．德国有哪些名城和名胜古迹？

第五节 意 大 利

关键词语 亚平宁半岛、西西里岛、撒丁岛、埃特纳火山、波河、罗马帝国、墨索里尼、文艺复兴、绘画、歌剧、比萨、狂欢节、八月节、罗马、母狼哺婴、佛罗伦萨、威尼斯、那不勒斯、米兰、万神庙、斗兽场、比萨斜塔、庞贝古城、维苏威火山

一、自然环境特征

（一）位置

意大利共和国的大部分国土位于欧洲南部的亚平宁半岛上，包括地中海中的西西里岛和撒丁岛等岛屿，北以阿尔卑斯山为屏障，与法国、瑞士、奥地利和斯洛文尼亚接壤，边境线全长约为 1 900km，东、西、南三面临地中海的属海亚得里亚海、爱奥尼亚海和第勒尼安海，海岸线全长 7 000km，领土面积为 30.1 万 km^2。

（二）地形

意大利全境 4/5 为山丘地带，多火山地震。山地和丘陵约占 80%，平原约占 20%。境内有阿尔卑斯山脉和亚平宁山脉。意、法边境的勃朗峰海拔 4 807m，是欧洲第一高峰；有著名的维苏威火山和欧洲最高大的活火山——埃特纳火山。意大利最大的平原是位于意大利北部地区的波河平原。

（三）气候

意大利大部分地区属亚热带地中海式气候，月平均气温 1 月 2～10℃，7 月为 23～26℃，气候特点夏季炎热干燥，冬季温和多雨。年平均降水量 500～1 000mm。这种气候特别适宜葡萄和亚热带果树的生长，也为意大利发展旅游业提供了有利条件。

（四）河湖

意大利境内共有几十条河流，其中最大的是波河，全长 652km，其他主要河流还有阿迪杰河、皮亚伟河、阿尔诺河及台伯河。意大利的河流由于流量有限，而且流量随季节的变化很大，很少用于航运。

意大利拥有数千个大小不同、起源不同的自然和人造盆地，为此，湖泊颇

多。其中最著名的是位于意大利北部的马杰雷湖，面积最大的是加尔达湖，最深的是科莫湖。这些湖泊风景秀丽，气候宜人，是著名的疗养和旅游胜地。

（五）资源

意大利的矿产资源中汞、天然气、大理石、硫磺蕴藏量较多，还有铝土矿、铅、锌、石油及少量的煤和铁矿等，矿产资源总量较贫乏。其森林覆盖率约为21.1%，总面积约 6.4 万 km^2。

二、人文环境特征

（一）简况

1. 人口

意大利人口约 5 810.30 万人（2005 年 7 月）。

2. 民族

意大利 94%的居民为意大利人，少数民族有法兰西人（西北部）、加泰隆人（撒丁岛）、弗留利人（东北部）、拉丁人和罗马人（北部的南蒂罗尔地区）等。

3. 语言

意大利语。个别地区讲法语和德语。

4. 宗教

绝大多数人信奉天主教。

5. 国旗

为绿白红三色旗，呈长方形，长与宽之比为 3:2。旗面由三个平行相等的竖长方形相连构成，从左至右依次为绿、白、红三色。意大利原来国旗的颜色与法国国旗相同，1796 年才把蓝色改为绿色。据记载，1796 年拿破仑的意大利军团在征战中曾使用由拿破仑本人设计的绿、白、红三色旗。1946 年意大利共和国建立，正式规定绿、白、红三色旗为共和国国旗。

6. 国歌

国歌是《马梅利之歌》。

7. 国花

国花是雏菊。

（二）简史

意大利是文明古国，历经罗马共和（公元前 509～公元前 28 年）和罗马帝国（公元前 27～公元 476 年）时期后，962 年受神圣罗马帝国统治。11 世纪，诺曼人入侵意南部并建立王国。12～13 世纪分裂成许多王国、公国、自治城市和小封建领地。从 16 世纪起，意先后被法国、西班牙、奥地利占领。1861 年 3 月建立意大利王国。1870 年 9 月王国军队攻克罗马，最终完成统一。

1914 年第一次世界大战爆发，意大利先中立，后站在英、法、俄协约国一边对德奥宣战，并取得胜利。1922 年 10 月 31 日，墨索里尼组成新政府，开始推行法西斯统治。1939 年第二次世界大战爆发时，意大利起初中立，及至德国在法国取胜，乃于 1940 年 6 月加入德国方面向英、法宣战。1943 年 7 月墨索里尼被推翻。同年 9 月 3 日，由国王任命的巴多利奥内阁同协约国签订停战协定，意大利无条件投降，10 月对德宣战。

1946 年 6 月 2 日举行公民投票，正式宣告废除王国，成立共和国。战后意政府更迭频繁，但政府的内外政策具有相对稳定性和连续性的特点。

（三）政治

1．政体

意大利是议会共和制国家。总统对外代表国家，由参、众两院联席会议选出，实行内阁负责制，内阁由总理和若干部长组成，总理和部长人选通常从议员中产生。总理由总统任命，但对议会负责。议会由参议院和众议院组成。两院具有同等权力，各自可通过决议，但两院决议相互关联。除少数终身参议员外，参、众议员均由普选产生。议会的主要职能是：制定和修改宪法和法律，选举总统，审议和通过对政府的信任或不信任案，监督政府工作，讨论和批准国家预算、决算，对总统、总理、部长有弹劾权，宣布战争状态等。在总统选举和宣誓就职等特殊情况下，两院举行联席会议。

最高司法委员会是最高司法权力机构，拥有独立司法体制和任命法官的权力，由 33 人组成，总统任主席，最高法院院长和总检察长为当然成员。其他成员由选举产生，任期 4 年，不得连任和兼职。宪法法院主要是检查和监督法律条文是否合乎宪法，由 15 名法官组成，任期 9 年，不得兼职，享有豁免权。

2．政党

意大利党派林立，主要政党有：

（1）意大利力量党。1994 年 1 月由西尔维奥·贝卢斯科尼创建。在 2001 年全国大选中成为意大利第一大党。

（2）意大利左翼民主党。前身为 1921 年成立的意大利共产党，1991 年改为此名，为意主要反对党。1998 年 2 月该党率先倡议并推动建立了在暂不解散各自组织前提下，由左民党、工党、共和党左翼、团结共产党人、基督教社会运动等五支左翼力量组成的“左翼民主人士党”的新政党。

（3）雏菊联盟。由意大利人民党、民主人士党、意大利革新党和欧洲民主联盟等中左阵营的中间党派组成。

（4）民族联盟。前身是成立于 1946 年的原意大利社会运动——国家右派，因其极右色彩而处境较为孤立。

（5）意大利重建共产党。1991 年 12 月在原意大利共产党部分力量基础上重新组建。该党坚持传统的左翼意识形态，强调维护广大劳动者、特别是中下层群众的利益。

（6）北方联盟。原名伦巴底联盟，成立于 1984 年 4 月，该党代表广大中小企业的利益，主张联邦主义和地方自治，其力量和影响主要集中在北方地区。

（7）白花联盟。是由天主教民主中心（CCD）和团结基督教民主人士（CDU）两个右翼阵营的中间党派组成。

3. 国家首脑

总统为意大利国家元首。总理为政府首脑。

（四）经济

1. 发展水平

意大利是一个发达的工业化国家，它的经济发展大体上为三个主要阶段：快速发展阶段（战后至 1964 年），波浪起伏阶段（1964～1983 年）和缓慢发展阶段（1984～1990 年）。20 世纪 90 年代以后，由于全球经济不景气，意大利的经济一直处于较缓慢的增长。

2005 年，意大利国民总收入为 1 504 亿美元，人均国民收入为 26 120 美元。

2. 主要部门

意大利的工业以原材料加工为主，钢铁、造船、机械、石油、化工、军火和机械制造业是意大利工业的强项，其他工业还有建筑、纺织、服装、首饰加工、食品加工等。

意大利是传统的农业生产国，主要种植有小麦、玉米、水稻、蔬菜、水果等葡萄酒、橄榄油及畜牧业在意大利也有一定的发展。农业占国内生产总值的 2%以上。

意大利的服务业目前约占国内总产值的 50%以上，主要是商业、运输、通讯、银行及保险等。

意大利是一个旅游业非常发达国家，旅游收入是意大利的主要经济来源之一。2005 年，意大利接待海外游客 3 800 万人，仅次于法国、西班牙、美国、中国，居世界第 5 位。旅游国际收入仅次于美国、西班牙，居世界第 3 位。

3. 主要财团、企业

（1）“伊利公司”，即工业复兴公司。创建于 1933 年，是意大利最大的持股公司，公司及其子公司的产品占全国钢产量的 57%、造船的 90%、电子产品的 50%、小汽车的 12%，还控制着 80%的电话系统、50%的高速公路和 21%的海运业务。

（2）“埃尼集团”，即国家碳化氢公司。1953 年 2 月 10 日由国家控制的石油、天然气、石油化工企业合并而成。经营范围包括原油、天然气、化学品和石油化工产品、核燃料、煤、机械设备、纺织原料和服装、采矿业与冶金，并承包工程建筑及贸易。

（3）菲亚特集团，全称意大利都灵汽车制造厂。1899 年创办，1906 年正式用现名。该集团是由阿涅利家族控制的意大利国内最大的私人企业，经营范围包括各种形式的汽车及零部件、商用车辆、农用和建筑机械、冶金产品、生产系统、飞机和船用发动机、出版和通讯、金融和保险及商务服务等业务。

（4）蒙特爱迪生公司。1966 年由蒙特卡提尼公司和爱迪生公司合并而成，是欧洲第五大化工巨头，在西方世界位居第 8。

（5）波雷利公司。创建于 1872 年，是意大利最大的私人橡胶公司，主要产品有电缆、轮胎和工业用橡胶。

4．对外贸易

对外贸易是意大利经济的主要支柱，外贸连年顺差，是继日本、德国之后世界第 3 大贸易顺差国。进口主要以石油、原料和食品为主，出口以机械设备、化工产品、家用电器、纺织、服装、皮鞋、金银首饰等轻工产品为主。国外市场主要在欧洲，进出口对象主要为欧盟和美国。2001 年始，意大利增加了对俄罗斯、中国、中东欧和中东等新东方市场的出口。

2006 年意大利进口 4 100 亿美元，出口 4 360 亿美元，进出口总额居世界第八位，贸易顺差为 260 亿美元。

5．货币

欧元。原为意大利里拉，1 欧元＝1 936.271 里拉。

（五）文化

1．文学艺术

13 世纪末～16 世纪欧洲文艺复兴时期，是意大利文学艺术的黄金时代，并在欧洲居于领先地位。诗人但丁（1265—1321）与英国的莎士比亚、德国的歌德并称为西欧文学史上的三大天才巨匠，代表作《神曲》，由《地狱》、《炼狱》和《天国》三部分组成。薄伽丘（1313—1375）的代表作短篇小说集《十日谈》开创了欧洲西方文学史上短篇小说创作的先河。

意大利现代文学史上最杰出的人物是萨尔瓦多雷·夸齐莫多和欧杰尼

奥·蒙塔莱，他们曾先后获得诺贝尔文学奖。

2. 艺术

意大利的雕塑和绘画在世界上享有极高的荣誉。文艺复兴时期达·芬奇（1452—1519）的壁画《最后的晚餐》和《蒙娜丽莎》是誉满世界的杰作；米开朗琪罗（1475—1564）在雕刻、绘画和建筑方面都取得了杰出的成就，代表作有《大卫》、《被束缚的奴隶》以及《创世纪》和《末日的审判》等；提香·韦切利奥（1477—1576）是威尼斯画派中最具代表性的画家，其作品《圣母升天》展现了一个世俗妇女的欢乐情景。

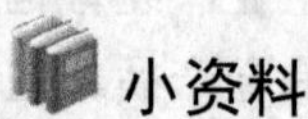小资料

文艺复兴三杰

文艺复兴是指14世纪在意大利各城市兴起，16世纪在欧洲盛行的一场思想文化运动，带来一段科学与艺术的革命时期，揭开了现代欧洲历史的序幕，被认为是中古时代和近代的分界。马克思主义史学家认为是封建主义时代和资本主义时代的分界。

普遍认为文艺复兴发端于14世纪的意大利，15世纪后期起，扩展到西欧各国，16世纪达到鼎盛。文艺复兴运动起源于意大利北部，一般认为第一个代表人物是但丁，其代表作为《神曲》。

意大利文艺复兴时期，艺术成就最高的复兴三杰分别为：达芬奇、拉斐尔、米开朗基罗。

达·芬奇（1452—1519），意大利文艺复兴时期最负盛名的美术家、雕塑家、建筑家、工程师、科学家、科学巨匠、文艺理论家、大哲学家、诗人、音乐家和发明家。他生于佛罗伦萨郊区的芬奇镇，卒于法国。壁画《最后的晚餐》、祭坛画《岩间圣母》和肖像画《蒙娜丽莎》是他一生的三大杰作。

拉斐尔（1483—1520），意大利画家。1483年4月6日生于乌尔比诺，1520年4月6日卒于罗马。他的一系列圣母画像和中世纪画家所画的同类题材不同，都以母性的温情和青春健美体现了人文主义思想。其中最有名的是《带金莺的圣母》（藏于佛罗伦萨乌菲齐美术馆）、《草地上的圣母》（藏于维也纳美术史博物馆）和《花园中的圣母》（藏于卢浮宫博物馆）。

米开朗基罗（1475—1564），意大利文艺复兴时期伟大的绘画家、雕塑家和建筑师，是文艺复兴时期雕塑艺术最高峰的代表。主要作品有《酒神巴库斯》、《哀悼基督》、西斯廷教堂天顶壁画、《摩西》、《被缚的奴隶》、《垂死的奴隶》、圣洛伦佐教堂里的美第奇家族陵墓群雕、教堂壁画《末日审判》等。

意大利是歌剧的诞生地，传世的第一部歌剧于 1600 年在佛罗伦萨公演。19 世纪最著名的歌剧艺术家是罗西尼（1792—1868）和威尔第（1813—1901）。罗西尼代表作《塞维利亚的理发师》是 19 世纪喜歌剧的典范。威尔第的作品《纳布科》、《茶花女》、《阿伊达》、《假面舞会》、《奥赛罗》在意大利歌剧史上有其特殊的地位。20 世纪意大利著名歌剧作曲家是贾科莫·普契尼（1858—1924），代表作有《曼侬·列斯科》、《艺术家的生涯》、《托斯卡》、《蝴蝶夫人》等。

3．著名学府

意大利著名大学有罗马大学、米兰博可尼大学、波伦亚大学、帕多瓦大学、那不勒斯大学、比萨大学和佛罗伦萨大学。

4．新闻媒介

主要报纸有《晚邮报》、《共和国报》、《新闻报》、《体育报》、《24 小时太阳报》、《信使报》、《今日报》、《小报》。另外，还有一些地方报和主要政党的机关报。主要综合性期刊有《展望》周刊、《快报》周刊、《时代》周刊、《欧洲人》周刊和宗教性期刊《基督教家庭》。

安莎通讯社于 1945 年建立，是意最大的通讯社。

意大利广播电视公司属国营伊利集团，向邮电部负责。广播电台有 3 套节目，年播音 1.8 万多小时；有 3 个电视台，年播节目 6 000 小时。此外，意大利还有大量私营广播电台和电视台。

（六）习俗

1．物质习俗

意大利人的日常衣着以西服为主，但夹克衫、T 恤衫和牛仔裤现已成为国民的日常服装。

意大利菜的特点是味醇、香浓，以原汁原味闻名，源于那不勒斯的意大利烤饼“比萨”名扬西欧、北美，传遍全世界。意大利人的早餐简单，食牛奶、咖啡和面包，午餐一般在外面吃，晚饭是主餐。

意大利人进餐时，习惯男女分开就座。进餐顺序一般来讲，是先上冷盘，接着是第一道，有面食、汤、米饭或其他主食，第二道有鱼、肉等，然后是甜食或水果、冰淇淋等，最后是咖啡。意大利人喜欢喝酒，而且很讲究。一般在吃饭前喝开胃酒，席间因菜定酒，吃鱼时喝白葡萄酒，吃肉时用红葡萄酒，席间还可以喝啤酒、水等，饭后饮少量烈性酒，可加冰块。意大利人很少酗酒，席间也没有劝酒的习惯，随意。拒绝别人的用餐邀请被认为是不礼貌的行为。

2．重要节日

（1）新年。1 月 1 日，节庆盛况各国同风。意大利人在新年钟声响后纷纷将家中旧物从窗户掷出，以此迎接新年。

（2）复活节。3月22日至4月25日之间。意大利人经常离开城市到郊外去踏春聚餐。

（3）狂欢节。复活节前 40 天。在复活节的斋戒期前数天举行，举办各种游艺活动和文体表演，其中最受欢迎的是化装游行。罗马、佛罗伦萨、比萨和威尼斯曾是狂欢节的中心，现在中心已移至中部的海滨城市维亚雷焦。此城与法国的尼斯并称为欧洲狂欢节活动的两大中心。

（4）八月节。8月15日，在意大利是仅次于圣诞节的重要节日。这一天，人们纷纷前往海滨、山区和乡村游玩。

（5）圣诞节。12月25日，是西方世界最大的宗教节日。意大利罗马的圣诞夜独具特色。每年12月24日，圣彼得教堂及教堂前广场上要举行隆重的圣诞弥撒，教皇用多种语言向世界各地的教徒发表演说，世界上有数亿人通过电视观看这一盛大宗教仪式。

（6）解放日。4月25日，是意大利人庆祝1945年4月25日北方各大城市居民举行起义歼灭法西斯军队的日子。

（7）国庆节。6月2日，是意大利人庆祝1946年6月2日举行全国公民投票决定废止君主制建立共和国的日子。

3. 礼仪与禁忌。

意大利人热情好客，也很随便，但时间观念不强，常常失约或晚点。

用餐时要注意礼节。在用餐过程中，不要把刀叉弄的叮当作响，在吃面条时，用叉子将面条卷起来往嘴里送，不可用嘴吸。尤其是在用汤时，不要发出响声。每道菜用完后，要把刀叉并排放在盘里，表示这道菜已用完，即使有剩余，服务员也会撤走盘子。

应邀到朋友家做客时，特别是逢年过节，应给主人带点礼品或纪念品。礼品的包装要讲究。收到礼品后，主人会当着客人的面打开礼品，并说一些客套或感谢的话。另外，到意大利人家里做客，不要早到，稍晚点为好。

意大利人忌讳用一根火柴给三个人点烟，四个人站在一起应避免交叉握手，形成十字架形被认为不吉利。

三、名城与名胜古迹

（一）名城

1. 首都

首都罗马，位于意大利中部，是世界著名的历史、文化古城，也是意大利最大的城市。该城历史悠久，有近 3 000 年的历史，于公元前 753 年建立，是古罗马的发祥地。古老的罗马城建在台伯河畔的七个山丘上，故又有“七丘之城”的称号。756～1870 年间罗马为教皇国的首都，1870 年全国统一后，成为意大利的首都。

“母狼哺婴”是罗马的城徽。相传罗马城的建造者双胞胎兄弟是特洛伊王的后代，受篡位者的迫害，出生后被弃于台伯河中，后被一母狼搭救哺育。

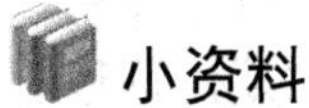

小资料

罗马城徽“母狼哺婴”的来历

罗马城徽是一尊母狼喂两个婴孩吃奶的青铜像。雕塑造型为两个儿童，蹲跪在一只母狼身下，正在吃着狼奶，吃奶的儿童，传为罗马人的祖先，母狼站立着，注视远方，稳定而威严，从脚趾到躯体都充满内力。这是一尊被视为意大利古罗马城城市象征的青铜雕像，源于这样一个传说：

很久以前，小亚细亚的特洛伊城被希腊人攻破以后，有些特洛伊人逃了出来，坐船漂流到意大利半岛上。他们在台伯河口定居下来，建立了自己的王国。后来，有个叫阿穆留斯的人，夺取了他哥哥的王位，还杀死哥哥的儿子，流放了哥哥的女儿，并且不许她和任何人结婚。可是，战神玛尔斯使阿穆留斯的侄女生了一对双生子。阿穆留斯听到这个消息，又吃惊又气恼。他害怕孩子们长大以后，会替外公报仇，就下令把两个孩子装在篮子里，丢进台伯河，想让河水淹死他们。

但是，两个孩子没有淹死，河水把篮子冲到岸上。孩子的哭声引来了一只母狼。母狼不但没有吃掉他们，而且把他们带回山洞，用自己的奶喂他们。后来，一个牧羊人发现了这两个孩子，把他们领到自己家里，抚养成人。哥哥取名罗慕路斯，弟弟叫勒莫斯。兄弟俩练就了一身好武艺，成为一对健壮勇敢的青年。

兄弟两个从牧羊人嘴里知道了自己的身世，就在老百姓的支持下，杀死了阿穆留斯。他们决定在台伯河畔，母狼喂养过他们的地方建一座新城。不幸的是，两兄弟为了争夺统治权，互相打起来。结果哥哥罗慕路斯把弟弟杀死，自己做了城市唯一的主人。这个城市也就用他的名字命名，叫做罗马。据说，罗马城建立在公元前 753 年，至今已经有 2 700 多年的历史了。

公元 1 世纪为罗马帝国强盛时期。罗马现在城市的建筑规模基本上是 1861 年意大利统一后建成的。当时以圆柱广场为中心扩建罗马，称之为罗马老区。

古城外有一个叫“新罗马”的新城区，始建于20世纪30年代。

罗马名胜古迹众多，有世界八大古建筑之一的斗兽场，以及古罗马废墟、少女喷泉、万神庙、天使古堡和威尼斯广场等。加上罗马是铁路、公路和航空的交通枢纽，交通十分便利，旅游事业非常的发达。

2．其他名城

（1）佛罗伦萨。佛罗伦萨是意大利中部的一座文化及艺术古城，也是文艺复兴的发源地。该城是公元前1世纪由凯撒大帝命名的。在意大利统一时期，佛罗伦萨曾一度是意大利王国首都（1865～1871年）。文艺复兴时期，这里出现了许多享有盛名的艺术家，如诗人但丁，作家薄加丘，建筑师布鲁内莱斯基，画家乔托、波蒂切利、达芬奇、拉斐尔、提香及雕塑家米开朗琪罗等都留下了不朽的作品，佛罗伦萨被称之为欧洲的艺术明珠。该城除了旅游事业相当发达之外，服务业也是它的主要经济来源。它也是一座非常古老的商业城市，以工艺品而闻名，尤其是金银首饰。

（2）威尼斯。是闻名于世的水上之城，有“水都”之称，是世界著名旅行家马可·波罗的故乡。这座被称为“世界上最美、最迷人的城市”，位于亚得里亚海滨，坐落在118个小岛上，由177条大小河道和401座各式各样的桥把城市的各部分连在一起。城市的主要交通工具是船，除了较普通的轮船、汽船之外，海面上到处可以看到有人穿着传统服饰划着一种奇特的小船，那就是有名的“贡多拉”。

该城始建于公元5世纪。从10世纪开始发展，15世纪为全盛时期，一度成为意大利最富最强大的海上“共和国”。威尼斯商人的足迹遍布欧、亚、非三洲。于16世纪哥伦布发现新大陆后，才开始逐渐衰落。1797年被奥匈帝国吞并，后由拿破仑统治。1848年爆发了反对奥地利统治的起义，于1849年取得胜利，并于1866年重新合并于意大利王国。

该城市的主要经济来源是旅游业和服务业，有传统的玻璃吹制及花边制作手工业，人造水晶工艺品很有名。圣马可广场是市中心，拿破仑把它称为世界上最美的广场。广场上坐落着富丽堂皇的王宫和拜占庭式的圣马可大教堂。另外还有一座高98.6m、宽12m的大钟楼，原建筑于1902年倒塌，这是仿一千年前原建筑重建的。

（3）比萨。意大利中部的大学城，城中的住宅塔楼独具特色，浸礼会教堂和比萨斜塔闻名于世。

（4）那不勒斯。濒临那不勒斯海湾，位于亚平宁半岛南部西海岸，靠近维苏威火山，是地中海地区最著名的风景胜地之一，也是世界闻名的音乐之乡。那不勒斯港口是意大利最重要的客运港口之一。商业是那不勒斯经济的主体，但是组织比较散漫。工业发展良好，已经形成了好几个市郊的工业中心。

著名景点有新城堡，是一组庄严的不规则四边形建筑群，是那不勒斯城的象征。堡内耸立着雄伟的凯旋拱门（15 世纪）、皇宫（17～18 世纪，新古典式）、圆顶大教堂（13 世纪）、备受尊敬的守护神圣赫纳罗的巴洛克小教堂和圣洛伦佐·马乔雷教堂（13 世纪，哥特—普罗旺斯式）等。

（5）米兰。米兰是意大利的第二大城市，地处意大利北部波河流域的中心地带，海拔 122m，伦巴第大区首府，人口 372.8 万人，面积 1 800km^2。自古以来，米兰就是连接地中海及中欧的主要交通枢纽，是意大利工商业及金融业的中心。米兰工业发达，经济实力雄厚，其工业产值占意大利工业产值的一半以上。主要重工业有冶金、化工、机械、飞机制造、汽车、摩托车、电机及铁路等，轻工业主要有纺织和服装，丝绸在欧洲占有很重要的位置。米兰还有许多大的银行、金融机构、保险公司、大财团及意大利最大的股票、证券交易所和米兰博览会。

米兰历史悠久，于公元前 400 年建立。早在公元前 196 年，该城就是意大利北部最大的工商业中心。从公元 292 年开始，成为西罗马帝国皇帝的居住地。

米兰是一座现代化的城市，同时也蕴藏着大量珍贵的文化艺术遗产及著名古迹。主要名胜古迹有杜奥莫大教堂、维多利亚埃玛努埃莱二世长廊、斯卡拉歌剧院、斯福尔扎城堡、圣玛丽亚·德拉格拉奇教堂。

（二）名胜古迹

1．古罗马斗兽场

它是古罗马的象征。这座高 57m、最大直径 188m、周长 527m 的椭圆形竞技场，是竞技表演舞台，四周可容纳 6 万人。古罗马时代专门用于人同野兽或奴隶之间相互搏斗。

2．万神庙

它是迄今保存最完整的古罗马时代的建筑，与斗兽场和地下墓穴并称为罗马三大古迹。该庙是供奉阿波罗、丘比特等众神的殿堂。

3．比萨斜塔

该塔是兼有罗马式和哥特式建筑风格的钟楼，由大理石砌成，南高 54.5m，北高 55.22m。比萨斜塔建于 1174 年，当建到第三层时地基出现倾斜。现在的古塔向南倾斜度为 5.3°，顶部中心点偏垂直中心线已达 4.4m。比萨是著名物理学家伽利略的故乡，他曾在斜塔上进行了自由落体实验，推翻了希腊学者亚里士多德的理论。

4．庞贝古城

位于那不勒斯东岸离维苏威火山 3km 远的山脚下。庞贝曾是一座建于公元前 8 世纪的繁荣城市，公元 79 年 8 月 24 日，维苏威火山喷发，被埋在地下。直到 16 世纪时被发现，1860 年开始挖掘，迄今只挖出 1/3 的城市。庞贝古城已成为研究古代社会生活和文化的天然博物馆，

5．维苏威火山

位于意大利坎帕尼牙的西海岸，海拔高 1 277m。维苏威火山是一座截顶的锥状火山。火山口的周围是长满野生植物的陡壁悬崖，岩壁的一侧有缺口。火山口的底部不长草木，是一处较平坦的地方。火山锥的外缘山坡，覆盖着适合于耕作的肥沃土壤，其山脚下有曾经兴盛的赫库兰尼姆和庞贝两座城市。

6．艾特纳火山

艾特纳火山是欧洲最大、最著名的活火山，位于西西里岛上。山体呈锥形黑色山峰，海拔 3 277m。火山爆发时，如万炮齐轰，火光冲天，浓烟滚滚，高达 500m，100km 外均可看见。在火山爆发的休止期，火山口仍常年吐火，晚间看得尤其清楚。因此，这里常年游客不断，特别是火山喷发期间，观看奇景的游人，更是络绎不绝。因它位于地中海的西西里岛上，故被人们称为地中海的灯塔。

7．杜奥莫教堂

该教堂位于米兰市中心地带，米兰的象征性建筑物，是世界四大教堂之一。其建筑特点是哥特式结构，长 157m，宽 66～92m，高 56m，屋顶尖塔林立，有 135 座之多。

【思考与练习】

1．意大利的面积和领土组成？

2．意大利的气候类型和特点？对于意大利的旅游有什么影响？

3．说说意大利的经济发展水平和主要经济部门。

4．意大利的旅游业发展如何？说说意大利发展旅游的优势条件。

5．意大利文艺复兴时期有哪些著名的艺术家、文学家？

6．你了解意大利歌剧的代表人物及其作品吗？

7．简介意大利的民俗、节日和禁忌。

8．简介意大利的名城和名胜古迹。

第六节　西　班　牙

关键词语　伊比利亚半岛、直布罗陀海峡、梅塞塔高原、君主立宪制、塞万提斯、毕加索、格拉纳达日、马德里、巴塞罗那、太阳海岸、加那利群岛、东方宫

一、自然环境特征

（一）位置

西班牙位于欧洲西南部伊比利亚半岛上。西邻葡萄牙，东北与法国、安道尔接壤，南隔直布罗陀海峡与非洲的摩洛哥相望，扼大西洋和地中海航路的咽喉。

西班牙面积为50.6万km^2，是西欧第二大国，仅次于法国。西班牙的领土，除伊比利亚半岛的5/6外，还包括地中海的巴利阿里群岛、非洲西北大西洋上的加那利群岛以及北非的休达、梅利亚两座城市。

（二）地形

1．特点

西班牙地形以高原为主。西班牙境内平均海拔为660m，高出欧洲海拔的平均数。600～1 200m之间的地区达21万km^2，占全国总面积的47%，这就是著名的西班牙中部高原。海拔200m以下的平原只有5万km^2，仅占全国总面积的11.4%。2 500m以上的高山面积也不多，仅占全国面积的1%。

2．主要地形区

西班牙主要地形区为梅赛塔高原，占伊比利亚半岛面积一半以上，平均海拔610m。中央山脉延伸约700km，将高原分为南、北两大盆地：老卡斯蒂利亚盆地和新卡斯蒂利亚盆地。高原东高西低，河流西泻下切，在高原西部发育了狭长深邃的峡谷。高原南部有佩尼韦蒂科山脉，其中内华达山脉的穆拉森山海拔3 478m，为半岛最高点，终年覆盖冰雪。梅塞塔高原有着大片著名的橄榄树区和动物保护区，还蕴藏着丰富的自然资源，居住着1/3以上的西班牙人口，历来是西班牙重要的工业、农业和旅游区。

（三）气候

1．气候类型

西班牙北部和西北部为温带海洋性气候，全年风调雨顺，植被很好，有“绿色西班牙”的美名。夏天气温不高，清凉爽快。冬天瑞雪纷纷，一片银装素裹，气温较低。

中部高原为不太显著的大陆性气候，干燥少雨，夏热冬冷，但均不强烈。春、秋两季相对较长，阳光充足，气候宜人，也适合农作物的生长。

南部和东南部为地中海亚热带气候，日照时间长，夏季炎热干旱，最高气温高达40℃以上；冬季温和多雨，几乎全年无霜冻。

2．气候特点

西班牙总的来说气候有温和少雨、干燥多风的特点。

（四）河流

西班牙主要河流有埃布罗河、塔霍河等。这些河流分别向西、南、东三个方向源源不断地注入大西洋和地中海。

塔霍河，几乎横贯西班牙全境，并朝西流向葡萄牙境内。塔霍河水面清澈，巨川缓流，开朗明丽。

埃布罗河，是西班牙最长、流量最大和流域面积最广的河流，源出坎塔布连山脉雷诺萨附近，流经巴塞罗那和瓦伦西亚之间河口的三角洲后注入地中海。

（五）资源

西班牙拥有丰富的金属矿藏，铁矿储量 19 亿 t，居西欧前列；含铜黄铁矿储量 5 亿 t，名列世界前列。汞储量为 70 万 t，居世界第一；还有丰富的铅、锌、铜矿。森林覆盖率达 30%，总面积 1 100 万 hm^2。树种以栓皮栎为主，其树皮可制作软木，年产 6 万多吨，其产量和出口量均居世界第二位，仅次于葡萄牙。西班牙（包括海岛）海岸线长达 8 000km，为其提供了丰富的渔业资源。大西洋沿海和比斯开湾盛产沙丁鱼和鳕鱼，比斯开湾沿岸盛产牡蛎，而且是海红养殖的主要地区。

二、人文环境特征

（一）简况

1．人口

西班牙现有人口 4 034.15 万人（2005 年 7 月），次于德国、意大利、英国和法国，居欧洲第 5 位。西班牙人口分布极不均匀，沿海人口稠密，在约占全国面积 2/3 的内地，居民仅有 1/3。

2．民族

西班牙是一个多民族的国家，主体民族是卡斯蒂利亚人，即西班牙人，占总人口的 70%。其次有加泰罗尼西人、加里西亚人、巴斯克人，还有吉普赛人、葡萄牙人、美国人、古巴人等。

3．语言

卡斯蒂利亚语（即西班牙语）是官方语言和全国通用语言。在加泰罗尼亚、巴斯克和加里西亚 3 个少数民族地区，各自的民族语言亦为官方语言。

4．宗教

西班牙 94%的居民信奉天主教。天主教对西班牙人的生活影响很大。此外还有 3 万新教徒和少数洗礼教派的信徒。

5. 国旗

国旗由红、黄、红三个平行长方形构成，上下方为红色，各占旗地的 1/4。中间为黄色，占旗地的一半。靠旗杆一边的旗面上绘有西班牙国徽。

6. 国歌

国歌为《国王进行曲》，无歌词。

7. 国花

西班牙国花是石榴花。

（二）简史

自公元前 8 世纪起，西班牙先后遭受腓尼基人、希腊人、迦太基人、罗马人、汪太尔人、西哥特人、拜占庭人、日耳曼人和阿拉伯（摩尔人）的入侵，并在不同程度上建立了对西班牙的殖民统治。西班牙人民为反抗外来侵略进行了长期英勇的斗争，于 1492 年建立了欧洲最早的统一中央王权国家。

1492 年哥伦布发现美洲大陆后，西班牙开始向海外扩张，建立了地跨欧、美、亚、非四大洲的第一个“日不落”殖民大帝国。1588 年西班牙“无敌舰队”被英国击败后开始衰落。1713 年直布罗陀割让给了英国。1873 年 2 月建立了第一共和国。1874 年 12 月王朝复辟。1898 年发生了美西战争，西班牙失败，从此失去了古巴、波多黎各、关岛和菲律宾群岛。列宁称这是第一次重新瓜分世界的帝国主义战争。1931 年 4 月王朝被推翻，建立了第二共和国。1936 年 2 月，人民阵线在大选中获胜，成立了有共产党参加的联合政府。同年 7 月佛朗哥发动叛乱，并于 1939 年 4 月夺取了政权，实行法西斯独裁统治 30 余年。

1947 年西班牙宣布为君主国，佛朗哥自任国家元首和政府总理。1975 年 11 月佛朗哥病逝，胡安·卡洛斯一世登基。目前西班牙实行君主立宪制，议会由参众两院组成。

（三）政治

1. 政体

1978 年宪法确定西班牙的政体为议会君主制。在政治制度上实行三权分立和多党制原则。西班牙的地方政权全部实行自治，这在世界上是独一无二的。全国划分为 19 个自治区（其中休达及梅利亚 2 个自治区为西班牙在北非的飞地城市），下分 50 个省（有 7 个自治区只有 1 个省）和 8 000 多个市。自治区、省、市三级均在经济、文化、旅游业等方面享有很大的自主权。自治区有自己的自治章程（为自治区的基本法律）。宪法规定了自治区可以掌握的权限和国家中央机构专有的权限。

2. 政党

西班牙实行多党制，主要政党有：

（1）西班牙工人社会党。该党是最大的在野党，1879 年成立。1982～1996 年曾连续执政 14 年，是社会党国际的成员。

（2）人民党。1977 年创立，1996 年首次成为执政党。

（3）加泰罗尼亚民主联合。1975 年成立，它与另一政党“加泰罗尼亚民主团结”在加泰罗尼亚自治区联合执政。

3. 国家首脑

国王菲利佩六世为国家元首，同时又是武装部队总司令。但君主没有实权。

首相是中央政府首脑，由议会推选，国王任命。现任首相是马里亚诺·拉霍伊。

（四）经济

1. 发展水平

西班牙自 1986 年加入欧共体（欧盟前身）以来，经济结构发生了明显变化。传统的农牧渔业在国内生产总值中所占的比重不断下降，服务业的比重逐步上升。目前经济结构已接近发达国家的特点，综合国力在欧盟居第 5 位，并首批达标加入欧元区，在世界也已进入前十强行列。

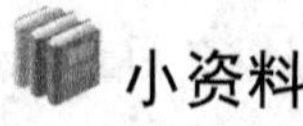

小资料

欧元和欧元区

1992 年，欧盟首脑会议在荷兰马斯特里赫特签署了《欧洲联盟条约》（亦称《马斯特里赫特条约》），决定在 1999 年 1 月 1 日开始实行单一货币欧元和在实行欧元的国家实施统一货币政策。

首批顺利加入欧洲经济货币联盟的国家是德国、法国、意大利、荷兰、比利时、卢森堡、爱尔兰、西班牙、奥地利、葡萄牙、芬兰等 11 国。该名单是在 1998 年 5 月 2 日布鲁塞尔召开的欧盟会议中决定的，欧盟 15 国中的英国、丹麦、瑞典拒绝首批加入欧元，将静观其变。而希腊则由于债务与财政赤字过高，未能达到加入标准而错失良机。

欧洲货币联盟 11 个成员国从 1999 年 1 月 1 日开始实行欧元统一货币，希腊于 2001 年 1 月 1 日采用欧元，成为欧元区第 12 个成员国。

斯洛文尼亚于 2007 年 1 月 1 日加入欧元区。

塞浦路斯、马耳他于2008年1月1日加入欧元区。至此欧元区成员国增至目前的15个。它们是：奥地利、比利时、德国、希腊、法国、芬兰、爱尔兰、意大利、卢森堡、荷兰、葡萄牙、西班牙、斯洛文尼亚、塞浦路斯、马耳他。

从2002年1月1日起，欧元纸币和硬币正式流通。欧元纸币的面值共有7种，分别为5欧元、10欧元、20欧元、50欧元、100欧元、200欧元、500欧元。1欧元=100分。欧元硬币的面值共有8种，分别为1分、2分、5分、10分、20分、50分、1欧元、2欧元。

欧元的官方缩写是“EUR”。欧元的符号€像中间穿过两根清晰平行线的英文字母E，这个符号的灵感来自于希腊字母，暗指欧洲文明的摇篮，并且是“欧洲”（Europe）这个单词的第一个字母。平行线象征着欧元的稳定。欧元符号醒目、容易辨认，很快就变成与美元符号一样为人们所熟知。作为缩写，欧元符号使用起来方便，开始越来越多地出现在计算机和打字机的键盘上。

2005年，西班牙国民总收入为876亿美元，人均国民收入21 210美元。

2. 主要部门

国民经济各部门中，服务业占59.48%，工业占15.56%，建筑业占7.99%，农业约占3.28%。

西班牙工业体系完善，工业发展水平也较高。传统工业为纺织、建材、采矿、钢铁、制造、制鞋、食品加工等；新兴工业有汽车、机械、化工、电子、通讯、核能及航空航天等。

西班牙汽车工业始于20世纪50年代。自80年代逐步被外资所控制。目前，国际上名牌汽车大都在西班牙设立了分厂，其中有雷诺、大众、标致——雪铁龙集团、奔驰、菲亚特、通用、福特和日产等。汽车工业目前已经成为西班牙的支柱产业之一。汽车及零部件出口，占该国出口总额的25%以上，为西班牙第一大出口产品。其汽车产量居世界第5，出口居世界第4。目前，西班牙市场上销售情况最好的汽车是：雷诺、雪铁龙和SEAT，其中SEAT是西班牙汽车工业的自有品牌，其他两个虽然是法国品牌，但是产地却在西班牙本地。

纺织、服装业是西班牙的传统工业。纺织、服装产值约占国内生产总值的3%～4%。制鞋是西班牙传统的手工业，十分发达，西班牙与意大利、葡萄牙一起，共享“制鞋王国”的美誉。年产皮鞋近2亿双，其中70%供出口，年出口额在18亿美元左右。

建筑业在该国占据着重要地位，为其第3大支柱产业。

3. 对外贸易

外贸在国民经济中所占的比重较大，2005年西班牙外贸总额约为4 822.99

亿美元，出口额为 1 924.98 亿美元，进口额为 2 898.01 亿美元，贸易逆差 973.03 亿美元。

欧盟是西班牙的主要贸易伙伴。2005 年西班牙对欧盟的出口占其出口总额的 72.1%，因此，西班牙出口容易受欧盟经济变化的影响。在进口商品供应国中，除欧盟（60.8%）以外，中国的地位越来越重要，2005 年中国已成为西班牙第 5 大商品供应国。

4．货币

货币名称为欧元。原为比塞塔。

（五）文化

1．文学

中世纪时西班牙诞生了世界著名史诗之一《熙德之歌》，作者佚名。

文艺复兴时期，塞万提斯及其《堂吉诃德》为最重要的作家和作品。塞万提斯于 1547 年出生在西班牙古镇阿尔卡拉，其父为不得意的医生。塞万提斯自小爱学习，但因家里贫穷，中学没毕业就辍学了。22 岁时，他到了欧洲文艺复兴的发源地意大利，给一个红衣主教当随从。在此期间，他饱览了许多历史名城，也阅读了大量书籍。1571 年参加了西班牙驻守意大利的军队，在战场上失去一只胳膊。1575 年返回故里时，在海上被海盗袭击并作为奴隶被贩卖到阿尔及利亚。5 年之后才由亲属赎回国。回国后，他只好靠写作糊口。由于生活拮据，他只好去当粮食管理员，但遭权贵和教会暗算，被诬入狱，受尽了人间的不平和遭遇。据说，《堂吉诃德》一书的主题思想正是他在监狱中构思而成的。58 岁那年，他终于写出了这部不朽名著，并一举成名。

《堂吉诃德》直指反动腐朽的封建统治阶级，从政治、经济、文化、道德、习俗等方面，撕下了贵族和教会制度的假面具。

塞万提斯去世 200 多年后，马德里市中心的西班牙广场为他修建了一个雄伟的纪念碑。这个纪念碑每年吸引着千千万万的游人，为西班牙带来了丰厚的外汇收入。

当代西班牙著名作家有卡米洛·何塞，1989 年荣获诺贝尔文学奖。

2．艺术

西班牙在现代国际美术界最有影响的大师为毕加索、达利等。

毕加索 1881 年 10 月 25 日出生在西班牙南部城市马拉加的一个名门世家。其父是美术教师，由于毕加索从来不喜欢在学校里按部就班地学习，其父只好由他在自己的画室里学习素描的技法。11 岁时，毕加索创办了两本题为《蓝和白》、《拉科鲁尼亚》的艺术杂志。14 岁时，在其父的教育下，走向艺术大道。之后，分别考取巴塞罗那美术学校和皇家艺术学院。19 岁时，来到法国巴黎，开始了他的立体派的创作，并取得成功。1917年，毕加索回到西班牙继续创作。30年代，毕加索的立体派画风到了登峰造极的地步，其代表作《格尔尼卡》为世界上千百万人所倾倒。50年代，毕加索的画艺到了炉火纯青的地步，他的创作广泛，涉及湿壁画、铜版画、石板画、雕刻等。其杰作展览不停地在世界各地举行，他的艺术得到国际性的好评。

1973年，毕加索与世长辞，终年91岁。他在生前画了2万余幅作品，给人类留下了宝贵的遗产。

萨尔瓦多·达利是西班牙当代著名艺术家，在世界画坛占有重要地位。达利1904年出生，自幼喜爱绘画艺术，而且想象力丰富，能够自由发挥，尤其以探索潜意识的意象著称，因此被称为意象派画家。

20年代，达利在绘画界已颇受世人关注。他受弗洛伊德有关潜意识意象的影响，其画风很像当时流行于法国的超现实主义。达利用一种自称为“偏执狂临力量状态”的方法，使自己身上诱发出幻觉境界，然后抓住一瞬间的意象进行创作。达利创作了大量作品，其代表作《魔鬼的发明》等画至今被收藏在西班牙博物馆里。

当代西班牙拥有世界上一批最优秀的歌唱家，如普拉西多·多明戈、何塞·卡雷拉斯，胡利奥·伊格莱西亚斯则是国际著名的通俗歌曲歌手。

3. 著名学府

马德里大学是西班牙最大的高等院校，大学招收的学生达12.6万人。著名的大学还有萨拉曼大学、巴塞罗那中央大学等。

4. 新闻媒介

西班牙全国共有报刊160余种，主要有《国家报》、《阿贝塞报》、《世界报》、《先锋报》等报刊。

西班牙主要通讯社是埃菲社，为官方通讯社，1939年创办。另外还有私营的欧洲通讯社和罗戈斯通讯社。

广播电台主要有西班牙国家广播电台和私营的西班牙广播公司等。

西班牙电视台为最重要的电视台，是一个国营的全国性电视台。

（六）习俗

1. 物质习俗

西班牙是个有着悠久历史和灿烂文化的国家，西班牙人热情、浪漫、奔放、好客、富有幽默感。他们注重生活质量，喜爱聚会、聊天，对夜生活尤为着迷，经常光顾酒吧、咖啡馆和饭馆。西班牙人的作息时间较为独特：午餐一般在14:00～16:00，晚餐一般在21:00～23:00。

西班牙人爱好十分广泛，喜欢旅游，酷爱户外活动，对足球、登山及自行车等运动情有独钟。西班牙的斗牛、弗拉门戈舞闻名于世。

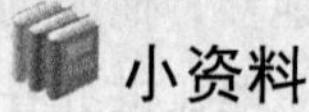

小资料

弗拉门戈舞

弗拉门戈舞是目前最为流行的西班牙舞蹈形式，与斗牛并称为西班牙两大国粹之一。弗拉门戈舞是集歌、舞、吉他演奏为一体的一种特殊艺术形式，是西班牙境内的安达卢西亚地区吉普赛人（又称弗拉门戈人）的音乐和舞蹈。源于吉卜赛、安塔路西亚、阿拉伯还有西班牙犹太人的民间歌舞。14～15世纪，吉卜赛流浪者把东方的印度踢踏舞风、阿拉伯的神秘感伤风情融合在自己泼辣奔放的歌舞中并带到了西班牙。从19世纪起，吉普赛人开始在咖啡馆里跳舞，并以此为业。于是，弗拉门戈一词首先用来称呼他们当时的音乐和舞蹈。

弗拉门戈舞蹈热情、奔放、优美、刚健，形象地体现了西班牙人民的民族气质，这种舞蹈正是表达吉卜赛姑娘爱恨情愁的最佳载体。此舞具有三大要素：伴奏、伴唱和舞蹈，表现主题多为上帝、女人、爱情等内容。

弗拉门戈舞源自平民阶级，在舞者的举手投足中表达出人性最无保留的情绪。表演时，必须有吉他伴奏，并有专人在一旁伴唱。同时表演即兴舞蹈。上场的男舞伴穿紧身黑裤子，长袖衬衫，有时还加一件饰花的马甲；女舞伴则把头发向后梳成光滑的发髻，穿艳丽的服装、紧身胸衣和多层饰边的裙子。

弗拉门戈的精华是其歌，又叫“坎特翁多”，常常用吉他音乐伴奏。

以热情奔放著称的弗拉门戈艺术是世界艺术舞台上最耀眼的一抹红色。几十年来，弗拉门戈艺术家到世界各地演出，将弗拉门戈舞的火种在世界各地点燃。这火焰经久不息地撩拨着人们的心弦，让人不能忘怀。

西班牙人在圣诞节前有相互送礼的习惯。赠送礼品很注重包装并有当面拆包赞赏的习惯。西班牙人赴约一般喜欢迟到一会儿，尤其是应邀赴宴。餐桌上一般不劝酒，也无相互敬烟的习惯。

2. 重要节日

西班牙的节日丰富多彩，每年约200多个。除了国庆节、元旦、圣诞节、复活节等一些重要的传统节日外，每个地区都有自己的带有浓郁地方色彩的节日。节假日及周末，喜欢家人团聚，不愿接待客人。

西班牙主要节日有：

（1）西班牙—美洲日。10月12日，即国庆日，是纪念哥伦布1492年奉西班牙统治者伊萨伯拉和斐迪南之命所进行的发现了美洲大陆的航行。

（2）国王胡安·卡洛斯一世命名日。6月24日。1975年11月20日，佛朗哥病死。同月22日，胡安·卡洛斯即西班牙王位。1976年6月24日正式命名，这一天被称作“国王胡安·卡洛斯一世命名日”。

（3）格拉纳达日。1月2日。公元8世纪，阿拉伯人侵入并统治伊比利亚半岛，西班牙人为收复失地进行了长达800年的斗争，终于在1492年1月2日收复了摩尔人在半岛的最后一个据点——格拉纳达城，实现了西班牙的独立。为纪念这一事件，西班牙设此节日。

（4）建军节。5月27日。

（5）年节。1月1日。西班牙人于除夕之夜喝蒜瓣汤祝贺新年。等教堂的钟于12点敲响时，大家按着钟声吃下12颗葡萄，象征新年每个月都事事如意。

3. 礼仪与禁忌。

西班牙人的见面礼节与其他西方国家的差不多，尤其与意大利、法国、葡萄牙、荷兰以及大多数拉美国家相似，一般采取握手、亲吻和拥抱3种方式。握手是最常见的礼节，初次相识，边握手边问候。熟人之间、朋友之间、同事之间和亲属之间，大多以亲吻、拥抱为主。最常见的是男女相互施亲吻礼。目前，男性和女性亲友相见和离别大多采取吻面颊的礼节。

在西班牙做客，须事先约定，否则将被看作不速之客，是一种失礼行为。做客的时间很少在凌晨、深夜或用餐时间。西班牙人有晚睡晚起的习惯，所以主人一般不愿意在上述时间接待客人。客人最好在上午10时和下午2时后拜访为宜。不是亲密朋友，西班牙人一般不会将其主动请到家中做客。

如果出席晚间的家宴、宴会、招待会和婚礼等，服饰要整洁，一般要带些礼品，如一瓶葡萄酒、一盒点心，或送女主人一束鲜花。西班牙人最喜欢的是石榴花，忌讳送大丽花和菊花，因为这两种花和死亡相关。送花的时间也有讲究，每月的13日不送花，送花时也不送13支。

西班牙人做客一般都不会准时到达，大多是晚10～15分钟，如迟到时间太长，则是一种失礼行为。去得太早也不好。交谈时，很少谈及个人隐私，也不问对方的薪金多少或收入如何。没有得到主人允许，客人不得翻阅主人的书籍、文件和观赏古玩等。

三、名城与名胜古迹

（一）名城

1. 首都

马德里是全国政治和学术的中心，经济和金融中心，也是西班牙公路、铁路和空中运输系统的中心。它位于伊比利亚半岛中部，是一个既古老又现代化的城市。马德里海拔 670m，是欧洲地势最高的首都。马德里面积约 600km^2，人口近 400 万人，西班牙全国 1/10 的人口居住在这里。

市内风格迥异的古建筑和现代化的高楼大厦相映成趣；在卡斯蒂利亚大道上的罗马神话中的海神尼普顿广场，昼夜将喷泉洒向高空，哗哗作响，吸引无数游人照相留念；坐落在独立广场上的阿尔卡拉门，全部用大理石筑成，共有 5 个拱门，宏伟而气派，一点也不比巴黎的凯旋门逊色，是马德里著名的古建筑之一；位于闹市中心的马约尔广场，修建于 1619 年，呈长方形，四周是古色古香的住宅，西班牙国王菲利普三世骑马的塑像耸立在广场中央；不远处是马德里最繁华的太阳门广场，这里有历史上著名的太阳门遗址，西班牙的公路"零公里"就是从这里开始的。

马德里是个名副其实的文化城，有自治大学、工业大学和 15 所高等技术学校。全市拥有 36 个古代艺术博物馆、100 多个艺术博物馆、18 个大型图书馆和 100 多个雕塑群。

马德里交通发达，同国内外 100 多个城市有航线相通，6 条高速公路干线延伸到全国各省，构成了一个密集的运输网。市内地铁长 100km，运输十分繁忙。

2. 其他名城

（1）巴塞罗那。巴塞罗那是西班牙的文化古城和最大海港，面积 480km^2，人口 300 万人，是仅次于马德里的西班牙第二大城市。有"伊比利亚半岛的明珠"之称。位于东北部地中海岸，介于巴索斯河和略夫雷加特河之间。历史悠久，从古代迦太基人建城至今已有 2 000 多年。从公元 2 世纪起，巴塞罗那就发展海上贸易，很快就成为地中海沿岸的大港口。1833 年以前巴塞罗那是西班牙最富裕的地区加泰罗尼亚的首府。西班牙文艺复兴时期大作家塞万提斯赞美它是西班牙的骄傲和世界上最美丽的城市。

市区依山濒海，地势雄伟，是伊比利亚半岛的门户。海滩平坦宽阔，气候舒适宜人。市内哥特式、文艺复兴式以及巴洛克式古建筑与现代化楼群交相辉映。在老城区，有古罗马城墙和 6 世纪宫殿的遗迹。哥特式天主教大教堂矗立在老城中央，内有巴塞罗那城守护女神圣欧拉利亚的地下墓室，里面安放着白色大理石棺。在王家广场旁边有建于 14、16 世纪的宫殿，珍藏着中世纪历史文献。老城东面是靠近港湾的和平门广场，广场上的哥伦布纪念碑俯临港口。1492 年哥伦布就是从巴塞罗那启航，远征南美并发现新大陆的。一年后当船队胜利返回巴塞罗那港时，西班牙国王亲自在那里迎接他们。

在哥伦布纪念碑旁，建有航海博物馆，陈列着哥伦布航海时的文物、资料等。连接和平门广场和市中心卡塔卢尼亚广场的兰布拉斯大街是城市最有名的鲜花市场，人称“花市大街”。卡塔卢尼亚广场上的静思女神石像，神态安详凝重；喷泉水花多样，宛若水晶宫。市区西面西班牙广场上的“光明泉”巧夺天工，入夜后水光交映，色彩斑斓。西乌达德拉公园的飞马喷泉和动物园、植物园以及蒙特会奇公园的层层阶梯瀑布也都闻名遐迩。市内还有西班牙最大的教堂“神圣家族教堂”。

（2）塞维利亚。塞维利亚是西班牙南部一座重要而美丽的城市，它坐落在瓜达吉维尔河右岸，是安达卢西亚自治区首府，全国第 4 大城市，也是西班牙唯一有内河港口的城市。该市人口不多，只有 65 万人。16～17 世纪时，塞维利亚成为世界第一大港，文学巨匠塞万提斯在该城的一所监狱里，写出了他的不朽名著《堂吉诃德》。

1992 年塞维利亚城曾举办过国际博览会。今天，它是西班牙南部经济、贸易、旅游和文化中心之一。该市的汽车、机械等工业较发达，尤其是这里生产的“雪莉”酒，更是誉满全球。还有著名的“弗拉门戈舞”也是从这个地区诞生和传播开来的。该区横跨马拉加省的太阳海岸，是西班牙四大旅游区之一。

（二）名胜古迹

1．太阳海岸

太阳海岸位于南部安达卢西亚大区大西洋海洋之滨，全长 150km。由于这里阳光充足，全年日照达 300 多天，故称“太阳海岸”。太阳海岸气候温和，夏天最高温度为 32～35℃，冬季最低气温为 14～16℃，是非常理想的避暑和避寒胜地，所以往往是当大批的避暑者一走，大批的避寒者就接踵而至了。近几年来，这里每年要接待约 500 多万名游客。

太阳海岸沿岸共有 100 来个中小城镇，而每一个城镇都是现代化的旅游点。各城镇先后建起一幢幢小别墅、旅馆、客栈，而且造型别致，富有新意，建筑有阿拉伯式的古堡形、圆柱形，有加勒比式的多角形、塔形、梯形，也有非洲式的茅舍形和扇形等，不一而足。另外，还有许多餐厅、舞厅、夜总会和赌场等娱乐设施。

2．布拉瓦海岸

它位于西班牙东北部加泰罗尼亚地中海之滨，全长 66km。因这一带阳光明媚，气候宜人，沙滩宽阔，海水平静而清澈，并且沿途有许多景色迷人的天然港湾，故称“美丽海岸”。

该海岸以赫罗纳市为中心，形成一个漫长的旅游区。沿途风景绮丽，到处是名山奇石，峥嵘秀俏，巍峨壮丽；名胜古迹中不乏古代罗马人和阿拉伯人的城堡、教堂、修道院、浴室等遗迹。各城镇旅馆林立，餐厅、舞厅及其他旅游设施齐全，而且大多设施不是傍山临水而立，就是坐落在风景如画的绿荫深处，意境动人，吸引着来自世界各地的游客。

3. 巴利阿里群岛

该群岛位于西班牙东南部的地中海，由 4 个主要岛屿组成。马略卡岛海滨的景观颇具特色，既有陡峭的山岩和平缓的高地，又有辽阔的海湾和一望无际的沙滩；既有层层叠叠的梯田，又有芳香四溢的果园；既有罗马人和阿拉伯人的古老遗址，又有现代派的建筑物。浏览马略卡岛，尽收眼底的是海滨楼阁、城堡、棕榈树等一幕幕多姿多彩的热带风光。

帕尔马是马略卡的首府，也是巴利阿里群岛最繁华的旅游城市。帕尔马因全年温差不大，大部分日子可在海滩游泳，自古以来是理想的休养胜地，被誉为地中海里的“天堂”，吸引着国内外大批游客。西班牙国王卡洛斯一家在岛上有专门的休闲别墅，每年要在那里住上一段时间。

4. 加那利群岛

该群岛位于大西洋东岸，与西非大陆隔海相望，其间的最近距离仅为 115km。距西班牙南部的加迪斯市 1 100km。它自古以来是连接欧洲、非洲和美洲的重要交通枢纽之一，战略地位十分重要。该群岛由若干个小岛组成，面积约 7 000km^2，是远离西班牙本土的一个自治区。加那利拥有众多的海滩，其优越的地理位置、完善的基础设施、发达的商业系统以及自由港的特殊地位，使得商业、旅游业和服务业十分发达，成为自治区主要的经济支柱。

5. 阿尔塔米拉洞窟

阿尔塔米拉洞窟是西班牙重要的文化遗迹，位于西班牙北部桑坦德尔市西面，因有精美的史前绘画和雕刻而闻名。洞窟长 270m，洞内除无数壁画外，还有动物骨化石和石器。大多数壁画都在巨大的侧洞内，侧洞长 18m，宽 9m。洞前留有许多古代遗迹，其中还有雕刻的动物肩胛骨等，距今已有 1.7 万年的历史。洞顶的壁画画面以野牛为主，其形象栩栩如生，着以鲜艳的红、黑、紫三色。还有两头野猪、几匹野马、一头雌鹿，以及其他一些简单的形象。此外，还有镌刻的 8 个人的形象、各种手印以及人手的轮廓图形等。

6. 东方宫

东方宫也称王宫，位于马德里市中心，是国王举行正式和重大庆典活动的地方。自 1560 年首都迁入马德里以后，它一直是西班牙历代国王的皇宫。

东方宫由 18 世纪文艺复兴时期意大利著名建筑师设计，外形方方正正，具有新古典式风格。整座建筑由白色大理石砌成，气势雄伟，典雅壮观。宫内有国王及王室人员豪华的起居室、办公室、客厅、宴会厅、舞厅、书房、教堂等大小厅数百个，陈设奢侈。有各种油画、壁毯画、水晶玻璃吊灯、钟表、金银首饰、玉器和家具。据说，王宫里的壁毯连接起来可达200km。殿内富丽堂皇，珠光宝气，一派恢宏。御花园秀丽幽雅，花木掩映。1975年卡洛斯国王登基后东方宫对市民开放以来，每天游人如织，络绎不绝。

7．红宫

红宫是当今世界上保存最完好的阿拉伯王宫之一，位于西班牙格拉纳达城东的山丘上，建于13世纪。原名阿兰布拉宫，因整座宫殿建在一处红土的山岗上，而且在建筑中使用的多是发红的石料，故名红宫。

红宫依山作基，就岩起屋，有凌空欲飞之势。一条古道通向山下，易守难攻，固若金汤。建筑师巧妙地将军事防御、行政管理、皇宫、花园等布局融为一体，殿宇亭阁各具特色。正殿豪华之极，由3个能反映阿拉伯宫殿特色的院子及建筑组成，其核心部分用来办理司法和公共事务。还有两部分分别是国王御座和私人住宅所在地。除此之外还有大使厅、御花园、化妆室和沐浴室等。整个王宫雄伟壮观，院中有院，冬暖夏凉，幽静肃穆，被联合国教科文组织宣布为世界文化遗产之一。

8．普拉多画宫

普拉多画宫位于马德里市普拉多大道，是西班牙的艺术殿堂和宝库，也是世界第一流的艺术宫殿。里面的藏画不计其数，价值连城。普拉多宫建于18世纪，原为自然科学博物馆，后被一把大火烧毁，重建后改为画宫。画宫拥有近100个展厅，展出12～18世纪西班牙著名画家的主要作品2 000余幅。这些艺术品生动而真实地记载了西班牙古代绘画艺术风格的演变和发展，其中许多珍品被誉为欧洲绘画史上的瑰宝。

【思考与练习】

1．西班牙的地形与气候有什么特点？对旅游业有何影响？
2．哥伦布发现新大陆对西班牙发展的巨大意义？
3．西班牙的经济水平和主要经济部门？
4．简述塞万提斯和毕加索的文学艺术贡献。
5．西班牙人有哪些独特的民俗、节日与禁忌？
6．西班牙首都马德里的著名古迹名胜？
7．简介巴塞罗那和塞维利亚。
8．西班牙有哪些著名的海滨旅游胜地？
9．西班牙著名的古迹有哪些？

第三章　北 美 地 区

内容提要　本章讲授北美洲地区主要旅游客源国的基本情况，包括各客源国的自然环境特征、人文环境特征以及名城与名胜古迹。这些国家有美国、加拿大。

第一节　美　国

关键词语　北美洲、阿拉斯加、夏威夷、哥伦比亚特区、科迪勒拉山系、大平原、阿巴拉契亚山脉、大陆性气候、寒潮、飓风、密西西比河、科罗拉多河、五大湖、移民国家、“美国化”、星条旗、印第安人、殖民地、《独立宣言》、华盛顿、南北战争、林肯、领土扩张、三权分立、共和党、民主党、山姆大叔、世界第一经济强国、三大工业区、美元、马克·吐温、杰克·伦敦、摇滚乐、乡村音乐、邓肯、电影王国、好莱坞、美联社、合众社、感恩节、白宫、五角大楼、纽约、洛杉矶、芝加哥、旧金山、迈阿密、费城、拉斯维加斯、自由女神像、华尔街、百老汇、迪斯尼乐园、黄石、尼亚加拉大瀑布

一、自然环境特征

（一）位置

美国全称美利坚合众国，位于北美洲中部。它东临大西洋，西临太平洋，北和加拿大为邻，西南与墨西哥接壤，东南临墨西哥湾。本土轮廓大致呈长方形。

美国领土面积为937.26万km^2。在世界上仅次于俄罗斯、加拿大、中国，居第4位。全国分为50个州和1个特区。本土上有48个州，另外有2个海外州：一个是北美大陆西北角的阿拉斯加，一个是太平洋中的夏威夷。二者原来都是美国的殖民地，1959年被并入美国。哥伦比亚特区是美国首都华盛顿所在地。

（二）地形

美国本土大陆的地形可分为3个明显不同的部分：西部是科迪勒拉山系，这是世界上最漫长的山系，从北美洲的阿拉斯加一直延伸到南美洲最南端。在

北美洲的部分，由南北走向的海岸山脉、内华达山脉和落基山脉及其间的哥伦比亚高原、大盆地和科罗拉多高原组成，其中以落基山脉为主体。落基山山势雄伟，有些地方高度在 4 000m 以上，高耸入云，白雪覆顶，极为壮观，被称为“北美洲的脊骨”。它是太平洋水系和大西洋水系的分水岭，也是气候屏障；美国中部为大平原，地势平坦，土壤肥沃，是美国最重要的农业地区。大平原西部地势较高，又称为大草原；美国东部是山势较为低缓的阿巴拉契亚山脉，山脉以东是大西洋沿岸低地。

（三）气候

1．气候特点

美国的气候深受地形的影响。美国本土的纬度大致在北纬 25°～49° 之间，大部分地区处于副热带和西风带。但由于西部高大的山系阻挡了来自太平洋的水汽，使湿润空气不能深入内陆，降水主要来自大西洋，因此降水由大西洋沿岸向内陆递减；美国中部是一个南北贯通的大平原，冬季极地的冷空气可长驱南下，影响美国大部分地区，甚至可直抵墨西哥湾沿岸。夏季热带海洋的暖湿气团也可深入内陆。因此，美国绝大部分地区冬冷夏热，形成大陆性气候。冬季的寒潮和夏季的飓风，是美国比较常见的灾害性天气。

2．气候类型

美国落基山脉以东的大部分地区是温带大陆性气候，其表现是冬季寒冷，夏季炎热，气温年较差大，降水以夏雨为主；东南墨西哥湾沿岸是亚热带季风性湿润气候，气温较高，降水丰沛，有利于亚热带作物的生长；落基山脉以西，太平洋沿岸北段是温带海洋性气候，冬温夏凉，山区迎风坡降水较多，林木茂密，是美国林业基地之一；太平洋沿岸南段属于冬雨夏干的地中海气候，为美国重要的水果和蔬菜产区；海拔较高的山地、高原，形成冬寒夏凉、降水较少的高山气候。

（四）河湖

美国河流、湖泊众多。主要河湖有密西西比河、科罗拉多河、哥伦比亚河和美加之间的五大湖。

1．密西西比河

密西西比河是世界著名的大河，发源于美国西北部的落基山的崇山峻岭之中，由北向南纵贯美国中部大平原，注入墨西哥湾。从其源头密苏里河算起，曲折蜿蜒长达 6 000km，是世界第 4 长河，仅次于非洲的尼罗河、南美洲的亚马孙河和中国的长江。密西西比河是北美洲流域面积最广、水量最大的河流。整个水系流经美国本土 48 州中的 31 个州，加拿大的 2 个州，联系着大半个美国的经济区域，提供灌溉、航运和发电等多种水利。主要支流有密苏里河、俄亥俄河、阿肯色河、田纳西河等，众多的支流和五大湖构成统一的内陆航运网，在航运上有重要意义。

密西西比河，美国的第一大河，像乳汁一样抚育了整个流域的人民，美国人民长期以来称它为“老人河”。它的名称来源于印第安语，“密西”意为“大”，“西比”意为“河”，“密西西比”即“大河”或“河流之父”的意思。

2．科罗拉多河

美国西部的大河。源于美国西南落基山脉西坡，注入加利福尼亚湾，全长2 000km。科罗拉多河的干流和支流峡谷众多，尤以干流的大峡谷最为有名。河流含沙量很高，水力丰富，建有一系列水坝，为洛杉矶及下游地区提供电力和水源。

3．哥伦比亚河

该河是北美洲西部水量最大的河流，源出加拿大南部落基山脉，向西南流经美国，在美国西北部注入太平洋，全长近2 000km。河流多急流、瀑布和峡谷。含沙量低，水力资源相当大。20 世纪 30 年代开始，美国对该河流进行综合开发，沿干支流建了许多大大小小的水坝，以大古力水坝规模最大，哥伦比亚河也成为美国重要的水电之源。

4．五大湖

五大湖位于北美大陆中部，是 5 个彼此相连的湖泊的总称。它们自西向东依次是：苏必利尔湖、密歇根湖、休伦湖、伊利湖、安大略湖。五大湖在美国和加拿大之间，除密歇根湖在美国境内，其余 4 个湖泊均为美加两国共有。五大湖是世界上最大的淡水湖群，总面积达到 24.5 万 km^2，有“美洲地中海”之称。其中面积最大的是苏必利尔湖，其面积为 8.24 万 km^2，是世界最大的淡水湖。

五大湖在成因类型上属于冰蚀湖。

五大湖一带自然资源丰富，其本身又是一大航运系统，并可通过圣劳伦斯河连接大西洋，附近人口密集，工农业发达，有许多著名的大城市，如美国的芝加哥、底特律、克利夫兰、布法罗，加拿大的多伦多等。位于伊利湖和安大略湖之间的尼亚加拉大瀑布，堪称大自然奇观，是北美洲著名风景名胜之一，附近旅游业很发达。

（五）资源

美国自然资源极为丰富，矿产、土地、森林和水力资源均居世界前列。矿产资源主要有煤、铁、石油，以及各种有色金属、硫磺、钾盐等。煤主要分布在阿巴拉契亚山脉和西部山区；铁主要分布在苏必利尔湖以西；石油主要产在墨西哥湾沿岸、加利福尼亚南部和阿拉斯加。美国森林覆盖率约为33%，主要分布在西北部太平洋沿岸、东北部和东南部。水力资源仅次于中国、俄罗斯，居世界第3位，主要分布于哥伦比亚河、科罗拉多河和田纳西河。全国耕地约1.86亿hm^2，人均约$0.8hm^2$，均居世界前列。

美国拥有发展工农业生产所需要的丰富资源和有利的自然条件，这对美国经济的发展起到了十分巨大的作用。

二、人文环境特征

（一）简况

1．人口

美国人口在2006年10月17日达到3亿，仅次于中国、印度，居世界第3位。美国人口分布很不平衡，东北部密集，五大湖沿岸人口最多，南部、西部人口稀少；沿海多，内陆少。美国城市化水平极高，约有3/4的人口居住在城市。

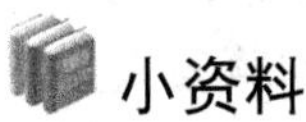

小资料

美国人口突破3亿

2006年美国人口普查局宣布，在美国东部时间2006年10月17日早晨7点46分，美国人口总数将突破3亿大关，这是美国人口史上具有里程碑意义的一刻。

据美国人口普查局估算，在美国，每7秒钟有1人降生，每13秒有1人死亡，每31秒有1名移民到达美国。综合考虑这些因素，人口净增长的速度为每11秒钟增长1个人。因此，按此增长速度，美国的第3亿个人将诞生在美国东部时间（2006年10月）17日早晨7点46分。

美国人口数量从1亿增至2亿经过了52年时间，而从2亿增长到3亿仅用了39年，预计再增长1亿可能只需37年。而在过去一百年里，美国的人口增长速度是其历史上最快的，尤其是二战后的“婴儿潮”时期。步入新世纪后，人口数量依然在稳步上升，预计到2070年将达到一个稳定时期。

目前世界总人口数约65亿，美国人口数位居中国和印度之后，名列世界第3。

人口增长较快的地区位于美国南部和西部。

新移民数量增长快是美国人口增长的原因之一。上世纪70年代，新移民仅占美国人口总数的5%，如今这个数字已经上升到12.1%，而且还呈增长趋势。

对于这种新的形势，不同的人给出了不同的解读。有人认为，移民为美国带来了多样性，引进了新的思想、技能和文化；而另外的观点则认为，这种状况造成的后果是，交通堵塞、更多约束、个人主义的丧失以及自由和空间的减少；也有人担心，美国是世界上唯一一个正在经历人口剧增的工业国，高出生率和自然资源高消费对环境会产生巨大不利影响。因为众所周知，美国拥有世界 5%的人口，却占用着全球 25%的资源，是世界平均水平的 4 倍多。而与此相对应，美国人制造的垃圾数量及释放的二氧化碳数量分别是世界平均水平的 2 倍和 5 倍，是全球变暖的主要“功臣”。

2. 民族

美国是一个移民国家。其居民来自世界许多国家和地区，因此，它是一个多民族的国家，民族成分呈现多元化的特点，故美国素有“民族熔炉”的美称。美国人以欧洲移民后裔为主，从 16 世纪初～20 世纪初，欧洲向美国大量移民，最早的移民主要是英格兰人、苏格兰人、爱尔兰人，继而是欧洲其他各国家的移民。这些移民的后裔约占美国总人口的 80%以上，在美国社会中占主导地位；美国有色人种中绝大部分是黑人，他们大多数是从 16 世纪开始被欧洲殖民者从非洲贩运到北美洲的黑人的后裔，目前约占美国人口的 13%；印第安人是美国土地上原有的居民，由于殖民时期惨遭杀害，人口急剧减少，目前在美国境内的印第安人约有 136 万，大多数都居住在保留地中；另外，美国人口中还有墨西哥人、波多黎各人和亚洲人的后裔。目前居住在美国的华人约有 100 多万人。由于英国人是美国早期移民的主体，英语便成了美国的主要语言，其他各国移民迁入美国之后，都逐渐掌握了英语，并接受了美国的生活方式，逐步“美国化”。“美国化”的结果是使不同民族在这块土地上同化，成为一个统一的大民族—— 美利坚民族。

3. 语言

美国的官方语言是美式英语。

4. 宗教

美国宗教繁多，世界上各种重要的宗教派别，在美国几乎都有其信徒。信奉基督教新教的人最多，其次是天主教、犹太教和其他宗教。

5. 国旗

美国国旗为星条旗。由红白相间排列的 13 道条纹组成（7 条红色、6 条白色），13 道条纹代表最初北美 13 块殖民地即美国最初的 13 个州；旗帜左上角为一蓝色星区，区内共有 50 颗五角星分 9 排交错排列，50 颗星代表美利坚合众国的 50 个州。旗帜上的红色象征强大和勇气，白色象征纯洁和清白，蓝色象征警惕、坚忍不拔和正义。

6．国歌

美国国歌为《星条旗之歌》，由弗朗西斯·斯科特·克伊作词，约翰·斯塔福德·史密斯作曲。

7．国花等

美国国花是玫瑰。美国国鸟是白头鹰。

美国有个绰号叫“山姆大叔”。1961 年美国国会通过决议，将出自漫画家之手的一个白发、蓄有山羊胡子、头戴星条高帽的瘦高老头定为美国的象征。

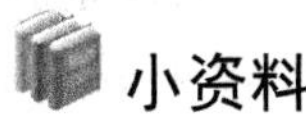

小资料

美国绰号“山姆大叔”的来历

你知道美国绰号“山姆大叔”的来历吗？

据说它源自 1812～1814 年间美英战争时期的一个历史传说。相传在纽约州的特洛伊城（Troy）有位年长的肉类加工商，名叫山缪尔·威尔逊（Samuel Wilson）。他勤劳、诚实、能干，很有威信，人们亲切地叫他“山姆大叔（Uncle Sam）”（Sam 为 Samuel 的昵称）。这位山姆大叔也是一位爱国者，他与父兄曾参加过美国独立战争。在 1812 年的美英战争中，他的工厂与政府签了一份为军队生产桶装牛肉的合同，美国政府每当收到他交来的经其亲自检验合格的牛肉，就将肉装入特制的木桶，并在桶上盖上 US 的记号。由于 Uncle Sam 的首字母是 US，而美国（The United States）的缩写也是 U.S，于是人们便把这两个名称合二为一了，意即那些经“山姆大叔”之手的牛肉，成了“美国”的财产。于是当地的人们就把“山姆大叔”当成美国的绰号，并逐渐流传开来。

19 世纪 30 年代，美国漫画家根据历史传说，赋予“山姆大叔”形象，于是出现了一个蓄着胡子的高瘦老头形象。他头戴星条高顶帽，身穿红、白、蓝三色燕尾服和条纹裤（美国星条旗的图案）。虽白发苍髯，却精神矍铄，一派威仪。从此，这一形象就成了美国的象征。“山姆大叔”勤劳开朗的性格和爱国热忱，体现了美国人民的天性和精神。因此，1961 年，美国国会正式承认“山姆大叔”为美国的民族象征和代表。

（二）简史

美国建国只有 200 多年的短暂历史。北美洲原为印第安人的居住地。1492 年哥伦布发现美洲以后，欧洲殖民主义国家开始不断向北美移民。原先大陆上生活的印第安人，后来逐渐被欧洲殖民者杀戮、驱逐或同化。到 1733 年，英国通过与荷兰、法国的激烈争夺，终于在北美东部相继建立了 13 块殖民地。

此后又通过“奴隶贸易”，从非洲贩来大批黑奴。

1775 年，这些殖民地人民发动了反对英国殖民统治的战争——北美独立战争。战争于 1775 年 4 月 19 日正式爆发，到 1776 年 7 月 4 日，大陆会议通过托马斯·杰斐逊等人起草的《独立宣言》，宣告美利坚脱离英国而独立，成立美利坚合众国。1783 年独立战争结束。1788 年底，华盛顿当选为美国第一任总统。

独立后，美国北方资本主义工业迅速发展，而南方各州却继续保留了种植园奴隶制经济。1861 年，反对黑奴制度的林肯就任美国总统，南方各州决定脱离联邦，另立政府，以保留奴隶制。由于南部奴隶主发生叛乱，同年 4 月 15 日，美国南北战争爆发。林肯采取了一系列措施，颁布了《解放奴隶宣言》、《宅地法》等法令，使战局发生了有利于北方的变化，1865 年 4 月，战争以北方胜利而告终。

南北战争为美国资本主义经济的发展扫清了道路，美国经济进入发展的黄金时期。到 19 世纪 80 年代，美国工业生产超过英国，跃居世界首位。进入 20 世纪，经过两次世界大战的刺激，美国大发战争横财，成为世界头号经济强国，并建立起在资本主义世界的霸权地位。

美国独立之后，疯狂地进行领土扩张。从其 1776 年建国后的 100 年内，领土几乎扩张了 10 倍，逐渐形成了今天的版图。

（三）政治

1. 政体

美国于 1776 年 7 月 4 日制定了宪法性文件《联邦条例》，1787 年 5 月在费城召开的制宪会议上，制定了美国的第二部宪法《联邦宪法》，于 1789 年 3 月第一届国会宣布生效。两个世纪以来，又先后制定了多条宪法修正案。

根据宪法规定，美国建立联邦制共和国。实行三权分立的政治体制，也就是把国家权力分为立法权、行政权和司法权，分别由国会、总统和联邦最高法院行使。三权分立，互相制衡。

（1）总统。按照美国宪法规定，美国总统是国家元首、行政首脑兼武装部队总司令，掌管国家行政大权。美国总统有权发布行政命令，处理国家事务和国家的各项工作，任命最高法院法官、驻各国大使和政府高级官员，还拥有外交权，并且是三军总司令，拥有军事指挥权。美国总统通过选举产生，任期 4 年，最多可连任 1 次。美国现任总统为巴拉克·奥巴马，是美国第 56 届、第 57 届总统。

（2）国会。美国国会是全国最高立法机构，行使国家立法大权。美国国会由参议院和众议员组成。参议员 100 名，每州两名，任期 6 年，每两年改选 1/3。众议员有 435 名，议席分配以各州人口多少决定，每 10 年进行一次调整。众议员任期 2 年，每两年全部改选，可以连选连任。

（3）最高联邦法院。行使国家司法大权，由 1 名首席法官和 8 名法官组成。最高联邦法院法官由总统提名，经参议院批准后任命。

（4）政府。美国政体是总统内阁制。总统是政府首脑，内阁由各部部长和总统指定的其他官员组成。联邦政府各部各机构向总统负责，受总统领导和监督。总统掌握国家的行政大权。

2．主要政党

美国国内虽有众多的党派，但对美国政治生活影响最大的是共和党和民主党。

（1）共和党。成立于 1854 年，无固定的政治纲领，仅在大选时提出竞选纲领。1861 年林肯就任总统，共和党首次开始执政。从 1861 年至今，共和党已产生 18 位总统，著名总统有林肯、西奥多·罗斯福、艾森豪威尔、尼克松、里根、布什等。共和党的标志为大象。

（2）民主党。成立于 1791 年，以大选时提出的竞选纲领为本党纲领。从 19 世纪中期开始，美国共和、民主两党轮流执政。民主党共产生 8 位总统，著名的总统有威尔逊、富兰克林·罗斯福、约翰·肯尼迪、克林顿等。民主党的标志是驴。

另外，美国还有绿党、改革党等较著名政党。

（四）经济

美国是世界第一经济强国，国内生产总值和对外贸易额均居世界首位。2005 年，美国国民总收入 12 151 亿美元，居世界首位。人均国民收入 41 400 美元。2001～2005 年，平均经济增长率为 2.4%。

美国作为世界上经济最发达的资本主义国家，不仅经济发展迅速，而且工农业均较发达，劳动生产率高。

1．经济部门

美国的工业现代化水平高，工业体系完整，部类齐全。长期以来，美国许多工业居世界前列，钢铁、汽车和建筑业是美国经济的三大支柱。美国工业分布不平衡，工业明显地集中在东北部、南部和西部太平洋沿岸 3 个地带，形成三大工业区：东北工业区、西部工业区、南部工业区。

东北工业区，是美国工业开发较早的传统工业区和制造业带，也是最主要的工业区。工业主要分布在大西洋沿岸和五大湖沿岸的各城市中，如纽约、费城、波士顿、芝加哥都是重要工业城市，还有著名的“钢都”匹兹堡、“汽车城”底特律等。工业主要有汽车、钢铁、化学和某些重要的军事工业。

西部工业区，是二战期间和战后迅速发展起来的新兴工业区。洛杉矶、旧金山、西雅图都是重要的工业中心，工业部门主要是与军事有关的一些新兴部门，如飞机、造船、导弹和电子产业等。

南部工业区，石油资源丰富，二战期间迅速发展起来。主要的工业有石油、飞机、宇航、电子等。休斯敦是南部工业区最重要的工业中心，它是全国最大的石油工业基地，也是美国著名的宇航工业基地。

南部工业区和西部工业区，是新兴工业区，也称“阳光地带”。二战后，美国工业和经济由东北部地区向西部和南部的扩展，被称为是美国“阳光带的兴起”。

美国农业的现代化水平非常高，农业生产全过程实现了机械化、电气化和化学化，农业劳动生产率达到世界最高水平。美国农业在其国民经济中和世界农业中均占重要地位。农业中种植业和畜牧业并重，主要种植玉米、小麦、水稻、棉花、大豆、甜菜、烟草等，饲养以牛、猪和鸡为主。美国是世界最大的农产品生产国和出口国。

美国农业还具有地域专门化的特点，主要的专业化农业区（带）有乳畜带、玉米带、小麦区、棉花带、亚热带作物带、畜牧和灌溉农业区等。

2. 主要财团

美国经济具有高度垄断性。一些垄断财团控制着国家的经济命脉，操纵政府和国会，统治美国生活的各个方面。美国著名的十大财团，其资产总额占美国全部公司资产总额的30%左右，它们是洛克菲勒财团、摩根财团、加利福尼亚财团、第一花旗银行财团、芝加哥财团、波士顿财团、梅隆财团、得克萨斯财团、杜邦财团、克利夫兰财团。

美国主要大公司有通用汽车公司、埃克森公司、福特汽车公司、通用电气公司、国际商业机器公司、美国电话电报公司、菲利普·莫里斯公司、波音公司、杜邦公司、德士古公司等。

3. 对外贸易

美国对外贸易额居世界首位。出口产品以机器和运输设备为主，其次是其他工业制成品和农产品；在进口方面，能源、原材料和热带农产品较为重要。主要贸易对象为加拿大、日本、西欧、南美、中东国家和地区。与中国的贸易额近年有所增长。

2006年，美国进出口总额为29 570亿美元，贸易顺差达8 830亿美元。

4. 货币

美国货币为美元。

（五）文化

美国历史虽然不长，但在文化方面也有一定建树，在文学、绘画、音乐、电影等方面都有其名家名作问世，教育方面，更成为世界上教育事业最发达的国家之一。

1．文学

美国文学在19世纪中期，形成独立体系并进入繁荣时期，涌现出一批在世界文坛享有盛誉的文学巨匠，如小说《红字》的作者霍桑，小说《汤姆叔叔的小屋》的作者哈利亚特·比彻·斯托，诗歌《草叶集》的作者惠特曼等。

南北战争时期又出现了马克·吐温和杰克·伦敦等人。

马克·吐温（1835—1910），是19世纪美国最优秀的现实主义作家、幽默小说家。他的小说《竞选州长》、《汤姆·索耶历险记》、《哈克贝利·费恩历险记》、《败坏了哈德莱堡德人》等，以及一些游记、演讲集等，都是深受世界各国人民喜爱的文学名著。

杰克·伦敦（1876—1916），是美国著名小说家。小说《马丁·伊登》、《铁蹄》等是他的代表作。

20世纪初，美国现实主义文学进入全盛时期，海明威（1899—1961）是这一时期最有代表性和影响力的作家。海明威是一个优秀的小说家，《太阳也升起了》是他的第一部重要的长篇小说。他的代表作有《永别了，武器》、《战地钟声》和《老人与海》。中篇小说《老人与海》出版后，大受读者赞赏，使他获得1953年普利策奖，并获1954年诺贝尔文学奖。

20世纪60年代以来，美国文坛出现各种流派并行的局面，一些颓废文学充斥文坛，给美国文学蒙上阴影。

在美国的文坛上，黑人文学和黑人作家不断涌现，并且在美国文坛占据一席之地。1976年，黑人作家阿里克斯·哈利发表的小说《根》，轰动文坛，影响颇大，在美国甚至还掀起了一股“寻根热”；另一位黑人作家托尼·莫里森，于1993年获诺贝尔文学奖，成为美国历史上第一位获诺贝尔奖的黑人作家。她的主要作品有《所罗门之歌》、《宠儿》、《爵士乐》。

2．绘画

美国美术早期受法国影响很深，没有自己的独立体系。直到20世纪30年代，美国抽象派的出现才产生了美国的独立画派体系。60年代以来，“流行艺术画派”风行美国。70年代以后，“超现实主义”成为美国画派的主导。进入80年代，美国画坛各创流派，异彩纷呈。现在美国有570多个艺术院校，专业和业余画家上百万。几乎每个城市都设有美术馆，其中最著名的是华盛顿的国立美术馆。

3. 音乐舞蹈

美国是一个移民国家，它的音乐是在世界各民族音乐的影响下形成和发展起来的。二战以后，美国音乐进入繁荣时期。美国的摇滚乐和乡村音乐在世界上颇有知名度。美国的舞蹈艺术也产生了世界知名的艺术家。女舞蹈家邓肯（1878—1927）是美国现代舞的先驱。

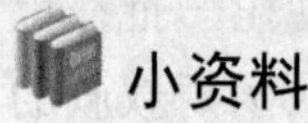小资料

美国乡村音乐和约翰·丹佛

乡村音乐是土生土长的美国音乐，体现了浓郁的美国南方民间音乐的风格。传统的乡村音乐从 19 世纪的弦乐曲和传统叙事歌中发展而来，不受性别和年龄限制，也不受时间地点的限制，一把吉他，外加班卓琴和口琴乐器的伴奏，歌手便可以尽情抒发他们心中的快乐和忧愁。在相当长的一段时间里，乡村音乐的歌手和歌迷几乎都是农民、牛仔、矿工和伐木工等生活在南部乡村的美国白人，歌手唱歌时也总是带着浓重的南方鼻音。大部分歌曲的内容都表达了他们对爱情的忠贞不渝，对乡土的眷恋之情，或者反映了生活的艰辛，贫困的煎熬以及家庭的温馨等。

20 世纪 50 年代初，随着电声乐器的发展，乡村音乐中逐渐加入了电子乐器、鼓、提琴和号。

美国乡村音乐有许多著名的代表歌手，约翰·丹佛是其中重要代表人物之一。

约翰·丹佛，1943 年出生于美国西南部的新墨西哥州，从小喜爱音乐，8 岁时祖母送他一把吉他，开始学习音乐。年轻时，他学的是建筑设计专业，1971 年他放弃学业，一心从事乡村歌曲的创作和演唱。当年，以演唱歌颂弗吉尼亚山区美丽风光的《乡村之路》《Country Road》一举成名。1972 年以一曲《高高的洛基山》《Rocky Mountain High》进入电视屏幕，成为美国广播公司“午夜特别节目”的主持人。

丹佛熟悉农村生活，热爱大自然，他创作的歌曲大都是赞美大自然和歌颂人类的友爱和美好的感情的。因其曲调简朴、优美，内容清新向上，歌词富有诗意和哲理，使他享有“桂冠诗人”的美名。他的吉他弹唱在世界上更是享有盛名。

1997 年 10 月，丹佛在驾驶自己的私人飞机时不幸失事，终年 54 岁。

约翰·丹佛的代表作品有《乡村之路》(《Country Road》，1971)、《高高的洛基山》(《Rocky Mountain High》，1972)、《安妮之歌》(《Annie’s Song》，1974)、《阳光洒在我肩上》(《Sunshine on My Shoulders》，1974) 等。

4. 电影

美国是世界电影事业的摇篮，也是世界最著名的电影王国。洛杉矶市郊的好莱坞是美国电影业的中心。从 19 世纪末电影出现到今天，美国好莱坞涌现出的国际知名影星和导演数不胜数，也出现各种不同的电影艺术流派。

5. 教育

美国的教育事业十分发达。目前在基础教育方面，绝大多数州已实行 10 年义务教育，少数州实行 11 年或 12 年义务教育。

美国著名大学有哈佛大学、麻省理工学院、哥伦比亚大学、耶鲁大学、加利福尼亚大学伯克莱分校、斯坦福大学、乔治·华盛顿大学等。哈佛大学，创立于 1636 年，位于美国波士顿。有世界最著名的商学院。

6. 新闻媒体

美国主要报纸有《今日美国》、《华尔街日报》、《纽约每日新闻》、《洛杉矶时报》、《纽约时报》、《华盛顿邮报》等。

主要杂志有《读者文摘》、《新闻周刊》、《时代》周刊等。

美国最大的对外广播电台是美国之音和美军广播电视网。最有影响的全国性广播网是全国广播公司（NBC）、哥伦比亚广播公司（CBS）、美国广播公司（ABC）、有线新闻广播公司（CNN）和福克斯电视台（FOX）等。

美国两家最大的通讯社是美国联合通讯社和合众国际社。美国联合通讯社，简称美联社，是美国最大的通讯社。1848 年在芝加哥成立，后将总部迁到纽约；合众国际社，简称合众社，是美国第二大通讯社，1958 年由前合众社和国际新闻社合并组成，总部设在纽约。

（六）习俗

1. 物质习俗

美国人的主食是肉、鱼、菜类，面包、面条、米饭类是副食。美国人用餐不求精细，但追求快速和方便，因此像汉堡包、肯德基、热狗等快餐风靡美国。美国人的主要饮料是咖啡，茶在美国也大受欢迎，此外，还有各种可乐和果汁，以及啤酒、葡萄酒等各种酒类。喝饮料时大都喜欢放冰块。美国人口味喜欢清淡，不喜欢油腻，不爱吃蒜和过辣食物，也不爱吃清蒸菜肴和红烧菜肴，忌食动物内脏，不喜欢蛇一类的异常食物。不喜欢在餐碟中剩留食物。

美国有各式餐馆，自助餐价格较便宜，也无须付小费。在正式餐馆就餐要付小费，数额为就餐费的 15%。在美国乘坐出租车、住旅馆也要给司机和宾馆服务人员适当的小费。

美国人平时穿着无拘无束，十分随便，但在正式社交场合则十分注重服饰。

如果参加宴会、集会和其他社交活动，一定要根据请柬上的服装要求着装，以免失礼。在非社交场合，也讲究服饰礼仪，一般不能穿背心到公共场所，或将睡衣穿出门。

2．主要节日

美国的节日主要分两类，一类是政治性的节日，如美国独立日（7 月 4 日）、国旗日（6 月 14 日）、华盛顿诞辰纪念日（2 月第 3 个星期一）、林肯诞辰纪念日（2 月 12 日）等；另一类是宗教性节日，如复活节（春分月圆后第一个星期日）、情人节（圣瓦伦丁节，2 月 14 日）、万圣节（10 月 31 日）、感恩节（11 月第 4 个星期四）、圣诞节（12 月 25 日）等；此外还有一些民俗节日，如愚人节（4 月 1 日）、母亲节（5 月第 2 个星期日）、父亲节（6 月第 3 个星期日）等。在美国节日中，最重要的是感恩节和圣诞节。

（1）感恩节。是美国独创的古老节日，也是美国合家欢聚的日子。早在 1620 年，第一批英国移民踏上美洲大陆后，得到了印第安人的帮助。在第二年的秋收后，移民们为了感谢印第安人的帮助和上帝的保佑，邀请印第安人一同举行庆祝活动，这就是感恩节的来历。华盛顿总统把感恩节定为全国性的节日。日期是每年 11 月的最后一个星期四。每逢感恩节这一天，美国举国上下举行化装游行、戏剧表演、体育比赛等各种娱乐活动，家家团聚，欢度节日。感恩节的传统食品中最主要的是火鸡。

（2）圣诞节。是美国最盛大的节日。在圣诞夜，美国人通宵达旦地举行各种庆祝活动。教堂里的唱诗班挨家挨户到教徒家门前唱圣诞颂歌。家家要装饰圣诞树，亲人们互赠礼品。圣诞节的传统食品主要是圣诞蛋糕。

3．礼仪与禁忌

美国人的姓名与其他英语国家一样，以名、名、姓次序排列。第一个名又称教名，是受法律承认的正式名字。中间名通常用缩写表示，其构成来源比较复杂，一般是借用某个名人或某个亲属的姓，外人一般不称呼中间名。按照美国法律的有关规定，妇女结婚后，要使用丈夫的姓。

美国通行西方礼仪。见面和分手时行握手礼，不论男士或女士，都应主动向对方伸手。业务交往讲究守时，但社交活动往往迟到。美国也盛行女士优先原则。无论约会或做客，都要事先安排，美国人不喜欢不速之客。到美国人家中做客，进门后要先向女主人问好，然后向男主人和其他宾客问好。在主人家就餐，要格外注意餐桌上的礼节，正确使用各种餐具。每种餐具都有专门的用途，如果不会使用，最保险的办法是按女主人的样子做，以免出错。

美国人送礼讲究单数，但不要 3 和 13。礼品要有精美包装。收到礼物时，要马上打开，夸奖并感谢一番。如果收到礼品就把它放在一边，不予理睬，是十分不礼貌的行为。美国人不喜欢随便送礼，没有目的的送礼，会使受礼人感到莫名其妙。一般也不送很贵重的礼品，只是一些贺卡、鲜花、蛋糕、巧克力、书籍、画册之类的东西。

美国人日常交谈，不喜欢涉及个人私事，有些问题甚至是忌谈的，如询问年龄、婚姻状况、收入、宗教信仰、竞选中投谁的票等等。交谈中忌过分谦虚和客套，忌距离太近，忌称呼长者加“老”字，忌说别人“白”、“胖”等。

美国人的迷信与禁忌同宗教有密切关系。他们忌讳13，不喜欢星期五，尤其视“13 日星期五”为不祥日子。忌讳黑色（象征死亡），不喜欢红色，偏爱白色（象征纯洁）、黄色（象征和谐）、蓝色（象征吉祥）。忌讳蝙蝠图案（象征吸血鬼）、黑猫图案（象征不吉），偏爱白色秃鹰图案（国鸟）。忌打破镜子，认为会招致大病或死亡。忌一根火柴为3个人点烟。街上走路忌啪啪作响（视为骂娘）。

三、名城与名胜古迹

（一）名城

美国因其建国历史短暂，国家古迹较少。但名城众多，风景名胜和各种建筑在世界上享有盛名。

1．首都

华盛顿是美国的首都，美国政治中心。位于波托马克河的航运起点，临近大西洋岸，范围与哥伦比亚区相同，因纪念首届总统华盛顿而命名。1791年被定为首都，1800年将首都由费城迁到此地。作为首都，华盛顿有美国国会大厦和联邦政府机关、总统府（白宫）、国务院、国防部（五角大楼）等国家机关，科学院、国会图书馆、博物馆、美术馆、乔治敦大学、乔治·华盛顿大学等科学、文化、教育机构，华盛顿纪念碑、林肯纪念堂、杰斐逊纪念堂等著名纪念建筑物。

2．其他名城

（1）纽约。纽约是美国第一大城、联合国总部所在地。位于纽约州东南哈得孙河口，濒临大西洋，有“美国的门户”之称。1686年建市，成为美国最重要的工业、商业和金融中心。主要市区在曼哈顿岛上，百老汇大街纵贯全岛，华尔街是美国金融资本的大本营，有许多大银行和股票交易所。岛的东侧有联合国大厦，东南角有华人聚居的中国城，北部是黑人居住的哈莱姆区。

纽约有很多举世闻名的名胜，如自由女神像、百老汇、大都会博物馆等。

另外，纽约的中央公园、圣帕特里克大教堂、市区以北 80km 处的西点军校等，也都是久负盛名的地方。位于纽约的世贸中心大厦，在 2001 年 9·11 事件中，被恐怖分子用飞机撞毁，成为一片废墟，令前来参观的人至今仍触目惊心。

（2）洛杉矶。位于美国西南加利福尼亚州，是美国仅次于纽约的第二大城，是美国西部最大的工业中心和港口。这里的飞机、造船、导弹等工业都很有名。洛杉矶是一个依山傍水的美丽城市，这里四季阳光充足，气候宜人，自然环境优美，旅游业十分发达。洛杉矶还是美国重要的文化中心，有著名的好莱坞世界电影业中心和迪斯尼乐园。

（3）芝加哥。它是美国的第三大城市，是美国中部最大的城市，位于美国中北部密歇根湖最南端。芝加哥是美国最大的铁路枢纽，也是美国最大的谷物和牲畜交易市场。

（4）旧金山。美国人称其为圣弗朗西斯科。旧金山是美国西部仅次于洛杉矶的第二大城市，通往太平洋的门户。这里华侨很多，是华侨在美国最大的聚居地，有著名的中国城。金门大桥是世界名桥，1933 年始建，被誉为近代桥梁工程的一项奇迹，已成为旧金山市的象征。

（5）迈阿密。著名海滨城市，靠近美国佛罗里达半岛的最南端，是美国最南的城市和游览中心。这里四季如春，旅游业发达。著名的迈阿密海滩长达 10km，各种旅游设施齐全，每年都吸引数百万国内外游人，是世界著名旅游胜地。

（6）费城。全称费拉德尔菲亚。美国第四大城市，也是一个著名港口。它位于美国东海岸，在华盛顿和纽约之间。费城是美国的历史名城，是美利坚合众国的诞生地。费城国家独立历史公园，在美国历史上占有首屈一指的地位。公园内的独立厅已列入世界遗产名录，具有历史意义的美国《独立宣言》和美国宪法均诞生在这里。美国独立战争后，1790～1800 年，费城曾经做过美国首都，因此保留下较多的历史名胜。

（7）拉斯维加斯。位于美国内华达州南部，是全球闻名的赌城。

（二）名胜古迹

1．国会大厦

国会大厦是美国国会的办公大楼，坐落在一座土山上，故称国会山。美国政府规定，首都所有建筑物都不得超过国会山的高度，因此国会山成为华盛顿的最高点。

2．白宫

白宫是美国总统府，位于华盛顿市中心，因外墙是白色砂岩而得名。白宫由东西两翼构成，总统办公室和总统一家的居处都在此建筑物内。在新闻报道中，常用白宫代表美国政府。

3. 五角大楼

五角大楼是美国国防部所在地，在华盛顿近郊，是一座由五幢楼房连接而成的等边五角形建筑，故名五角大楼。新闻报道常用五角大楼作为美国国防部的代称。

4. 自由女神像

自由女神像位于纽约哈得孙河口的自由岛上，1886年落成，是法国人民赠送给美国人民的礼物。女神像由法国艺术家巴托迪设计，像内铁架由设计巴黎铁塔的埃菲尔设计。自由女神像成为美国东海岸门户的象征，也是美利坚民族的象征，已列入世界遗产名录。

5. 联合国总部

联合国总部在纽约曼哈顿区，是一座39层的建筑。这里环境宁静，空气新鲜，总部大楼的正面飘扬着联合国各成员国的旗帜。游人可在此旁听联合国召开的各种会议。

6. 华尔街

华尔街坐落在纽约曼哈顿区的南部，是美国最大的金融中心，也是世界金融的神经中枢。华尔街长约 0.5km，两旁矗立着许多摩天大楼，纽约证券交易所和主要银行都位于此。

7. 百老汇

百老汇是纽约曼哈顿区一条街的名字，因为在这条街上有许多剧场、戏院，所以人们常用它来泛指纽约的戏剧界。

8. 大都会艺术博物馆

该博物馆位于纽约曼哈顿区，是美国最大的博物馆，收藏了世界各国不同时期的艺术珍品36万余件，是世界四大博物馆之一。

9. 好莱坞

好莱坞位于洛杉矶西北郊，是美国影城，也是西方世界的电影中心。好莱坞意为“常青树林”，已有 8 家著名影业公司，每年制作数百部影片，是名副其实的“世界影都”。

10. 迪斯尼乐园

迪斯尼乐园位于洛杉矶郊区，由美国杰出的动画大师沃尔特·迪斯尼创立。他创作的米老鼠形象名噪全球。游乐园于1955年建成开放，被誉为“现代游乐场所的奇迹”。它不仅成为儿童心目中的天堂，不少世界要人和知名人士也都曾光顾游览。

11．黄石国家公园

该公园位于美国西北部怀俄明、蒙大拿、爱荷达三州交界处，是世界上最大的国家公园。始创于 1872 年，黄石国家公园是美国第一个国家公园，也是世界上建立最早的国家公园。该公园富有湖光山色、悬崖峡谷、飞瀑流泉，尤以间歇喷泉著称于世。已列入世界遗产名录。

12．科罗拉多大峡谷

它位于亚利桑那州西北部，1919 年被开辟为国家公园。科罗拉多河流过谷底，河谷两岸尽是悬崖峭壁。崖壁由各种颜色、不同地质年代的岩石叠成，在骄阳照射下，岩石颜色千变万化，光怪陆离。大峡谷长约 350km，深达 1 800m，宽约 8～25km。已列入世界遗产名录。

13．圣海伦斯火山

该火山位于美国西北部太平洋沿岸，这里风景优美，是美国著名的旅游区。圣海伦斯火山是一座活火山，最近一次喷发是在 1980 年。

14．尼亚加拉大瀑布

它位于伊利湖和安大略湖之间，在美国和加拿大两国交界处。尼亚加拉大瀑布从 50 多米的高崖垂直下泻，形成世上罕见的大自然奇观。瀑布下泻之前分为两股，一股是美国境内的美利坚瀑布，约 300m 宽；一股是美加之间的马蹄瀑布，约 700m 宽。两股瀑布交织在一起，从 50 多米高的峭壁倾泻而下，流入安大略湖。尼亚加拉大瀑布是世界名瀑之一。

15．化石林国家公园

该公园位于美国阿达马那镇附近，是世界上最大、最绚丽的化石林集中地。它们都是 1.5 亿年前的史前林木，是大自然沧海桑田的见证。园内还发现了印第安人的文物及史前时期的石雕文明。

16．夏威夷群岛

夏威夷是美国的第 50 个州，位于太平洋中，地处热带，是世界著名旅游胜地，以热带景观和火山景观著称于世。其中的瓦胡岛有环岛沙滩，是世界驰名的海滨旅游度假区。夏威夷火山国家公园有著名的冒纳罗亚和基拉韦厄两座活火山，奔腾汹涌的火山熔岩使该公园独具特色，已列入世界遗产名录。在瓦胡岛上，还有波利尼西亚文化中心，是 1963 年为保存波利尼西亚人的历史和传统文化而建。通过村民的日常生活反映着波利尼西亚人的文化传统和风土人情。夏威夷首府檀香山（火奴鲁鲁）和珍珠港也是著名的旅游地。

【思考与练习】

1．美国的地理位置、地形有什么特点？对发展经济有哪些优势？
2．为什么说美国的气候是深受地形影响的气候？
3．美国有哪些著名的河流湖泊？
4．什么叫做“美国化”？
5．说说美国国旗图案的意义。
6．解释美国的独立战争和南北战争。
7．你了解华盛顿和林肯这两位美国总统吗？
8．你知道什么是美国的“驴象之争”吗？
9．美国经济水平和主要部门情况如何？
10．美国历史上著名作家及其作品有哪些？
11．美国有哪些独特民俗、节日和礼仪禁忌？
12．美国有哪些著名城市和名胜古迹？

第二节　加　拿　大

关键词语　格陵兰岛、落基山脉、大草原、大平原、拉布拉多高原、高纬度、气候寒冷、圣劳伦斯河、五大湖、移民国家、枫树之国、白令海峡、印第安人、多伦多大学、冬季狂欢节、枫糖节、渥太华、多伦多、蒙特利尔、魁北克、温哥华、尼亚加拉大瀑布、魁北克古城

一、自然环境特征

（一）位置

加拿大位于北美洲北部，东濒大西洋，西临太平洋，北濒北冰洋，东北隔巴芬湾与格陵兰岛相望，西北与美国阿拉斯加州接壤，南与美国本土毗邻。与美国的陆界长 8 892km，是世界上最长的两国边界。

加拿大面积 997 万 km^2，是世界上面积第二大国家。海岸线长达 2 万 km（不含岛屿岸线），位居世界第 7 位。

（二）地形

1．特点

加拿大国土的主体是波状起伏的低高原和平原低地，海拔不足 500m 的地区约占国土总面积的 51%，海拔 500～1 000m 的地区约占总面积的 28%。山地分布

在边缘，海拔 1 000m 以上的山地约占国土总面积的 21%。其中西部是高大连续的年轻褶皱山脉，东南边缘以及北极群岛的北缘和东北缘为久经侵蚀的古老山地。

总的来看，加拿大地貌呈西高东低状。西部为沿太平洋的落基山脉，中部为大平原，东部为拉布拉多高原。

2．主要地形区

（1）大草原。它位于北美洲中部，西自落基山东麓，东至大平原，长约 3 600km，宽 500～800km。大部分地区起伏和缓。海拔从 1 800m 向东逐渐减至 500m。密苏里河以北和以东曾受大陆冰川侵袭，冰碛地貌广布，内布拉斯加州西部则分布风积沙丘。在普拉特河以南的中部地势最高，海拔 1 500～1 800m，有高平原之称。

（2）大平原。地跨温带和亚热带，北部冬冷夏暖，南部冬温夏热，南北之间气温相差悬殊。降水量较少，一般介于 250～750mm 之间，并由东向西逐步递减。

（3）落基山。落基山脉纵贯加拿大和美国西部，全长 4 500km，海拔一般为 2 000～3 000m，最高峰埃尔伯特山 4 399m。

落基山脉构造和地形复杂，南北差异明显。有埃尔伯特山等 48 座海拔在 4 200m 以上的高峰，为整个山脉最雄伟的部分。

落基山脉既是北美大陆重要的气候分界线，也是北美大陆最重要的分水岭，更是北美东西交通的天然障碍。

落基山脉是加拿大境内最著名的山脉，也是著名的旅游胜地。高耸入云的山峰上终年覆盖着皑皑白雪，在蔚蓝色天空的映衬下，显得格外高远，令人心驰神往。山上有各种各样的树木，待到秋日来临，一片绚烂的色彩，可谓美不胜收。山间的河流、湖泊是钓鱼者的天堂，其间盛产鳟鱼、北极茴鱼及北美狗鱼等多种鱼类，即使最挑剔的垂钓者也会对这里赞不绝口。

（三）气候

1．气候类型

北极群岛和北部沿岸地带为极地苔原气候，冬季不仅严寒漫长，且多强风，1 月平均气温低于–18℃；夏季短促而凉爽，7 月平均气温不超过 10℃。降水以雪为主，年降水量约 250mm，地下有永冻层。

纽芬兰、劳伦琴高原大部分、中部平原北部和育空地区等约占国土 1/2 的地区属于副极地大陆性气候，气温极低。其南界相当于 1 月的–7℃等温线，育空地区的绝对最低气温是 1947 年的–62.8℃。夏季不长，7 月平均气温可达 18℃。年降水量 300～750mm，夏季多雨。

太平洋沿岸属温带海洋性气候，冬温夏凉，1 月平均气温 0℃以上，7 月不超过 16℃，年降水量 2 000～3 000mm。

中部平原南部属大陆性半干旱气候，冬寒夏热，降水较少，天气多变。1 月平均气温–20～0℃，寒潮进入气温可降到–30℃以下，并伴有暴风雪。7 月平均气温在 20℃以上，南方热气团北上时气温会骤升至 30℃以上，并伴有尘暴。年降水量 250～500mm。

东南部大西洋沿岸地区及大湖和圣劳伦斯低地属温带大陆性湿润气候，冬季气温在 0℃以下，7 月平均气温在 16～24℃。年降水量 800～1 400mm，夏季雨多。

2．气候特点

加拿大大部分国土纬度较高，气候比较寒冷，冬季漫长而夏季短促。

（四）河湖

1．主要河流

加拿大河湖众多，水面积合计 75.5km^2，约占国土总面积的 7.6%。年径流量居世界第 5 位。主要河流有圣劳伦斯河、马更些河等。

（1）圣劳伦斯河。出自安大略湖东北端，呈西南—东北流向，注入大西洋圣劳伦斯湾，全长 1 287km，流域面积约 30 万 km^2。从安大略湖口至蒙特利尔为该河上游，长约 300km，构成加美两国边界。因河床基岩突露，形成许多小岛，称为千岛河段。蒙特利尔至魁北克为中游，长 256km，河宽同上游，水深增加，落差减小，流速减缓。魁北克以下为下游，长 700 多 km，河面展宽，水深增加，流速更缓。河中富水产，有鲟鱼、鲈鱼、青鱼、沙钻鱼等。

（2）马更些河。加拿大第一长河，总长 4 241km，流域面积 181 万 km^2。

2．主要湖泊

加拿大是世界上湖泊最多的国家之一。位于加拿大和美国边境的五大湖苏必利尔湖、密歇根湖、休伦湖、伊利湖、安大略湖，除了密歇根湖全在美国境内，其余均为美加两国共有。五大湖和呈弧状排列的温尼伯湖、阿萨巴斯卡湖、大奴湖、大熊湖等湖泊构成了世界上最大的湖带。此外，还有成千上万的小湖泊散布在加拿大各地。

（五）资源

加拿大资源丰富，森林覆盖面积为 440 万 km^2，约占全国总面积的 44%，仅次于俄罗斯和巴西，居世界第 3 位，使得加拿大成为世界上最大的木材和新闻纸出口国。

加拿大河流湖泊众多，因此，淡水资源和水力资源非常丰富。

矿产资源有镍、锌、石膏、钾、硫、铝、金、铜、铁、铀，以及天然气、石油等，都相当丰富。

二、人文环境特征

（一）简况

1. 人口

加拿大共有人口3 280.50万人（2005年7月），平均每平方千米3人，是世界上人口密度较低的国家之一。其人口分布极不平衡，约2/5的人口集中在魁北克省和安大略省南部沿加美边界约1 000km的狭长地带。城镇人口约占全国人口总数的77%。

2. 民族

加拿大是一个移民国家，也是一个多民族国家。全国人口中，英裔居民占40.2%，法裔居民占26.7%，其他欧洲裔居民占23%，多来自意大利、德国、乌克兰等国家，还有10%的居民来自欧洲以外的地区。其中，土著人约130万，占全国人口的3%；亚洲人约67万人以上，其中华人约22万。

3. 语言

官方语言文字是英语和法语。讲英语的人约占全国人口的 1/3，讲法语的约占1/4。来自各国的移民后裔也多使用本民族的语言。

4. 宗教。

加拿大主要宗教派别达30多个。信奉天主教的人约占人口的47.3%，信奉基督教新教的占人口的41.2%，其余的人信奉路德教、浸礼会教、希腊东正教、犹太教、乌克兰天主教等宗教。

5. 国旗

国旗呈长方形，左右两侧为宽红边，中间为白色正方形，正方形中央为一片红枫叶。红色代表太平洋，白色代表国土，中间一片11个角的红色枫叶则象征着加拿大人民。

6. 国歌

加拿大国歌名为《啊！加拿大》，最初由魁北克法学家、诗人阿多尔夫·巴西勒·鲁蒂叶用法文创作诗歌，由魁北克作曲家卡利克萨·拉瓦雷谱曲。后来，蒙特利尔的法官、诗人阿·斯坦利·韦尔又为它撰写了英语歌词。1980年7月1日，加拿大政府宣布把此歌正式定为国歌，并在首都渥太华举行了国歌命名仪式。

7. 国花等

枫叶是加拿大的象征，是加拿大的国花。加拿大的国树是枫树。加拿大有

10多种枫树，枫林遍布，素有“枫树之国”的美誉。

海狸鼠为加拿大的国兽。

（二）简史

“Canada”在印第安语中意为“居住点”。加拿大境内最早的居民是远古时代从亚洲东北部越过白令海峡来到这里的印第安人，他们以捕鱼和狩猎为生，部分人半定居，从事农业。

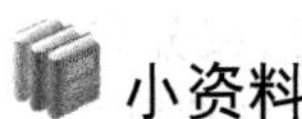

小资料

美洲印第安人

印第安人是美洲土著居民。印第安人包括众多民族和部落，分布于南北美洲各国。属蒙古人种美洲支系。皮肤呈黄褐色，毛发黑粗而直，面部扁平，眼色从淡黄到棕色不等。使用印第安语，包括十几个语族，至今没有公认的语言分类。

一般研究者认为，印第安人的祖先是在两三万年前从亚洲迁移到美洲的，绝大部分从亚洲东北部经白令海峡进入北美洲，尔后逐渐向南扩散；另有一小部分可能是在较晚时期由南太平洋群岛到达南美洲西部海岸的。

1492年意大利航海家哥伦布航行至美洲时，误以为所到之处为印度，因此将此地的土著居民称作“indians”即印度人。在哥伦布到达时，印第安人口多达2 000万。16世纪起印第安人遭受欧洲殖民者的入侵和屠杀，人口急剧减少，到20世纪有所回升。绝大多数印第安人分布在中、南美洲。

印第安人对世界文化有特别重要的贡献。首先他们栽培了玉米、马铃薯、向日葵、木薯、可可、烟草、棉花等农作物。其次是对艺术的创造，特别是安第斯地区印第安人的艺术，体现出他们固有的神话观念和丰富的口头传说，表明了其对生活的丰富想象力和细致的观察力。其工艺品有木雕、编织、纺织、羽饰、刺绣和制陶等。独具一格的印第安艺术至今仍是现代美洲人民艺术发展的基础。

墨西哥是古代印第安人文化中心之一。闻名世界的玛雅文化、阿兹台克文化均为墨西哥印第安人创造。在南美洲还有著名的印加文化。

10～11世纪，北欧人由格陵兰岛渡海至纽芬兰海岸。16世纪，许多探险家为寻找黄金和通往亚洲的西北通道，纷纷航海至北美。17世纪初，欧洲人开始向加拿大移民，法国在此建立了殖民地。17世纪中叶，英法两国就加拿大展开了争夺，双方于1763年签订《巴黎和约》，新法兰西殖民地转属英国，加拿大成为英国的殖民地。19世纪上半叶，英国移民大批来到加拿大。

1837年，加拿大爆发小型武装起义，迫使英国当局进行改革，于1867年成立了联邦制国家加拿大自治领。第一次世界大战削弱了英国对加拿大的控制，1931年，加拿大在联邦内部获得完全独立。

（三）政治

1. 政体

1982年4月7日，经女王批准，《加拿大宪法法案》正式生效。加拿大政体为联邦议会制。英国女王是加拿大的国家元首。加拿大实行“三权分立”，立法、行政、司法大权分别由议会、总理和法院行使。加拿大又实行联邦制，中央政府与省政府分享权力。议院是两院制，众议员由民选产生，共301席；参议员由任命产生，共104席，参议院仅有审议功能。

2. 政党

目前，加拿大的全国性政党共有16个，其中主要的有以下几个：

（1）保守党。前身为成立于1854年的进步保守党，进步保守党创始人为加拿大第一任总理麦克唐纳。该党代表加拿大银行保险业、铁路运输业、能源工业垄断资本家和大农场主的利益，其影响遍及全国，但主要力量集中在东部。该党主张经济私有化和对外开放，加强同美国的关系。该党多次在加拿大执政。2003年，进步保守党和改革联盟合并为保守党。

（2）自由党。成立于1873年，其创始人是加拿大第二任总理麦肯齐。自由党的力量主要集中在魁北克、安大略和东部沿海地区。该党主张公、私营经济并存，有控制地吸收外资。自由党是上世纪执政时间最长的党，在从1891～1991年的27次大选中19次获胜。

（3）新民主党。该党是加拿大第三大党，1961年由加拿大劳工组织和西部平民合作联盟联合成立，主要力量集中在加拿大西部。该党主张以公营为主，反对美国控制加拿大。

3. 国家首脑

英国女王是国家元首。女王任命总督为其代表，联邦总理为政府首脑。

现任联邦总理为斯蒂芬·哈珀，保守党领袖。

（四）经济

1. 发展水平

加拿大在第一次世界大战前已成为经济强国，第二次世界大战后，经济继续发展，制造业发达，许多产品的产量和出口量在世界上占有突出地位，已成为当今世界西方七大经济强国之一（美、英、德、法、意、日、加）。按人口平均计算，加拿大国内生产总值居世界第4位。

2005 年，加拿大国民总收入为 906 亿美元，居世界第 8。人均国民收入 28 390 美元。

2．主要部门

加拿大的经济主要由生产和服务两大部分组成。生产部门包括农业、林业、矿业、建筑业和制造业。农业和工矿业是加拿大的主要生产部门。

（1）农业。农业是加拿大经济中的主要部分，加拿大的农业产值占全国总产值的 37.1%。半个世纪以来，加拿大农业从畜力过渡到了机械化，实现了农业现代化和集约化。现在加拿大有农场不到 30 万个，大型、中型农场占很大比重。加拿大的主要农副产品有小麦、大麦、燕麦、亚麻、油菜籽、水果、蔬菜、烟草等农作物和牛、猪、羊等牲畜。加拿大渔业发达，是世界上最大的渔产品出口国。

（2）工矿业。以采矿业、公用事业和制造业为主要部门。其采矿业生产仅次于美、俄，居世界第 3 位。已开采的矿产有 60 多种，锌、镍、石棉、黄金、白银、铜、铁等矿产品产量居世界前列。石油、天然气、铁、铜、镍、锌、煤等矿产占加拿大矿产总值的 80%以上。其中以石油、天然气开采居首位，其次是有色金属。

3．主要财团和企业

加拿大的主要财团有：蒙特利尔银行财团、鲍尔财团、泰勒—阿格斯财团和皇家银行集团等。著名企业有太平洋公司、帝国石油公司等。

（1）蒙特利尔银行集团。蒙特利尔银行集团是加拿大最主要的金融资本集团，它控制着加拿大最大的信托公司、人寿保险公司。通过参与一系列信托公司、人寿保险、投资公司等，该集团组成了庞大的金融网。蒙特利尔银行集团控制的非金融公司主要有太平洋公司、国际镍公司、钢铁公司和贝尔电话公司。

（2）鲍尔财团。它是加拿大最大的垄断资本财团。1925 年成立，控制着 20 多家企业，并与美、英、法、意等国的垄断资本有联系。

（3）泰勒—阿格斯财团。它以经营啤酒起家，后通过向机器制造、造纸、食品等工业部门的投资，控制了大批公司和大量资产，成为加拿大的主要金融帝国集团之一。该财团控制的主要公司有不列颠哥伦比亚木材产品公司、自治领百货公司、柏油与化学公司、霍林格矿业公司、标准广播公司等。

（4）皇家银行集团。它和许多信托公司、人寿保险公司等金融机构有着密切的联系。该集团在加拿大石油业中很有势力，在帝国、英美、炼油等石油公司中都有董事职位。皇家银行集团的 25 个董事担任着 240 个以上的董事职务。

（5）太平洋公司。该公司是加拿大从事运输、自然资源开发和制造业的最大企业之一。1837 年太平洋公司建立时，主要修筑横贯大陆的太平洋铁路。以后，太平洋公司发展了汽车运输、空运、海运、采矿、电讯和制造业。太平洋公司的总资产居全国第 3 位，总部设在蒙特利尔。

(6) 帝国石油公司。1916 年成立，该公司是美国埃克森石油公司的子公司，也是加拿大最大的石油公司之一。其总资产在全国居第 12 位，总部设在多伦多。

4．对外贸易

加拿大奉行对外开放政策，是世界十大商贸国之一。主要出口产品为汽车及零配件、机械设备、高科技产品、石油、天然气、金属，尤其木材及新闻纸的出口量在世界上居于首位。

2006 年，加拿大对外贸易总额为 7 450 亿美元，居世界第 9 位。

5．货币

加拿大货币单位是加拿大元（Canadian Dollar），有纸币和硬币两种。目前流通的纸币分为 6 种面值：2 加元、5 加元、10 加元、20 加元、50 加元和 100 加元。此外还有一种 1 000 加元的纸币，在市面上不太流通。纸币正面印有英国女王和加拿大的杰出领导人的头像。目前流通的硬币有 5 种面值：1 分、5 分、10 分、25 分、1 元。硬币正面均为女王侧面头像，反面为枫叶、水狸、驯鹿、北美潜鸟等象征加拿大国家的植物和动物的图案。

（五）文化

1．文学

加拿大文学由法语文学和英语文学两部分组成：

法语文学中，著名的作家与作品有 19 世纪末 20 世纪初期弗朗索瓦·格扎维埃·加尔诺的《加拿大史》、20 世纪 40 年代加布里埃尔·鲁尔的《转手的幸福》、20 世纪 70 年代诗人加斯东·米龙的《验明正身》、女作家安东尼·马耶的《拉小车的贝拉洁》。

英语文学中，著名的作家与作品有弗朗西斯·布鲁克夫人所写的加拿大第一部英语小说《蒙塔格小传》、19 世纪 80 年代查尔斯·罗伯茨的《平日之歌》。20 世纪初期英文作品以自由体和朴素的语言见长。

2．艺术

加拿大主要艺术形式有戏剧、美术和音乐等。

20 世纪 60～70 年代，加拿大戏剧非常繁荣，地区性的专业剧团在各地兴起，戏剧节在各地蓬勃涌现，出现了《运气和眼睛》、《丽塔·乔的喜悦》、《卢卢街》、《黑暗中的颜色》、《唐伯利的三部曲》等优秀作品，同时还出现了像约翰·郝伯特、乔治·赖格、安·亨利、詹姆斯·里奈伊这样优秀的剧作家。

加拿大绘画主要来源于欧洲。目前，加拿大画坛人才济济，新秀辈出，展览馆、美术馆、各种画廊遍布全国各地，国内外艺术交流活动日益频繁。加拿大画坛正进入一个空前的繁荣时期，蒙特利尔、多伦多成为全国的艺术中心。

加拿大的音乐也源于欧洲。法国音乐、英国音乐和德国音乐都随着殖民者的到来而传入加拿大。加拿大著名音乐家有莫琳·福雷斯特（歌星）、格伦·古尔德（钢琴家）、艾达·亨德尔（小提琴家）、洛恩·芒罗（大提琴家）、梅纳德·弗格森（爵士音乐家）、约翰·阿维森（指挥）、巴巴拉·彭特兰（作曲家）和约翰·温兹韦格（作曲家）等。

3. 著名学府

加拿大联邦政府不设专门机构，教育管理权归省级政府。各省教育经费基本自筹，联邦政府也提供一定的资助。普及中小学教育。加拿大著名学府有多伦多大学、不列颠哥伦比亚大学、蒙特利尔大学、渥太华大学等。

（1）多伦多大学。创建于 1827 年，是北美著名大学之一，下属 3 所文科学院（维多利亚大学、三位一体学院和圣迈克尔学院）、3 所神学院（诺克斯、威克利夫和伊曼夫）、8 个研究中心和 1 所研究院。多伦多大学设有 16 个专业，该大学的图书馆是北美最大的图书馆。

（2）蒙特利尔大学。创建于 1876 年，原为魁北克拉瓦尔大学的分校，1920 年宣布自立。下属 3 所学院（商业、工艺、教育），主要专业有文、理、哲、神、医。

（3）渥太华大学。创建于 1848 年，下属 11 所文科学院，主要专业有文、护理、医药、音乐、神、法、图书馆、师范教育等。渥太华大学用英、法两种语言教学。

4. 新闻媒介

加拿大共有 110 家日报，主要英文报纸有《多伦多星报》、《环球邮报》，主要法文报纸有《蒙特利尔日报》，主要杂志有《麦克林斯》，为新闻周刊。

加拿大通讯社由 110 家日报共同拥有，成立于 1917 年，在纽约、华盛顿和伦敦设有分社。此外还有索瑟姆通讯社和加拿大合众社等。

加拿大广播公司是加拿大主要的一家国营全国性电台、电视广播公司，1936 年建立，用英语、法语对国内广播，覆盖率达全国人口的 99.4%；该公司的国际广播电台于 1945 年建立，用包括华语在内的 11 种语言播音。

加拿大广播公司电视台拥有由 31 家电视台组成的英语、法语电视网，覆盖率达全国人口的 99.2%。此外，主要私营电视台有加拿大电视台（是英语广播的全国性电视台）、环球电视台（是地区性英语电视台）和四季电视台（是地区性法语电视台）。

（六）习俗

1．物质习俗

加拿大人的穿衣习惯与其他西方人相同。在正式的场合，如上班、去教堂、赴宴、观看表演等，都要穿着整齐，男子一般穿西装，女子一般为裙服。女子的服装一般比较考究，款式要新颖，颜色要协调，讲究舒适方便，但不太注重面料。在非正式场合，加拿大人穿着比较随便，夹克衫、圆领衫、便装裤随处可见。

加拿大人的饮食习惯也是一日三餐。早餐最简单，早餐的食品通常是面包、鸡蛋、咸肉和饮料；午餐一般从家里带，或在快餐店、单位食堂就餐。午餐食品也很简单，通常是三明治面包、饮料和水果。在工商企业或政府部门，除午餐时间外，上午 10 点和下午 3 点还有 15 分钟的休息时间，雇员们可以喝些咖啡或茶，吃些点心；晚餐是一天中最丰盛的正餐，全家人团聚，共进晚餐。正规的晚餐主食有鸡、牛肉、鱼或猪排，加上土豆、胡萝卜、豆角等蔬菜和面包、牛奶、饮料等。在加拿大人的饮食结构中，肉类和蔬菜的消费比重较大，面包消费量较少。

加拿大人的饮食嗜好有如下特点：讲究菜肴的营养和质量，注重食品的新鲜；口味偏爱甜味，一般不喜太咸；主食以米饭为主；喜食牛肉、鸡、鸡蛋、沙丁鱼、野味菜、西红柿、洋葱、土豆、黄瓜等食品；对用煎、烤、炸的方法制成的菜肴有所偏爱；喜食中餐，尤其是江苏菜、上海菜和山东菜；喜饮酒，尤其以白兰地、香槟和啤酒为最；对水果中的柠檬、荔枝、香蕉、苹果、烟台梨最为喜爱，干果中喜食松子、葡萄干、花生米；习惯在饭后吃水果和喝咖啡；忌吃动物内脏和脚爪，不爱吃辣味菜肴。

大多数加拿大家庭都有自己舒适、宽敞的住房。租住公寓的一般是单身、青年夫妇或独居的老人。加拿大人多数是一家人居住一套住宅，少数是两三家合住。典型的独家居住房屋有 2～3 间卧室、1 间起居室以及厨房、卫生间、储藏室、车库等。室内都备有空调、恒温器和热水浴装置。一般城镇或乡村的私人住宅以砖木结构的平房或 2～3 层楼房最为普遍。住宅建筑式样美观多样，设有庭院或花园。

加拿大的交通十分发达，各种交通工具应有尽有。贯通全国的铁路网可以把旅客带到全国各地；舒适、快捷的空中航运大大缩短了各城市之间的距离；连通五大湖的圣劳伦斯深水航道是世界上景观最美的航道之一；加拿大人使用最多的交通工具是汽车。除私人汽车外，各大城市还有公共汽车、电车和地下铁道。公共汽车一般没有售票员，上车时乘客要把准备好的零钱投入司机座位旁的投币箱内，然后向司机要一张乘车票作为凭据。

2. 重要节日

加拿大的节日十分丰富奇特。节日中有全国性节日和地区性节日，有西方国家共有的节日，也有加拿大民族自己的节日。全国性的主要节日有元旦、复活节、加拿大日、劳动节、感恩节、圣诞节、冬季狂欢节、枫糖节以及母亲节、父亲节和情人节等节日。

（1）元旦。元旦是一年的开始，加拿大人从除夕开始庆祝，一直持续到新年的来临。新年的主要活动是把被加拿大人看作吉祥象征的白雪堆在住房周围，筑成雪墙，以阻挡妖怪的入侵。

（2）冬季狂欢节。冬季狂欢节是加拿大民族独特的节日，是魁北克省居民最盛大的节日。魁北克冬季狂欢节与哈尔滨国际冰雪节、日本札幌的雪节、挪威奥斯陆的雪节并称世界四大冰雪节。每年 2 月上、中旬举行，为期 10 天。冬季狂欢节庆祝活动规模盛大，内容奇特丰富，具有浓郁的法兰西色彩，每年吸引近百万国内外游人。狂欢节前，人们把城市装饰一新，用雪筑起一座 5 层楼高的“雪的城堡”。节日期间，人们头戴红缨小绒帽，腰扎魁北克特有的红、绿、白三色巾，载歌载舞。市民们每年要推选一位“狂欢节之王”，作为魁北克的临时“统治者”。他身穿白衣，头戴白帽，市长把一把象征权力的金钥匙交给他。“狂欢节之王”坐在第一辆彩车上，在人们的簇拥下游览全天。市民们选出的“狂欢节女王”身穿纱裙，头戴王冠，坐在最后一辆彩车上向人们招手致意。狂欢节期间，还要在圣劳伦斯河破冰，举行“冰河竞舟”，在城郊的滑雪场举行轮胎滑雪比赛，还有雪雕、冰雕、狗拉雪橇、越野滑雪赛、冰上赛马等各种活动。

（3）枫糖节。也是加拿大民族传统的节日。每年 3 月份采集糖枫叶，熬制枫糖浆。生产枫糖的农场披上节日的盛装，向国内外游人开放。一些农场还在周末免费供人品尝枫糖糕和太妃糖。人们还热情地为游客们表演各种精彩的民间歌舞，请来宾欣赏繁茂、美丽的枫树叶。

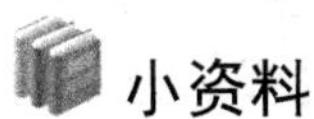 小资料

加拿大枫糖是怎样生产的

枫糖是“枫树之国”加拿大最具代表性的产品之一。东起魁北克城，沿圣劳伦斯河向西一直到尼亚加拉大瀑布，就是加拿大著名的“枫树大道”，那里分布着上万家大小枫糖厂。

采集枫液是枫糖生产的第一步。在枫树树干上打好孔，插上一个塑料或金属插头，连上塑料导管，枫液便会一点点汇流入储藏罐。打孔很有讲究：要稍

稍向上倾斜，深度不能超过 75mm，直径要小于 12mm；来年要换地方重新钻孔，不能用原孔；每年抽取的枫树汁液要控制在 10%左右。这样做是为了保护枫树，树液如同人的血液，抽太多或钻孔不慎都会对枫树造成伤害。

把枫液加工成糖浆要经过四五道程序。枫液进入厂房内的反渗透装置后，经高压初步脱水进入预热器，加热后再注入脱水器进一步脱水，最后进入过滤器过滤装瓶。

加拿大境内生长着 10 种北美特有的枫树，几乎都产糖浆，其中又以糖枫和黑枫最为高产。这两种树寿命长达 250～300 岁，树干可长到直径 90cm 粗、30m 高。枫糖热量低于蔗糖、果糖和玉米糖，而所含钙、镁和有机酸成分却比其他糖类高很多，特别是钙含量高达 10%。加拿大年产枫糖 3.2 万 t，占全世界枫糖产量的 80%以上。

加拿大生产枫糖的历史非常悠久。传说 1 600 多年前的一个冬天，一位酋长把战斧砍向一株枫树。次日早晨，他发现树下一个木容器里盛满了晶莹的枫液，一尝竟然甘甜可口。从此，枫糖就成了印第安人生活的重要部分。

3. 礼仪与禁忌

加拿大通行西方礼仪。

加拿大人比较随和友善，易于接近，他们讲礼貌但不拘于繁琐礼节。一般认识的人见面要互致问候。男女相见握手时，一般由女子先伸出手来。如果男子戴着手套，应先摘下右手手套再握手。女子间握手时则不必脱手套。女子如果不愿意握手，也可以只是微微欠身鞠一个躬。

许多加拿大人喜欢直呼其名，以此表示友善和亲近。加拿大人热情好客。亲朋好友之间请吃饭一般在家里而不去餐馆，他们认为这样更友好。客人来到主人家，进餐时由女主人安排座位，或事先在每个座位前放好写有客人姓名的卡片。在加拿大还有一种请吃饭的方式更加随便，即“自助餐”或“冷餐会”。由主人把饭菜全部摆在桌上后，客人可各自拿一只大盘子（或由主人发给），自己动手盛取喜欢吃的食品，可以离开餐桌到另一房间随便就座进餐，这样客人与主人，客人与客人之间便可有更多的时间交谈。在加拿大一般应邀去友人家里吃饭，不需送礼物。但如去亲朋家度周末或住几天，则应给女主人带点礼品，如一瓶酒、一盒糖等，但不要送白色的百合花，因为白色百合花是开追悼会用的花。离开主人家后，回到家中应立即给女主人写封信，告诉已平安抵家，并对受到的款待表示感谢。节假日访问亲友，通常也需要带一点礼物。

加拿大人在家中吃饭时，不能说使人悲伤的事，也不能谈与死亡有关的事。在家中不能吹口哨，不能呼唤死神，不能讲事故之类的事。尽量不要在梯子下面走，不要把玻璃制品打碎，不要把盐弄撒。孩子出生后要施洗礼，长到 11 岁要举行向上帝宣誓仪式。

加拿大人忌讳说“老”字，年纪大的人被称为“高龄公民”，养老院被称为“保育院”。

三、名城与名胜古迹

（一）名城

1．首都

首都渥太华，是全国政治、经济、文化和交通中心。它位于加拿大的东南部，是世界上最寒冷的首都之一。1 月份平均气温是−11℃，最低气温达−39℃。人口 120 万。渥太华又称“郁金香城”。它既是重要的铁路枢纽，又是著名河港，还有百余条航线通往国内外重要城市。该市工业发达，以造纸、木材加工、印刷、食品加工、运输机械制造、水力发电和电子等为主。在德若阿金姆建有加拿大第一座原子能发电站。

渥太华还是全国文化、科学研究的重要城市。渥太华大学、卡皮顿大学等最高学府及一些著名的科学院和研究中心均设于此。市内还有国家美术馆、文明博物馆、全国科学技术博物馆、自然博物馆、国家军事博物馆、国家航空博物馆、邮政博物馆、国家图书馆等。这个拥有 110km^2 土地的城市，虽不算大，却井然有序，处处可见在绿化及自然保护上的用心。绿树浓荫与华厦高楼使渥太华在华丽的外表下，自有一份庄严温婉。该城居住着 1 万余华人，市区中心附近的王马锡街，是华人商店集中区。

渥太华依山傍水，主要的游览点都靠近渥太华河和丽都运河附近。国会山庄坐落在面对渥太华河的国会山丘上，由 3 栋维多利亚哥特式建筑和一大片绿地广场构成。3 栋哥特式的砂岩建筑矗立在绝崖上，俯视着渥太华河，这里是目前加拿大政府及参议院所在地，已有 140 年历史，分中央区、东区和西区。中央区有参议院、众议院与和平塔。游客可入内参观。国会山庄是渥太华最引人注目的地方，特别是 90m 高的和平塔，是国会山庄最高的建筑物。

2．其他名城

（1）多伦多。它位于安大略湖的北部，是安大略省的省会，加拿大第一大城市，也是金融和工商业的国际大都市。多伦多由 5 个城市和 1 个自治镇组成。“多伦多”在印第安语中的意思是“人群聚集之地”。在多伦多市内到处可以看见五颜六色的麋鹿塑像，约有 300 多只，大小不同，形态各异，使多伦多又有了“麋鹿之城”的美称。

多伦多同时拥有传统的优雅与现代的繁华，由于地理位置优越，多伦多成为全国主要运输中心、重要港口和全国金融、商业、工业、文化中心之一。著名的多伦多股票交易所在北美各交易所中居第3位。铁路、公路发达，空运有40余条航线并与国内各地和美国等国的各大城市相通。伊顿百货商场和辛普逊等大百货公司驰名于全国。多伦多也是全国文化、教育中心，仅大学和学院就有11所。设在这里的多伦多大学是全国最大的高等学府。

多伦多也是华人聚居的城市之一。在唐人街两旁，华人的商店林立，餐馆生意兴隆。全市还有五六家中国电影院。市北100km处的格雷文赫斯特，是伟大国际主义战士白求恩的故乡。

多伦多附近拥有加拿大最大的野生动物园、18世纪的皇家军事学院、富有欧洲浪漫风情的蜜月胜地——维多利亚小镇和具有独特酿制技术的法国酒厂，此外，还有最著名的尼亚加拉大瀑布。加拿大境内的瀑布分两部分，一部分是落差57m的巨大白色水幕；另一部分是马蹄形瀑布，其水色青青、水势澎湃，水雾形成的彩虹悬挂天空，景色旖旎而浪漫。

（2）蒙特利尔。加拿大第二大城市和海港，位于魁北克省南部，圣劳伦斯河下游左岸。人口292万，占魁北克省人口的一半。蒙特利尔素以保持法语和法兰西文化为自豪，为全国最大的海港和金融、商业、工业中心。工业产值居全国第一位，是世界著名的小麦输出港。现代化的港口总计有140个大小码头。这里设有全国最大的蒙特利尔银行等金融机构的总部和股票交易所。蒙特利尔还是全国铁路、航空总站所在地。

该城教育发达，有著名的蒙特利尔大学、麦吉尔大学，白求恩工作过的皇家维多利亚医院、蒙特利尔美术馆也都在这里。在白求恩广场可看到矗立在那里的中国人民赠送给加拿大的汉白玉白求恩雕像。蒙特利尔聚居着3万多华人。市中心区的唐人街上，中国工艺品琳琅满目，土特产摆满商店、摊床，中国餐馆顾客盈门。

小资料

白 求 恩

诺尔曼·白求恩（Norman Bethune）（1890—1939），加拿大共产党员，国际共产主义战士，著名胸外科医生。1890年3月3日生于加拿大安大略省格雷文赫斯特镇一个牧师家庭。青年时代，当过轮船侍者、伐木工、小学教员、记者。1916年毕业于多伦多大学医学院，获学士学位。曾在欧美一些国家观摩、实习，在英国和加拿大担任过上尉军医、外科主任。1922年被录取为英国皇家外科医学会会员。1933年被聘为加拿大联邦和地方政府卫生部门的顾问。1935

年被选为美国胸外科学会会员、理事。他的胸外科医术在加拿大、英国和美国医学界享有盛名。

为了帮助中国人民的抗日斗争，白求恩于 1938 年初不远万里，突破重重阻挠来到延安，同年 6 月进入晋察冀抗日根据地，带领流动医疗队活跃在山西、河北两省。他总是不顾危险，亲临前线，就地施行医疗手术，从而大大减少了伤病员的死亡，挽救了许多战士的生命。同时，他还帮助方兆元等八路军医护人员提高医疗水平，为部队培养了一批合格的医护工作者。他对工作极端的负责任，对同志、对人民极端的热忱，从而赢得了根据地的干部、战士和老乡的尊敬和爱戴。在共同的战斗中，白求恩也对八路军和根据地有了更加深刻的认识。

不幸的是，在 1939 年的一次手术中，他的手指不慎被割破，因细菌感染转为败血症，抢救无效，于 1939 年 11 月 12 日逝世，年仅 49 岁。他的形象永远活在人民心中。

延安各界为白求恩举行了追悼大会，毛泽东题了挽词，并写了《纪念白求恩》一文，号召中国共产党党员学习他的国际主义精神和共产主义精神。1940 年 4 月，在河北省唐县军城南关建立了白求恩墓。晋察冀军区决定将军区卫生学校和模范医院分别命名为白求恩卫生学校和白求恩国际和平医院。1952 年，白求恩的灵柩迁入石家庄烈士陵园。

1972 年加拿大政府追认白求恩为“具有国际影响力的英雄。”

蒙特利尔爵士乐节和幽默节是国际著名的文化活动。蒙特利尔交响乐团和加拿大芭蕾舞团是国际一流的艺术团，太阳圈马戏团是北美最好的马戏团。蒙特利尔还以拥有全国最好的犹太、意大利、希腊、越南等各类餐馆饮誉加拿大。

蒙特利尔是全球第二大法语城市，在此可以领略到它既具活泼又具古风的文化气息，并可游览奥林匹克公园、皇家山及蒙特利尔老城区。为 1967 年的万国博览会而建的拱蓬式建筑，在夜里更显得金碧辉煌。

（3）魁北克。魁北克省的首府，加拿大东部重要城市和港口，位于圣劳伦斯河与圣查尔斯河汇合处。全城分新区和老区两部分。新区高楼林立，商业繁荣，一派现代化城市风貌。老区仍保有 18 世纪时法国城市的风貌。这里挂有 18 世纪牌匾的店铺商行比比皆是，店员身着古装，梳古老发型，使整个市区充满了古色古香的情调。魁北克城名胜古迹甚多，是北美洲的一座历史名城。

（4）温哥华。加拿大第三大城市。位于加拿大西南太平洋沿岸，不列颠哥伦比亚省西南部，加美边界北侧。人口 131 万。温哥华是加拿大西部运输、贸易和工业中心，是世界主要小麦出口港之一。温哥华教育十分发达，不列颠哥伦比亚大学和西蒙弗雷塞大学均在该市。温哥华市约有 10 万华人，世代与中国有交往。孙中山曾三次到此，发动华侨投身于推翻清王朝的革命活动。位于市区东部的唐人街商店林立，均由华人经营。

温哥华地处海滨，气候宜人，环境优美，是世界著名的花园城市。在这里，既可以欣赏到典雅的中国庭院建筑，又可以领略到与巴黎同步的流行时装，多姿多彩的城市中处处洋溢着青春活力，每年有成千上万的移民来到这里。近年来自中国的华人日益增多，使温哥华成为继旧金山后，北美第二大华人居住城市。

（二）名胜古迹

1．尼亚加拉大瀑布

尼亚加拉大瀑布是驰名世界的大瀑布。它位于加拿大与美国之间的尼亚加拉河中段。瀑布分为两部分，横跨在加拿大和美国边界，其中最为惊心动魄的马蹄瀑布位于加拿大境内。

尼亚加拉河发源于北美的伊利湖，向北流入安大略湖时，由于地势关系，水位相差有 100m，两湖之间形成一条很陡峭的断层。水量丰富的尼亚加拉河通过这个直立而又宽大的断崖时，水位产生巨大落差，便造成了这一自然界雄伟异常的奇异景观。当河水流经一座斜卧的小岛时，又将瀑布一分为三：最东面的叫“美国瀑布”；紧接着的一个小瀑布叫“新娘面纱瀑布”；最壮观的叫“马蹄瀑布”，又叫“加拿大瀑布”。这个马蹄形的瀑布高 56m，宽 675m，弯弯的瀑面像一轮皎洁的大月牙飞挂两岸，那滚滚的巨流，隆隆的轰鸣声，气势磅礴，令人叹为观止。

观赏瀑布可搭乘游船，近距离亲身感受，也可在山羊岛的大草坪上搭乘直升飞机，从空中俯瞰尼亚加拉大瀑布的全貌。尼亚加拉瀑布最为壮观的时节在寒冬，最佳的观赏方式是乘坐游船在瀑布脚下漫游。大瀑布所在风景区名胜景观众多，有塔夫林千岛公园、著名的岩石公园和玫瑰园等，均颇吸引游人。

2．芬迪国家公园

芬迪国家公园位于新不伦瑞克省东南的阿尔马镇附近，濒临芬迪湾，面积 207km^2，1948 年被定为国家公园。明纳斯湾潮水是加拿大著名景观，而芬迪公园是最好的观赏点。明纳斯湾潮水发来后有排山倒海之势，潮差高达 15m。退潮后海滩留下大量海螺、海贝，颇吸引游人。公园内除观赏大潮汐外，还可游泳、海浴、垂钓、泛舟，游览森林和野生动物保护区。

3．卡博特之路

卡博特之路是加拿大著名旅游路线。该路位于新斯科舍省，长 294km。途中可参观风格各异的法裔居民村、苏格兰人村和渔村，了解当地民俗风情。卡博特之路的中心点是布雷顿角高地国家公园。这里海岸岩壁陡峭，森林密布，苔原、沼泽盖地，溪流纵横，生机盎然，林中飞禽走兽，使人犹如身居原始森林之中。

4．多伦多电视塔

多伦多电视塔是多伦多市和加拿大国家的象征，建于 1976 年。塔高 553m，是世界上最高的建筑物之一。塔由下而上分为地面层、高空楼阁、太空甲板和天线 4 部分。地面层有餐厅、酒吧、礼品店和电影厅，四周环绕着花园和喷水池。高空楼阁的外形酷似一个巨型的轮胎高悬于 346m 高空处，是塔的心脏区，有高空旋转餐厅，约一小时旋转一圈，可容纳 425 人同时用餐，还有室外和室内瞭望台。太空甲板距地面 447m，是专为满足游客“欲穷千里目，更上一层楼”的游兴而设，为一间可容纳 60 人的圆形建筑。在此纵目远望，视距界限可达 160km，距离此处遥远的尼亚加拉大瀑布，亦隐约可见。

5．恐龙公园

恐龙公园又称恐龙博物馆，位于艾伯塔省。恐龙公园设在一片恐龙曾活跃繁衍的森林沼泽而现在寸草不生的脊地上。20 多年前，在这里发现了恐龙的遗骸，经发掘，150 副完整的恐龙骸骨出土。此事曾轰动一时，加拿大政府决定在原址兴建一座世界上最大的恐龙博物馆，并把这一带列为省立恐龙公园。

公园里有 30 具完整的恐龙骸骨陈列在恐龙室内，有的恐龙似有动感，有的正张开血盆大口似在准备厮杀，有的似在觅食，气氛颇为恐怖。

6．魁北克古城区。

魁北克是北美唯一有城墙护城的城市。城墙呈不规则形，全长约 4.6km，平均高达 10 多米。其南边门户为星形城堡。城墙内保存着古老的建筑、街道、教堂、公园，被联合国教科文组织列入世界文化遗产名录，是魁北克主要的旅游区。这里的店铺保持着 18 世纪的原貌，法国餐厅也充满古朴温馨的情调。

在古城区里，有北美最古老的圣母院，建于 1647 年，至今已有 360 多年历史。北美最早的主教也安葬在这里。这里装饰十分华丽，藏有许多古老的油画等无价之宝。圣三一教堂，建于 1804 年，是英国本土以外建立的第一座英国国教教堂。

古城区北有两座小型博物馆，一馆藏有欧洲及加拿大艺术作品、古书、金银制品。一馆收藏了 17 世纪的饰物、医疗物品、铜器等物品。还有一座反映该城历史与文化的蜡像馆，其中有描绘哥伦布在美洲登陆的情景的蜡像。

【思考与练习】

1．加拿大的位置、面积和地形特点如何？

2．加拿大的气候特点？对旅游有什么影响？

3．加拿大的民族、语言有什么特点？

4．加拿大为什么有“枫林之国”的美誉？

5．加拿大人的主要习俗、节日与礼仪禁忌有哪些？

6．加拿大有哪些名城与名胜古迹？

7．加拿大魁北克省有哪些著名旅游资源？

第四章　中国港、澳、台地区

内容提要　本章讲授我国港、澳、台地区的基本情况，包括各地区的自然环境特征、人文环境特征以及城市、名胜古迹。在绪论中我们已经指出，中国海外客源市场由两部分构成。一部分是外国人，约占来华旅游入境总数的16.8%。另一部分是港、澳、台同胞，约占来华旅游入境总数的83.2%，是我国入境客源市场的主体。实际上，港、澳、台同胞是大陆人民的骨肉同胞，不同于外国人。但由于历史原因和现实情况，对他们的旅游接待与其他国际旅游者有很多相似之处，因此依然把他们作为入境旅游者。

第一节　香　港

关键词语　深圳河、九龙半岛、香港岛、新界、亚热带气候、粤语、紫荆花红旗、恢复行使主权、一国两制、特区长官、四大支柱产业、港元、小费、打麻雀、太平山、浅水湾、大屿山、沙田跑马地、天坛大佛

一、自然环境特征

（一）位置

香港位于广东珠江口外东侧，大致介于深圳河以南。西与澳门隔海相望，南濒南海，北与深圳经济特区相连，距广州市中心大约140km。

香港包括九龙半岛、香港岛及邻近小岛、新界及离岛3个部分，分为香港、九龙、新九龙、新界4个行政分区，总面积约1 092km^2。

（二）地形

1. 特点

香港的地形基本为山地性的半岛和海岛，以丘陵为主，高地分布分散，低地所占面积有限，地表形态的空间反差对比明显。

2. 主要地形区

（1）太平山。它是雄居港岛上的最高山峰（海拔554m）。太平山顶有一个公园，悬崖筑有曲径回栏，以供游人驻足赏景，是太平山最佳旅游点之一。自

香港开埠以来，太平山一直被视为香港的标志。外国游客把登太平山顶列为他们必游的项目。香港的夜景被列入世界“四大夜景”之一。要俯瞰这颗明珠的全貌，要欣赏这颗明珠在晚上闪耀的光华，最理想的地点就是太平山顶。在日暖风和的旅游季节，登临太平山，迎风而立，倚栏远眺，是一种美的享受。近处，是繁华的港岛，从西营盘到北角、铜锣湾，高楼幢幢，千姿百态；远处，是繁忙的维多利亚海港、突入海中的九龙半岛与众多的海岛、港湾；繁华的九龙、巨型的机场、新兴的市镇、碧蓝的天空、湛蓝的大海、逶迤的群山……香江秀色，夺目而来，港九风情，一览无余。

（2）大帽山。又叫大雾山，位于“新界”中部，地处大埔、锦田之南，荃湾以北。东为草山，西北为石岗平原，因形似大帽而得名。主峰海拔 957m。大帽山虽高，但山势较平缓，辟有城门郊野公园、大帽山郊野公园、大榄郊野公园和自然保护区。其中，大帽山公园占地 1 400hm^2，是喜好登山远足人士的乐园。

（三）气候

1．气候类型

香港属于亚热带气候：春季（3 月～5 月中旬），天气回暖潮湿，经常有雾和毛毛雨，平均气温 23℃，湿度 82%；夏季（5 月下旬～9 月中旬），仲夏之后是台风季节，夏季天气炎热潮湿，下午气温可以升到 31℃，间有骤雨和雷暴，平均气温 28℃，湿度 80%；秋季（9 月下旬～12 月上旬），天气晴朗，清凉干爽，所以是抵港旅游旺季。平均温度 23℃，湿度 72%；冬季（12 月中旬～2 月下旬），天气最凉爽干燥，间会有寒流从北面内陆吹来，届时温度可能会降至 8℃以下。冬季的平均温度是 17℃，湿度 72%。

2．气候特点

香港因所处纬度较低，濒临海洋，在气候上属于亚热带海洋性季风气候。具有夏无酷热、冬无严寒的特点，故有“远东避寒胜地”之称。

（四）河湖

香港境内河流大多集中在新界，最长的是深圳河。

二、人文环境特征

（一）简况

1．人口

香港人口约 689.87 万人（2005 年 7 月），是世界上人口最稠密的地方之一，人口密度为每平方千米超过 6 千人，市区则高达 2 万人。

2. 民族

香港所有人口中华裔占 95%，大部分原籍广东。持外国护照人数 48 万余人，主要是菲律宾、印尼、美国、加拿大、泰国和英国等外国人。

3. 语言

香港现今法定语言是中文和英文。官方文件多用英文，选择其中重要部分译成中文。绝大多数居民说粤语，但英语很流行，说潮州话和其他语言的人也不少。新界土著居民很多说客家话。近年普通话甚流行，一般机关和机构也提倡应用普通话。

4. 宗教

香港人信仰的宗教主要有佛教和道教。香港境内建有 360 多处寺、观，由华人庙宇委员会负责管理维修。佛道活动均袭传统仪式。香港有"佛道一家"的特色，常有佛寺设道神、道观摆佛像的现象。公司店铺大都设有神龛，所供神明多与海洋或气候有关（如天后娘娘等）。民间家庭常设祖先灵位。除佛、道二教外，基督教、天主教、伊斯兰教等也拥有众多信徒。香港被定为罗马天主教教区，亚洲主教秘书处所在地。

5. 区旗

香港特别行政区区旗是一面中间配有五星花蕊的紫荆花红旗。红旗代表祖国，白色紫荆花代表香港。花蕊上的五星象征香港同胞热爱祖国，花、旗分别采用红、白不同颜色，象征"一国两制"。

6. 区徽

香港特别行政区区徽呈圆形，其外圈写有中文"中华人民共和国香港特别行政区"和英文"香港"字样。中间图案也是红底白色五星花蕊，寓意与区旗相同。

7. 区花

香港的区花是紫荆花。

（二）简史

公元前 4000 年左右，香港地区已有中国先民居住。秦朝时该地属南海郡番禺县，东晋改属东官郡宝安县，唐朝改宝安为东莞，明朝时易名新安，清时复名宝安。"香港"其名始于南宋末年，当时香港岛上一处小港湾因转运香木而得名"香港村"。

1840 年鸦片战争后，英国通过 1842 年的中英《南京条约》割占香港。1843 年 4 月英国女王签署《香港宪章》，正式宣布香港为英国殖民地，设香港总督职位，委任朴鼎查为首任总督兼英军统帅。1860 年，英国又通过签订中英《北京条约》，侵占界限街以南的九龙半岛领土，将其并归香港界内。1898 年，英国又强迫清政府与英国政府签订《展拓香港界址专条》，强行“租借”深圳河以南、界限街以北的地区及附近岛屿（即“新界”）。于是，英国便将现在的香港全境置于它的管辖之下。1941 年 12 月～1945 年 8 月，香港曾被日本占领。日本投降后，英国复占香港。

1997 年 7 月 1 日，中华人民共和国香港特别行政区成立，中国对香港恢复行使主权。

（三）政治

1. 政体

中国政府在香港实行“一国两制”、“港人治港”、“高度自治”的基本方针。“一国两制”就是在中国统一的国家内，内地实行社会主义制度，香港保持原有的资本主义制度和生活方式，50 年不变。“港人治港”就是由香港人自主管理香港，中央不派官员到特区政府任职。“高度自治”就是除外交、国防事务由中央政府管理外，香港特别行政区享有充分自主地管理本地区事务的权力，包括行政管理权、立法权、独立的司法权和终审权。

香港特别行政区的高度自治权具有以下特点：

一是不受干预性，中央不干预属于香港特别行政区自治权范围内的事情；

二是决定效力的终极性，特区政府在基本法规定的范围内，对属于自治权范围内的问题具有作出终极决定的权力，无需中央批准；

三是行使职权手段的可选择性，特区政府可在基本法规定的范围内选择自己行使职权的手段。在政治体制上香港特别行政区实行民主政治体制。

香港特别行政区最主要的机构是：行政长官、政府、立法会和终审法院。

2. 特区长官

香港特别行政区行政长官既是特别行政区的首长，又是特区政府的首长，这两重身份使他具有广泛的职权。行政长官在当地通过选举或协商产生，由中央政府任命，任期 5 年，可连任 1 次。香港特别行政区首任行政长官是董建华，现任行政长官是梁振英。

（四）经济

1. 发展水平

香港特别行政区实行自由经济体制。这种经济体制的运作机制主要体现在财政、金融、贸易、工商业、土地契约、航运、民用航空等领域。香港是世界上最成功的经济城市，是国际金融中心，是东西交汇、南北贯通的信息中心，也是拥有购物天堂、融汇中西文化的旅游中心。其经济发展总水平居亚洲四小龙之首，是国际著名的工商城市和自由港。

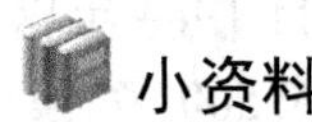

小资料

香港购物哪里去

在香港购物，不论是价格、种类还是服务，都名列世界之最。香港是自由港，商品来自世界各地，由于大部分物品不收关税，香港的货品价格就相应较低，素来被称作“购物天堂”。而且这里每年都有许多换季大减价的促销活动，能为游客提供真正的实惠。来香港购物必能享受到称心满意的服务。

香港购物区大致可分为“香港岛”及“九龙”两个地段，九龙以地铁线上的“尖沙咀”、“佐敦”、“油麻地”、“旺角”4 个地方为重点；香港岛以地铁线上的“中环”、“北角”、“金钟”、“铜锣湾”4 处为重点，还有反映香港独特文化的上环。这里各店铺售卖着世界各地不同特色的货品，而且大部分服务性从业员都受过专业训练，态度殷勤友善，以客为先，货品价钱合理，远低于其他国家。

2．主要部门

香港经济的 4 大支柱产业分别是：金融业、房地产业、旅游业和制造业。

（1）金融业。香港的金融业约占香港国民生产总值的 1/4，对整个香港的经济命脉起支配作用。香港的金融体制与世界各地有所不同，香港没有设中央银行，港币的发行由香港特别行政区政府和商业银行共同负责。

香港的金融业拥有一个三级制管理的银行系统。该系统根据《银行条例》进行管理，因而香港的银行根据其资本拥有量，能够被接受的个人储蓄拥有量等因素划分为 3 种类型：持牌银行、有限制牌照银行及接受存款公司，这被称为香港金融三级制。

香港金融业被称为“百业之首”，又有“经济支柱”、“经济中枢”之称，是香港举足轻重的产业。香港经济的最成功之处也在于，开埠 100 多年，尤其是战后几十年，它由一个并不被人注意的转口港，一跃成为世界知名的国际金融中心。

香港是世界第 3 大银行中心；香港的外汇交易额名列世界第 5；香港的股票市场位列世界第 8，在亚洲仅次于东京而居第 2 位。其他如期货、黄金等交易，也都有相当规模。

（2）旅游业。香港旅游业初兴于 20 世纪 50 年代，是伴随战后经济恢复和发展而起步的，当时规模不大，游客最多的一年不超过 13 万人，1969 年也仅为76万余人，收益才18.5亿港元，在当地经济中地位不明显。从70年代起，旅游业迅速发展。进入80年代以后，每年游客都在250万以上。自1984年以来，赴港游客总数连续6年超过新加坡而居亚洲首位。1988年跃入500多万。从此，香港由亚太地区的重要旅游中心跃入世界旅游中心行列。随着旅客人数递增，旅游业收入也呈上升趋势，且增幅较大。

2005年入港游客约达2 336万人次，比2004年增长7.1%；2005年旅游业总收入为758.23亿港元，比2004年增长13.6%，占GDP的比重约为5.5%，直接拉动了香港经济复苏与增长。

（3）制造业。香港的制造业原先以轻纺产品为主，20世纪80年代后电子等高科技产品不断推出。玩具、蜡烛及艺术蜡制品、钟表和金属表带、成衣、人造花、手提箱、电风扇、手电筒、收音机和电子器材等产品的出口量名列世界前茅。

3. 重要财团

（1）汇丰银行集团。其全称为“香港上海汇丰银行”，创立于1864年，是香港最大的英资财团，是在香港享有类似中央银行特权的金融集团。汇丰银行是香港三家发钞银行之一，占香港钞票发行量的80%以上。该银行作为香港银行公会两主席之一，掌握着全港银行存款利率的决定权，同时在香港回归前还代理香港政府的财政收支，是香港外汇基金的主要成员，也是香港金融政策的主要制定者。该银行集团在香港有250家分行。除金融服务外，还大量投资地产、酒店、航空等部门，业务横跨欧、亚及美洲 55 个国家和地区。汇丰银行集团在香港的主要附属公司有恒生银行、太古嘉丰利保险有限公司、环球财务国际有限公司、环球海运有限公司、国泰航空公司和南华早报有限公司等。

（2）中银集团。其全称为“中国银行集团”，1983 年注册，成员包括中国银行香港分行、交通银行、南洋商业银行、广东省银行等 16 家银行，以及中国建设财务（香港）有限公司等。目前该集团在全港拥有300多家分支机构，是香港仅次于汇丰银行集团的第二大金融集团。

（3）光大集团。中国光大集团以金融业为核心业务，金融资产已占集团总资产的96%。1992年成立光大银行，1996年成立光大证券，2000年以第一大股东入主申银万国证券，2002年与加拿大永明金融合资组建光大永明人寿保险公司。目前集团在香港的主要业务包括金融服务、高科技、基础设施等，分别由光大控股、光大科技、光大国际三家上市公司负责营运。集团通过光大控股参股港基银行，并与英国标准人寿保险公司合资组建标准人寿亚洲有限公司。集团管理着全资、绝对控股、相对控股、合资参股等 60 多家企业，充分利用境内外两个市场、两种资源拓展业务。

在香港本地资本的发展过程中，形成了一些声名显赫的家族财团，著名者如嘉道理、郭德胜、霍英东、李嘉诚、包玉刚、邵逸夫等。

4. 对外贸易

香港是世界著名的国际贸易中心。香港的有形贸易总额相当于香港本地生产总值的 2.5 倍。如果加上无形贸易，即劳务贸易额，则相当于香港本地生产总值的 3 倍。有数字显示，以人均贸易额计算，香港位居世界第二。

经济学家认为，香港的对外贸易是当代世界上最开放的自由港贸易。100 多年来，香港一直坚持实行自由贸易政策，最少有各种形式的贸易保护主义，对各国商品、各国企业给予的市场条件也最为公平。这种完全开放型的经济非但未挤垮香港本地工商业，相反，香港本地工商业却有了惊人的发展。香港的经济史，首先是一部外贸史。

5. 货币

香港货币为港元。香港货币的基本单位是“元”，采取十进制，每一元可兑换 10 角；纸币的面额有 6 种，为 1 000 元、500 元、100 元、50 元、20 元和 10 元；而硬币的面值则有 7 种，分别为 10 元、5 元、2 元、1 元、5 角、2 角和 1 角。

（五）文化

1. 文学

香港文学创作的主要特点是：①作家多、作品多、风格类型多。出版过 10 本书以上的作家数以千计；有若干作家的作品在 100 本以上；有的作家一生或大半生的写作量，可达千万言。小说、诗歌、杂文、散文等各种文体，百花齐放。②虽有力求技巧创新和内涵深化的严肃文学，但以大众兴趣为依归的通俗文学为主。通俗小说按内容大致可分为侦破、言情（以亦舒、岑凯伦为代表）、武侠（以金庸、梁羽生为代表）、历史等几大类。③多姿的作家群体。除土生土长的香港作家外，还有众多从中国内地或海外迁居香港的作家，也有原已在港成名而后迁居海外的香港作家。

金庸，原名查良镛，1924 年 2 月出生于浙江省海宁县；是成功的报人、社会评论家和著名的武侠小说作家。曾在上海《大公报》、香港《大公报》及《新晚报》任记者、翻译、编辑，1959 年创办香港《明报》，任主编兼社长达 35 年。20 年间先后完成 15 部小说，成为武侠小说的典范，在大众中广为流传，影响深远。

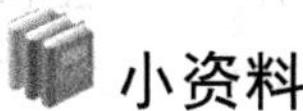

小资料

金庸及其作品

金庸是一位蜚声海内外的著名作家，他创作了大量的武侠小说，创造了中国现代文学史上的一个奇迹，也是一个难解之谜。上至官员、学者、教授，下至农夫、民工、小贩，从国内到国外，只要有华人的地方，就有层出不穷的金庸迷……

金庸的作品有《书剑恩仇录》、《碧血剑》、《射雕英雄传》、《神雕侠侣》、《雪山飞狐》、《飞狐外传》、《倚天屠龙记》、《连城诀》、《天龙八部》、《侠客行》、《笑傲江湖》、《鹿鼎记》、《白马啸西风》、《鸳鸯刀》、《越女剑》等。这15部脍炙人口的武侠小说，都被改编为电影、电视连续剧、广播剧、舞台剧等，其中若干作品被译成各种文字在海外流传，其作品销量长期高居华人社会之榜首。

2. 艺术

香港艺术中心于1977年成立，是一个旨在促进文化艺术活动的独立非营利机构。艺术中心的设施包括设有439个座位的寿臣剧院、有193个座位的林百欣电影院、有 80 个座位的麦高利小剧场、包兆龙画廊、包玉刚画廊、展览外堂，以及多间排演室、美术及工艺画室、音乐练习室和课室。

另外，香港中乐团是香港唯一的中国民族音乐专业团体，1977年由市政局创办，是现今世界上规模最大的中乐团之一。

3. 著名学府

（1）香港大学。位于港岛，是香港 7 所公立大专院校之一，创办于 1911 年。香港大学是香港历史最悠久、最著名的综合性大学，其前身是 1887 年创办的香港西医书院。经费主要由香港政府通过大学及理工学院资助委员会拨款。该校设有文学院、建筑学院、牙科学院、教育学院、工程学院、理学院、法学院、医学院及社会科学院9个学院，50多个系。所有学院均设有学士学位、硕士学位、博士学位课程。颁授的各级学位均获国际承认。除中文系部分学科外，所有课程均以英语授课。该校图书馆藏书近百万册，是东南亚藏书最丰富的图书馆之一。该校是世界大学协会、英联邦大学协会及东南亚高等院校协会的成员。

（2）香港中文大学。位于新界沙田。它是香港7所公立大专院校之一，香港第二所综合性大学。成立于1963年10月，为联合制大学。目前，该校设有文学院、工商管理学院、教育学院、工程学院、理学院、社会科学院、医学院7个学院，60个系。该校颁授的内外全科医学学士学位，均获英国医学总会和香港医务委员会承认，可作为医生临时或正式注册。

4. 新闻媒介

香港有数百家中文和英文报刊，销量大、读者多的仅几十家。主要报纸有《大公报》、《文汇报》、《中报》、《东方日报》、《电视日报》、《成报》、《华侨日报》、《明报》、《信报》、《星岛日报》、《香港时报》、《香港商报》、《晶报》、《新报》和《万人日报》等。

香港有 3 家广播电台、2 家电视台。

香港出版业比较发达，有出版社 300 多家，但大部分是小出版社。港版图书一般实用性、知识性、趣味性较强，主要供应本港，部分向中国内地和台湾、日本、东南亚及欧美出口。

香港较大的具有代表性的出版社有商务印书馆香港分馆、中华书局香港分局、三联书店香港分店、万里书店有限公司，此外还有香港出版社、新雅文化事业有限公司、万源图书公司、学林书店、中流出版社和香港青年出版社等，还有多家音像出版机构。

（六）习俗

1．物质习俗

港人相约饮茶时，常互相斟茶以示客气，受斟者用食、中指轻敲杯旁桌面，“叩头”致谢；用桌一般是共菜制，认为分菜制“见外”。

香港几乎所有服务性行业、机构都有收小费的风气。旅馆、酒店、茶楼一般收 10%的服务费。有的餐馆把消费额的 10%计入账单为硬性规定加收，称“加服务费”。对出租汽车公司一般应付 1～5 港元小费；如帮顾客提拿行李，要加付车资 10%的小费。对机场搬运工一般付 1 港元，其他地方付 3 港元。对看门人、打扫房间的服务员、大酒店洗手间清洁工及其他零星服务者可付 1 港元小费。对理发师、美容师可付服务费的 10%的小费。

“打麻雀”（打麻将的习称）是港人普遍热衷的娱乐方式，往往在宴会开席之前以“雀局”招待。局中朋友之间可谈心、议事、洽商，在许多家庭中也盛行。打麻雀也是赌博形式，香港有许多麻雀娱乐公司提供场地设施，供人玩赌。

2．重要节日

香港是世界上节日较多的地区，既有中华民族传统节日、宗教节日，又有西方习俗节日，还有其他节日。

中国传统节日指春节、清明节、端午节、中秋节、重阳节。

（1）春节。春节是最隆重的节日，放假 3 天，亲友送年礼，并给孩子发“利市”（红包）。

（2）清明节。要“拜山”（扫墓）。

（3）端午节。要进行龙舟赛，全港有 10 处赛事，包括国际龙舟赛。

（4）中秋节。要吃月饼、观花灯、赏月，团圆聚首话家常。

（5）重阳节。要登高、扫墓。

宗教节日主要有复活节、圣诞节、泼水节等。各教会都有自己的节日。

其他节日有新年（元旦）、银行假日（7 月 1 日或当月第一个星期一）、自由日（8 月 25 日）、邮政节（12 月 26 日）等。

西方习俗节日有情人节、母亲节、父亲节等。

地方节日主要是元朗会景，是元朗 18 个乡主办的一年一度盛大的庆祝天后娘娘宝诞的巡游活动，每逢农历三月二十三日举行。这一天，当队伍游行尚未开始时，港九及新界各区居民大清早便涌向街头。会景队伍必经之地，两旁均围着铁栅，以维持秩序。除了龙狮演舞，鼓乐喧天，充分表现出乡民传统的庆典形式外，还特别安排了舞蹈及单车杂技等各种演出点缀，甚至奇禽如三脚鸭或四脚鸡也成为特别演出。

3．礼仪与禁忌

香港人的礼仪、禁忌既有中国的传统，也受西方的影响。除此以外，最主要的禁忌表现在用膳之中。

香港人用膳，一般是中国传统的共菜制。但是餐桌上讲究颇多。用膳过程中，手肘不能横抬，不能“枕桌”，不能“飞象过河”（取菜时取碟子的远外部分），不能“美人照镜”（将碟子取起倒来），不能在喝汤时发“呷呷”之声，餐毕碗中不能留食物（被认为是“没有衣食”，缺食德），并要对在座者说“慢用”之语。

三、名胜古迹

（一）太平山

太平山又称扯旗山或维多利亚峰，位于香港岛西部，自开埠以来一直被视为香港的标志。登达山顶最便捷的方法是登山缆车。在山顶可以看见海面上的白帆点点，维多利亚港的千樯万桅，可俯览港岛、九龙、新界的香港全貌。登太平山的最佳时间是在黄昏和夜晚，黄昏的夕阳逝去，闪烁起万家灯火，灿烂夺目，“东方之珠”熠熠生辉，香港的夜色如醇酒般醉人。如今登太平山观香港夜景已成为外埠游客在港的必观节目之一。

（二）浅水湾

浅水湾位于港岛南部，是香港最具代表性的美丽海湾。浅水湾浪平沙细，滩床宽阔，坡度平缓，海水温暖。夏令时节，是浅水湾最热闹的时候。大批游客蜂拥而至，沙滩上人山人海，各式泳装组成了一幅色彩斑斓的画面。浅水湾东端的林荫下，设置着许多烧烤炉。在充满野趣的氛围之中，搏浪戏水后的游客可以尽情地品尝烧烤的美味。

（三）大屿山

大屿山是香港最大的岛屿，也是最大的郊野公园。岛上凤凰山为香港第二高峰，登上最高处有“凌绝顶”的意境。园内有香港三大佛教圣地之一的宝莲禅寺，加上慈兴寺、灵隐寺、观音寺等众多寺院禅林，构成该园的最大特色。

（四）宋城

宋城在香港九龙荔枝角，是 1979 年落成的一座旅游城。占地 5 500 m^2，是仿北宋都城汴京而建，以宋朝名画张择端的《清明上河图》为蓝本。入门为一雄伟城门，由两个身穿宋代战服的士兵把守。城楼画栋雕梁，展出古代兵器。城内小胡同贯穿南北，两岸绿柳垂杨，店铺林立。其中丰乐楼富丽堂皇，供应仿宋酒菜。街上市集行人，亦按各人身份，穿上宋代衣冠，一幅当年汴京繁华景象。宋城古色古香，动静结合，具有浓厚的东方色彩，赋历史知识于娱乐之中，吸引大量中外游客。

（五）太空馆

太空馆位于九龙尖沙咀，于 1980 年正式开放，是尖沙咀文娱馆的首期建筑物。占地 8 000 m^2，是世界上设备最优良的天文馆之一。

（六）海洋公园

太平山海洋公园是香港最著名的游览景点之一，已成为香港游客的必看节目。公园位于香港岛浅水湾附近的南朗山上，建于 1977 年，是亚洲规模最大的海洋博物馆。公园内主要场馆有“海洋天地”、“儿童王国”、“急流天地”、“绿野花园”、“雀鸟天堂”、“水上乐园”和“集古村”。由于公园规模较大，因此外埠游客主要参观的是“海洋天地”部分，此部分主要娱乐项目有山上机动城，乘坐各种游戏机械，有过山车、海盗船、摩天大飞轮等。在大玻璃水池底观看海豹等大型哺乳动物的水下生活。公园的精品节目是海洋剧场内的海豚和海狮的表演。此外公园内还设有全世界最长的室外电动扶梯组，将游客由山上送至山下。

（七）集古村

集古村位于港岛海洋公园旁。集古村是仿照中国 5 000 年历史文物所建的半博物馆式展览场所。占地 1 万 m^2，于 1990 年 1 月对外开放。“历史之旅”馆区，按朝代顺序划分为夏、商、周、秦、汉一直至清朝等区域。集古村主要展示中国古代各种宫室、民居及工艺作坊，工作人员穿戴古装在村内服务，游客也可参与其中的多种活动。集古村酒楼仿西藏布达拉宫外形，供应各地风味佳肴。“旧香港”展览馆则陈列昔日的人力车、花轿及其他古董摆设，让游客了解香港开埠初期的旧风俗。

（八）沙田跑马地

跑马地以跑马场而得名。这里原是荒僻之地，英国人入主香港后，把赛马的风气也带了进来，于 1845 年在此建赛马场。原来只是英国人一年一度举行赛马的地方，慢慢才加入赌博的色彩。每逢赛马日，人们蜂拥而入，举目尽是拿着马券、梦想一夕致富的男女老少，附近道路也因此拥塞。赛马日以外的日子，跑马场倒是十分宁静。在赛马地建有赛马博物馆，内设 8 个展览厅，1 个放映室，展出与赛马有关的史迹、用具等。

（九）天坛大佛

天坛大佛是世界上最高的露天青铜释迦牟尼佛像。它坐落于大屿山宝莲禅寺山门对面的木鱼峰顶。因佛像座基是仿照北京天坛的圜丘而设计建造，故名“天坛大佛”。1991 年建成。佛像身高达 23m，加上莲花座及底座共约 34m，重约 250t，由 202 块青铜焊接而成，是世界上第二大露天铜佛像，仅次于无锡灵山大佛。大佛的设计是佛教精神与造型艺术的完美结合。大佛的建造耗资达 6 000 万港元。

【思考与练习】

1. 香港的地理位置和所辖范围如何？
2. 香港的气候类型和特点如何？对旅游业有何影响？
3. 说说香港的发展简史，尤其是鸦片战争之后的简史。
4. 你如何理解“一国两制”、“港人治港”？
5. 香港经济的四大支柱是什么？
6. 香港的文学有什么特点？
7. 香港人有哪些独特的习俗和禁忌？
8. 香港有哪些著名的名胜古迹？

第二节　澳　　门

关键词语　澳门半岛、氹仔岛、路环岛、莲花山、亚热带气候、区旗、区徽、恢复行使主权、“一国两制”、“澳人治澳”、特区首长、经济四大支柱、博彩业、澳元、大三巴牌坊、妈祖阁、大炮台、普济禅院、葡京游乐场

一、自然环境特征

（一）位置

澳门位于广东省珠江口外西侧，东邻珠江口，西接磨刀门，南对南中国海，

北以关闸为界与珠海经济特区的拱北接壤。东北距广州 145km；东距香港 61km。

澳门面积仅 23.5km^2。由澳门半岛和附近 2 个小岛组成。

（二）地形

现在的澳门，由澳门半岛与两个离岛凼仔、路环组成，由大桥相连。

澳门过去是广东省中山市（古称香山县）南端的一个小岛，屹立海中，与今日的离岸岛屿无异，其后由于西江的泥沙冲积，在澳门与大陆之间由于海水对流关系冲积成一道沙堤（莲花茎，今关闸马路），才与大陆相连接，成为一个半岛。

澳门半岛有莲花山、东望洋山、炮台山、西望洋山和妈阁山，凼仔岛有观音岸、大凼山（鸡颈山）、小凼山，路环岛有九澳山、叠石塘山。山岩性质以花岗岩与火山岩为主。

在澳门半岛，平地面积较大，约占 80%以上；凼仔岛和路环岛丘陵面积较多，凼仔占 45%，路环则近 80%。

澳门海岸线长达 937.5km，形成了多处可供船只停泊的地方。目前除九澳湾、竹湾、黑沙湾外，其他港湾不是早已开辟成港口码头，就是因为淤泥堆积或填海造成消失殆尽，只是剩下的一个历史名词而已。

（三）气候

1．气候类型

澳门属于亚热带气候，全年气候温和。年平均气温约 22.3℃。全年降雨平均 1 970mm。湿度较高，为 73%～90%。每年 5～9 月为雨季，天气炎热，有时候有台风吹袭。10～12 月是来澳门旅游的理想季节，气候温和，湿度低。冬季 1～3 月，虽较寒冷，但仍阳光普照。一踏入 4 月，气温便逐渐上升。

2．气候特点

夏无炎热、冬无严寒，市内林木四季常绿。年平均气温 22.3℃，气温的年较差为 14℃，变化平缓。

二、人文环境特征

（一）简况

1．人口

据统计，澳门人口约 44.92 万人（2005 年 7 月），其中大部分居民集中居住在澳门半岛，小部分居于 2 个离岛。澳门居民以华人为主，而葡萄牙人等外国人则共占 5%左右。

2．民族

中国血统的居民占 95%以上，祖籍以广东人为最多，葡萄牙人约占 3%。

3. 语言

葡萄牙语及中文是现行官方语言，但市民日常沟通普遍讲广州话。一般市民也能听懂国语，英语在澳门也很通行，可在很多场合应用。

4. 宗教

澳门各种宗教并存，主要有佛教、道教、天主教、基督教、伊斯兰教。佛教在澳门历史悠久，佛教徒也是澳门各种教徒中人数最多的，有 6 万多人。澳门比较有影响的佛教团体有“澳门佛学社”、“澳门佛教联合会”等。全澳门有佛教庙宇 40 多间，其中以普济禅院、菩提禅院最为著名。

道教在澳门曾有过一定规模，现在比较活跃的与道教有关的信仰是妈祖（即天后）。天主教传入澳门已有 400 多年的历史。天主教澳门教区是远东地区最早的传教中心。该教区较大规模的教堂有 20 多座，其中望德堂、风顺堂和花王堂的历史均在 300 年以上。澳门现有天主教徒 2 万多人，其中 60%是华人，澳门的葡萄牙人也多信奉天主教。澳门天主教会主要从事中小学教育，拥有各类学校 60 多所，师资近千人。教会还开办了托儿所、诊所、青少年复原所及老弱伤残院。

基督教是 1807 年由英国伦敦会马礼逊教士传入澳门的。澳门现有基督教教会 30 多所，教徒约 5 000 人，信奉基督教的主要是中国人。各个教会的行政、经济独立。基督教会对教育和福利事业十分热心，开设福利机构、小学、中学，学生合计 3 000 多人。基督教在澳门的历史和势力不如天主教，但它的教派很多，而且自立门户，独树一帜。

伊斯兰教在澳门也有 400 多年的历史。16 世纪澳门开埠时，亚非地区的阿拉伯人将伊斯兰教引进澳门，并盛极一时。后来随着澳门贸易地位的衰落，阿拉伯商人渐渐离去，信仰伊斯兰教的人便大大减少。

5. 区旗

澳门特别行政区的区旗是五星、莲花、大桥、海水图案的绿色旗帜。五星象征着国家的统一，澳门是祖国不可分割的部分；含苞待放的莲花是澳门居民喜爱的花种，既与澳门旧称“莲花地”、“莲花茎”、“莲花峰”相关，又寓意澳门将来的兴旺发展，莲花 3 个花瓣表示特别行政区由澳门半岛和凼仔、路环 2 个附属岛屿组成，大桥和海水反映澳门自然环境的特点。

6. 区徽

澳门特别行政区的区徽中间是五星、莲花、大桥和海，周围写有“中华人民共和国澳门特别行政区”和葡文“澳门”字样。

（二）简史

澳门本来是中国的领土，原属广东省香山县。1553 年，葡萄牙人以曝晒被水浸湿的货物为理由，登上了澳门的土地并居住。

澳门名称的由来，据说就是由当时的葡萄牙人命名的。当年，葡萄牙人登陆澳门靠近妈阁庙的地方，向澳门居民查询该地的名称。居民误以为他们询问庙的名字，于是便答为妈阁，葡萄牙人将妈阁二字转化为译音，便得到 MACAU 之名，即今天的澳门。

1557 年，葡萄牙人在澳门建立了永久性的楼房，于 1573 年开始向中国政府缴纳每年 500 两白银地租，稍后更于 1582 年与中方签订《澳门借地协约》。

1802 年，葡萄牙政府给予葡萄牙人向澳门进口鸦片的权利。

1842 年，中英双方签订《南京条约》，香港被英国占领，自此澳门的对外贸易陷于低潮。

1845 年，葡萄牙政府宣布澳门为自由港，拒绝向中国交付澳门地租。

1851 年，葡萄牙政府占据凼仔岛，于 1864 年又占领了路环岛。此后，整块澳门的土地亦逐渐成为葡萄牙政府的管治范围。

1987 年 3 月 26 日，中葡双方就澳门主权问题发表联合声明：宣布 1999 年 12 月 20 日开始，中华人民共和国政府将恢复对澳门行使主权。

1999 年 12 月 20 日澳门正式回归祖国，成为一个特别行政区，与中国合而为一，但仍维持澳门原有的司法和政治体系。

（三）政治

1．政体

“一国两制”，“澳人治澳”，“高度自治”，在保证国家主权和内地实行社会主义前提下，保持澳门现行资本主义制度和生活方式 50 年不变。

澳门回归祖国后，澳门特别行政区行政长官是特区的最高行政长官，设有立法会、各级政府部门、司法系统及市政机构等。

2．特区长官

现任特首是何厚铧。何厚铧，广东番禺人，其父何贤为澳门商界名流。何厚铧 1955 年 3 月生于澳门。1999 年 5 月 15 日在中华人民共和国澳门特别行政区政府第一届推选委员会第三次全体会议中，以 134 票获得第一任行政长官选举的胜利。

（四）经济

1．发展水平

澳门现行经济属于微型经济体系，也是高度开放的自由市场经济体系。经济规模有限，但较有活力，运行机制具有相对独立性并得到国际上的广泛认同。澳门与 100 多个国家和地区有贸易关系。20 世纪 80 年代以来，澳门整体经济发展蓬勃，已形成了旅游博彩、出口加工、建筑地产、金融服务 4 大经济支柱。

2. 主要部门

现代澳门经济是多元化经济，以旅游博彩业、出口加工业、金融保险业和房地产建筑业为 4 大支柱，旅游博彩业为澳门 4 大支柱产业之首。澳门博彩业已有 140 多年历史。1847 年澳门当局颁布赌博合法化法令，由政府开设，实行专营。1961 年 2 月，葡国海外省颁布法令，准许澳门博彩业以“特殊的娱乐”方式合法化。此后，博彩业一直长盛不衰，有“东方蒙特卡罗”之称。20 世纪 70 年代之前，它在澳门经济中有举足轻重的作用，澳门主要依赖它维持经济。

澳门博彩业内容主要有赌博娱乐（幸运博彩）、赛狗、回力球、赛马、彩票。其中以幸运博彩最盛，赛狗为次。幸运博彩由澳门旅游娱乐有限公司专营。

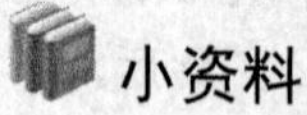

小资料

澳门的博彩业

澳门向有“赌埠”之称，博彩业在澳门历史悠久，已有 150 多年历史。早年最盛行的赌博是番摊与牌九，到了 20 世纪，西方博彩游戏传入澳门，融合本土的赌法，才形成一个多元的博彩架构。澳门现为世界三大赌城之一，被称为“东方蒙特卡罗”。

澳门起初也是禁赌的，但后来澳葡当局为解贸易急剧衰落、收入拮据之窘，实行公开招商设赌，向赌场征收“赌饷”，以开赌抽饷来增加收入。

1847 年，澳门政府颁布法令，宣告赌博业合法化，揭开了赌业合法化的序幕，但当时并没有专营的赌场。20 世纪 30 年代以后，澳门的博彩业改由政府与娱乐公司签订合约，实行专利经营。经营者必须向政府缴纳赌饷——博彩税，依约经营。

1961 年 2 月，葡萄牙海外部根据澳门当局的建议，批准在澳门正式开设博彩旅游业。

澳门的博彩业有三大特点：其一，赌场众多，以葡京娱乐最具代表性；其二，赌法多样，中西结合，融汇古今，能迎合不同赌客的偏好；其三，赌场还能为赌客提供诸如典当、餐饮、其他娱乐等服务。

从 20 世纪 80 年代末到现在，博彩旅游业在本地生产总值中的比重超过出口加工业，成为澳门的第一大产业。博彩业不仅带动了澳门整个经济的发展，而且在澳门经济中扮演着越来越重要的角色。

首先，它是澳门财政收入的主要来源，几乎占到政府财政收入的一半；其次，它为澳门的基础设施建设和社会公益事业提供资助，一定程度上减轻了政府的开支负担，如向公共房屋、公共医疗等社会福利事业拨款，资助文化艺术活动，兴办教育事业等。最后，它还直接或间接地提供了大量的就业机会，据不完全统计，博彩旅游及相关行业吸纳的就业人口占澳门就业总人口的 1/4。每年到澳门的数万港客和外籍游客大都是被“博彩”吸引而来，可以说博彩业给澳门带来了特有的繁荣。

目前，澳门博彩业仍属专利经营性质，由政府开设。由于澳门以博彩旅游为主要经济支柱的现状是历史形成的，博彩业在澳门已有相当的基础，因此在今后相当长的历史时期内还将是澳门税收的重要来源。根据澳门基本法规定：“澳门特别行政区根据本地整体利益自行制定旅游娱乐业的政策”，博彩业对今后澳门经济的发展还会有一定作用。

3．对外贸易

澳门实行自由港和自由经济政策，是高度外向经济。澳门与 100 多个国家和地区有贸易关系。

4．货币

澳门官方货币单位是澳门元，钞票面额计有拾元、贰拾元、伍拾元、壹百元、伍百元及壹千元 5 种。辅币则有壹毫、贰毫、伍毫、壹元及伍元 5 种。

在澳门售卖的货品和所提供的服务收费一律以澳门币计算，但也可使用港币或其他流通外币支付，兑换率按市场浮动汇率而订定。

本地或外地货币可自由进出境，数量不限。此外，信用卡也可以在澳门部分商店使用。

（五）文化

1．著名学府

澳门大学是澳门唯一的大学，占地 10 万 m^2，内设本科学院、预科学院、理工学院和澳门研究所。研究院和公开学院也在校内。研究院招收在职兼读人员，设工商管理、文学院和社会科学院，学生在教授指导下攻读硕士学位课程，学生大量来自香港。澳门研究所是研究澳门问题的专门机构，下设经济、政治行政、法律、教育、语言、历史文化、哲学宗教、环境科学等研究室，并设有顾问咨询服务中心，为社会提供顾问咨询。该所有学术刊物《澳门研究》。

2．新闻媒介

澳门地小人少，新闻传播却较发达。有近 20 家报纸和许多刊物。报刊有中文和葡文两种，主要有《澳门日报》（中文）、《澳门人报》（葡文）等。

广播电台有 2 个：澳门电台和绿屯电台。电视台有 1 家。

（六）习俗

1. 物质习俗

澳门居民中，华人占绝大多数，因此保存着华人的民俗风情。其姓氏称谓、婚丧礼仪、宗教信仰、节令时尚等基本与广东相似。

澳门是一个饮食文化比较发达的城市。目前全澳门约有300多家较具规模的酒楼、饭店和西餐厅。海鲜火锅店、中西快餐店也很普遍。几条主要马路旁的小街和巷子里，大排档、小食铺、甜食店、小吃摊比比皆是。

澳门华人社会有传统的饮食习惯。老一辈人及经商人士早餐以饮早茶为主，他们利用早茶时间来读报纸、交朋会友、联络感情。午餐、晚餐以米饭为主。午餐菜较为简单。有的人因工作地点路途太远，来不及返家，就以盒饭充饥。不少人特别是商人一般到酒楼餐厅饮午茶吃便饭，同时也利用午餐应酬交际。晚餐则为一般家庭所重视，菜肴丰富，肉类必不可少。广东人习惯经常煲汤，以增加营养。当然要应酬的人，晚餐也在酒楼食肆解决。华人多对西餐兴趣不大，偶一为之，但澳门西餐厅及咖啡厅不少。粥粉面食也是华人喜爱的食品。

澳门的中国餐馆以粤菜为主，但也可吃到内地其他地方的风味菜，如北京、四川、上海等地的菜肴。葡京大酒店的“四五六餐厅”和富豪大酒楼的“上海餐厅”、观音堂附近的“夜上海饭馆”，在澳门都是较有名的餐厅。

高档一点的粤菜馆，烹饪水平都很高，无论是菜肴、汤类还是点心，做工很精细，色香味俱佳。粤式烤乳猪是一道名菜。粤菜中的汤十分讲究，最有名的是鸡煲鱼翅汤，这道汤要煲3小时以上，味道鲜美无比。粤菜中没有鱼不成席，其中以石斑鱼、青斑鱼最为著名，这道菜一般都是清蒸，不是鲜活的鱼不上桌。饭后的甜食和点心也做得非常精美可口。如果在中午去粤菜馆饮茶，你不必去太高档的饭店，一般的饭店也起码有几十种点心供你选择，价廉物美。

澳门的西餐厅以葡国菜为主，葡国菜又分为正宗葡国菜和澳门式葡国菜两种。

小资料

澳门的葡国菜

澳门作为葡萄牙的殖民地，殖民历史有400多年，因而论起“吃在澳门”，不得不提葡国菜。

澳门的葡国菜又分正宗葡国菜和澳门葡国菜两种。这是因为当初葡萄牙殖民者来到澳门后，渴望吃到家乡菜，这在当时的条件下是做不到的，如果把做葡国菜的原料用船由葡萄牙运到澳门，限于落后的保鲜技术，有的东西可能在半途上就烂掉了。为解决这个问题，厨师便设法用替代品，如用椰子汁代替新鲜牛奶、用土产香肠代替葡萄牙香肠等，并结合葡萄牙、印度、马来西亚及中国广东菜肴的烹饪技术中的精华，创制出“澳门葡国菜”。

澳门著名的葡国菜有不少，如“葡国鸡”，其做法是将鸡、土豆、洋葱、鸡蛋、西红柿配以咖喱粉烩制而成；又如“马介鱼”（葡萄牙人最爱吃的一种咸鱼），这种咸鱼煎、烤、焖、烧均美味可口。由于澳门葡国菜味道好且价格适中，所以澳门的许多葡国菜馆生意兴隆。食客中除本地人外，不少是外地游客。为保留葡国饮食文化特色，澳门的葡国菜馆大都采用葡式装饰，有的甚至照搬葡萄牙乡村酒店的格调，显得粗犷、古朴，以吸引食客。

虽然澳门的饮食菜馆以经营澳门葡国菜为多，但想品尝正宗的葡国菜也不成问题。澳门有专营正宗葡国菜的餐馆。著名的正宗葡国菜有清菜汤、红豆猪手、烩牛尾或牛胸等。这类专营正宗葡国菜的餐馆大多装饰考究，如位于南湾大马路的“澳门陆军俱乐部”、西湾的“景峰酒店”等，都是由葡萄牙古老建筑改建而成的，食客中以葡萄牙人或土生葡萄牙人为多见。到澳门旅游，要品尝一下葡国菜才算不虚此行。

在澳门还可以吃到亚洲各国的菜肴，如日本、韩国、越南、新加坡、马来西亚、泰国、印度等风味美食。其中泰国菜馆的生意较好。泰国菜中以咖喱蟹、汁烧鱼、菠萝饭最有名，风味特殊。尽管价格并不便宜，但食客不少。

澳门住宅等建筑为中西结合、华洋共处的形态。中式住宅多为平房式大堂，前有门廊，次为天阶，中有客厅，后有神位。西式住宅多为楼房，有走廊，四面开窗，门楣多呈圆拱形，红墙粉瓦，别有情致。政府机构建筑不论样式如何，都以红白二色装饰外墙和门窗廊柱。澳门开埠远早于香港，而城市现代化却远落其后，矮楼洋房仍占主体，具有中世纪葡国风采。

2. 重要节日

澳门人非常重视年节。除了在春节、元宵节、端午节、中秋节这些传统节日里要好好庆贺一番之外，也热衷于过一些祭祀神鬼的节日。如二月二的“土地诞”、三月二十三的“天后诞”、五月十三的“关公诞”、六月十九的“观音诞”等。节日虽多，但绝不马虎，每个节日都会有一些特别的传统仪式或庆祝活动。

（1）春节。在澳门，农历新年是澳门最为热闹和隆重的节日，除了大扫除、祭灶、贴春联、吃团圆年夜饭、守岁等一些传统的习俗仍保留下来外，在除夕之夜，全家一起逛年宵花市。赏花购花，是近百年来澳门除夕夜特有的节目和习俗。花市上，人如潮，花如海，一派节日的温馨与欢乐。

大年初一开始，人们就忙着拜年了。与内地相比，澳门拜年之风更甚，不仅亲友之间要相互拜年，许多人还要参加由社团或同乡会举办的各种各样的“团拜”。虽“拜”得辛苦，也乐在其中。

（2）浴佛节。每年四月初八，节前一天，澳门所有渔行都休息，举行“舞醉龙”大会。所舞之龙很特别，只有木制的龙头和龙尾两截。舞龙前，表演者要喝许多酒，几近醉了，才乘着酒兴，舞弄起来。舞者脚步踉跄，龙头、龙尾上下翻滚，妙趣横生，远望犹如一条醉龙。

（3）贾梅士日。每年的 6 月 10 日是驻澳葡萄牙的传统节日。在这一天，葡裔人士来到白鸽巢公园纪念葡国著名诗人贾梅士。因此，这一天被称为“贾梅士日”。传说 400 多年前，贾梅士曾在此园的石洞里隐居，并写下不朽诗篇《葡国魂》。

（4）国庆节。国庆节是澳门最隆重的节日，而与其有关的公众假期则有 4 天之多。10 月 1 日，是中华人民共和国的国庆，当然也是澳门华人的盛大节日，多姿多彩的庆祝活动要持续数日。

此外，西洋人的思亲节、父亲节、母亲节和圣诞节，以及国际上广为流行的“三八”妇女节、“六一”儿童节，在澳门都是深受欢迎的日子。澳门是一个多节日的城市，也是一个中西文化交融的典范。

3. 礼仪与禁忌

西方礼仪与广东地方民俗对澳门都有很大影响。此外无其他特殊的礼仪与禁忌。但澳门的婚礼比较独特。

澳门传统的婚嫁习俗很独特。过去，新娘子出嫁都要头戴凤冠，身穿一套白色的唐装衫裤做内衣，外面再穿上红衫绿裙（文武双全之意），由他人背上花轿。当花轿到达新郎家门口时，新郎先要踢门，然后才打开轿门，并用折扇在新娘头上敲一下，表示进门之后要听话。水上新娘出嫁，习俗又不同。婚礼晚上举行，新郎是用一只小船去接新娘。新娘到了男家的船上，只能穿袜子，不能穿鞋，以免把男家“踩低”。

三、名胜古迹

（一）大三巴牌坊

澳门有很多天主教堂，其中建造年代最久远、最著名的是圣保禄教堂。圣保禄教堂于 1602 年奠基，1637 年落成，教堂在欧洲巴洛克式建筑中融入了东方建筑的某些特点。当时，该教堂在华南一带非常著名，许多外国传教士都来这里研修教义，学习中国文化，同时把西方文化带到东方来。教堂曾经历过 3 次火灾，但屡焚屡建，直到 1835 年 1 月 26 日的最后一场大火，吞噬了整座建筑物，只留下一堵门壁，因形状似中国的牌坊而被当地人称为大三巴牌坊。大三巴牌坊是澳门标志之一，“三巴圣迹”也是澳门八景之一。整座牌坊的雕刻和镶嵌非常精细，融合了东西方建筑艺术的精华，是一个中西文化交融的艺术品。

（二）妈祖阁

妈祖阁又称妈阁庙，与普济禅院、莲峰庙并称为澳门三大禅院，且为三大禅院之首，也是澳门著名的东方式庙宇之一。妈阁庙，又名正觉禅林、海觉寺、妈祖庙、天后庙，位于澳门半岛南端妈祖山下，始建于明朝弘治元年（1488 年），至今已有 500 多年历史，是为纪念被信众尊奉为海上保护女神的天后娘娘而建。

“妈祖”在福建话里是“母亲”的意思。“妈祖”姓林名默，宋朝福建莆田人，自幼聪颖，据传说得老道秘传法术，能通神，经常在海上搭救遇难船只，“升天”后仍屡次在海上显灵，救助遇难的人。人们感其恩德，尊为护航海神，历代王朝也多次封谥，明朝时晋封为“天后”。

妈阁庙背山面海，沿崖而筑，周围古木参天；庙门口有一对石狮，雕工精美，形态逼真，传说是 300 年前清人的杰作；庙内花木错落，岩石纵横，景色清幽，由大殿、石殿、弘仁殿、观音阁 4 座建筑物组成，它们之间用石阶和曲径相通，曲径两旁的岩石上有历代名流政要或文人骚客题写的摩崖石刻。

妈阁庙平时香火不绝，每年农历除夕和农历三月二十三日天后神诞，香火更甚。四方香客云集于此，上香拜祀，叩首祈福，并举行丰富多彩的节目助兴。这时妈阁庙上紫烟弥漫，一派祥和，这就是澳门八景之一的“妈阁紫烟”。

妈祖现在已不仅仅是善男信女们崇拜的天后，而且形成了一种国际文化现象——妈祖文化。

（三）大炮台

大炮台又称“大三巴炮台”，与大三巴牌坊相邻近。建筑在澳门市区的一个山冈之上。山冈因建有大炮台，而被澳民称为“炮台山”，它是澳门半岛腹部的制高点。大炮台建于公元 1616 年，建此炮台主要是出于军事目的，既为了有效地控制整个市区，还可以对刚刚兴建的圣保罗教堂起到保护作用。1622 年 6 月，这座大炮台在葡萄牙人与荷兰人的战争中发挥了重大的军事作用。葡萄牙人利用这座炮台以少胜多，不仅取得了战争的胜利，而且巩固了其在澳门的地位。

现在，大炮台已对游人开放，并改为澳门气象台。站在大炮台上往下俯视，但见山下的市区里人群如蚁，络绎不绝，车如流水，往来穿梭；回头再看近处，古木参天，绿荫成片，让人有一种超越历史时空的感觉。

（四）西望洋山

西望洋山山顶建有富丽堂皇的主教府，故又称为主教山。主教府整个建筑玲珑华丽，巧构精饰，与圣母堂连贯相通，雄峙山巅，占尽风光。

西望洋山视景角度极佳，近眺城区、内港、外港和凼仔岛，鳞次栉比的高楼大厦、色彩缤纷的酒店别墅、笔直的通衢大道、色彩斑斓的的士、掠过海面的喷射快速游艇、形状各异的进港船只、凌空飞架的澳凼大桥等，尽收眼底。

（五）东望洋山灯塔

坐落在东望洋山巅圣母雪地殿教堂左边的灯塔，是屹立在远东历史上最古老的灯塔。建于 1864 年，迄今为航行服务已逾 4 万多个黑夜。灯塔高 13m，最初用水火灯发光，后以电灯代替。

（六）普济禅院

普济禅院是澳门著名禅院之一，与妈阁庙、莲峰庙并称为澳门三大禅院，俗称“观音堂”，因院内供奉观音菩萨而得名。禅院创建于明朝末叶天启年间，至今已有 370 多年历史，期间曾重修十多次，至今仍保持其庄严外貌。该禅院是澳门三大古刹中规模最大、历史最久、最具特色的庙宇，也是中国南方少数至今保存得极好的禅宗寺院之一，澳门八景之一的“普济寻幽”指的就是这里。

普济禅院为三进式建筑，首座为大雄宝殿，二进为长寿佛殿，三进为观音殿。大雄宝殿的东西两侧有天后殿、地藏殿、关帝殿、藏经楼等建筑，东侧还有一个后花园，广植花草，茂林修竹，清荫幽寂。整个庙宇巍峨壮观，古朴典雅，构筑精美，庭院广阔，香火旺盛，是港、澳罕见的佛寺建筑群，寺院气氛相当浓郁。

普济禅院收藏的文物十分丰富，收藏有历代众高僧和书画名家的作品。

普济禅院之所以闻名遐迩，除了其历史悠久外，更因它是 1844 年清朝政府与美国签订第一个丧权辱国的中美《望厦条约》所在地。至今禅院后花园内仍保存有签订条约时使用的一张花岗岩圆形石桌和 4 条石凳。1944 年，这里修建了一座碑亭纪念此事，警示后人不忘国耻。

（七）葡京游乐场

葡京游乐场即葡京大酒店，澳门的博彩业以此地最负盛名。葡京大酒店位于澳门半岛南端的南湾之滨，在澳凼大桥附近。葡京大酒店呈圆形，高 10 层，是一座具有葡萄牙风格的建筑物。每间房的外廊呈圆形，从外面看，酒店是由许多硕大的圆形铜钱所组成，这种建筑设计所包含的寓意是金钱不断流入大酒店。从远处望去，葡京大酒店的外观酷似一座特大的鸟笼。所以在澳门，人们又将葡京大酒店戏称为“雀笼”，这个称呼同样包括了一种寓意：人们一旦进入了赌场，就仿佛雀儿钻进笼子里一样，难以脱身。在葡京大酒店的楼顶上还镶嵌着许多华灯，当夜幕降临时，这儿不但丝毫没有黑夜的影子，反而灯光闪烁、五彩缤纷，将附近的建筑物照射得绚丽多彩，熠熠生辉。所以，葡京大酒店的夜景成了澳门独占鳌头的绝佳名胜。

（八）白鸽巢公园

白鸽巢公园是澳门最大的公园之一。园内小山环叠，古木参天，遍植花草，鸟鸣不绝于耳。即使盛夏时节，处身其间，仍是碧绿清凉的世界。园内小径，依山建筑，纵横如八阵图；每日晨昏，不少居民到此晨练和休憩。

白鸽巢公园之名甚有渊源。18世纪中期，在公园未开为公众游憩场之前，此处原为葡籍一富商之寓。此人喜养白鸽，达数百只之多，翱翔天际，景象壮观；栖于檐宇，远观若巢，遂得此名，后辟为公园，沿用其名至今。

园内有一石洞，名为贾梅士洞，洞中立有葡国著名诗人贾梅士铜像。这位生于400多年前的诗人，传说因触犯宫廷官吏，不容于国，被流放至澳，隐居此洞，创作了葡国著名史诗《葡国魂》。

（九）卢氏公园

卢廉若公园是澳门唯一具有苏州园林风韵的名园。园内亭台楼阁，池塘石山，小桥飞瀑，曲径回廊，分布其中。园林美态，有如江南景色，令人陶醉。

【思考与练习】

1. 澳门的地理位置与面积？
2. 澳门的气候类型和特点？对旅游业的影响如何？
3. 澳门的宗教有哪些类型？
4. 澳门区旗、区徽及其含义？
5. 说说澳门的发展简史。
6. 澳门有哪些习俗、节日和礼仪禁忌？
7. 澳门的饮食习俗有哪些特点？
8. 澳门有哪些名胜古迹？

第三节 台 湾 省

关键词语 台湾岛、台湾海峡、澎湖列岛、钓鱼岛、台湾山脉、热带和亚热带季风气候、浊水溪、日月潭、高山族、闽南话、郑成功、“台湾三宝”、台北、高雄、台南、台湾八景、赤嵌楼

一、自然环境特征

（一）位置

台湾位于我国东南海域，地处东经 119°～124°、北纬 21°～25°之间。东临太平洋，南隔巴士海峡与菲律宾群岛相望；北与琉球群岛为邻；西南与祖国大陆的福建省隔海相望，其最近处不到 150km。台湾岛与祖国大陆之间的海域叫台湾海峡，其水深仅 80m 左右。

台湾总面积为 3.6 万 km^2，包括台湾本岛以及澎湖列岛、钓鱼岛、赤尾屿、兰屿、火烧岛和其他附属岛屿共 88 个，为中国的多岛之省。台湾岛是中国最大的岛屿。

（二）地形

1．特点

台湾岛是一个多山的海岛，高山和丘陵约占全岛的 2/3。东部是山脉，中部是过渡的低山丘陵，西部是平原。台湾岛南北长而东西狭。南北最长达 394km、东西最宽为 144km，呈纺锤形。

2．主要地形区

（1）台湾山脉。由中央山脉、玉山等 5 条山脉组成高原状地区，中央山脉偏于本岛东侧，纵贯南北，长达 3 20km，宽 80km，诸主峰均在 3 000m 以上，成为全岛的脊梁和分水岭。区内海拔 3 500m 以上的高峰有 16 座。玉山山脉的主峰玉山，高 3 997m，为台湾第一高峰，也是我国东部地区的最高峰。山顶终年积雪，四周云雾缭绕，银装素裹。阿里山脉山势则比较平缓，主峰大塔山顶部平坦，是著名风景区。山地之中也有不少盆地和狭窄的平原，较大的有宜兰平原，面积 300km^2。

（2）台湾西部平原。台湾西部平原由很多河口三角洲和河流的冲积扇连接而成，是台湾著名的农业区，盛产稻米、甘蔗。

（三）气候

1．气候类型

热带和亚热带季风性气候，终年温暖湿润。台湾的年平均温度，除高山外，大部分地区在 22℃左右，四季和暖。4～11 月是台湾的夏季，即使最热的 7 月份，全省平均气温也只有 28℃左右。12 月～次年 3 月是台湾凉爽的“冬季”，与大陆长江下游的秋天相仿，即使在最冷的 1、2 月，全省温度最低的台北市平均气温也在 15℃左右。而此时台湾南端的恒春一带，平均气温仍在 20℃以上，宛如中国内地北方的初夏。

2. 气候特点

冬无严寒，夏无酷暑，终年湿润。对于台湾长夏无冬的气候特点，清人曾有诗赞云："春盛绿玉荐西瓜，未腊先看柳长芽。地尽日南天气早，梅花才放见荷花。"

（四）河湖

1. 主要河流

（1）浊水溪。浊水溪是台湾第一长河，它发源于中央山脉的合欢山南麓，全长 186km，在台西平原呈扇状水系，西流注入台湾海峡。

（2）淡水溪。淡水溪是台湾第二长河，全长 171km。

2. 主要湖泊

日月潭是台湾最大、也是最有名的湖泊。全潭面积 100km^2，位于南投县阿里山风景区内。北半部形如日轮，南半部形如月钩，故而得名。"双潭秋月"即指日月潭景色，日月潭是台湾著名盛景。1985 年，日月潭还被评选为中国十大风景名胜之一。日月潭的水源来自浊水溪上游，而浊水溪发源于合欢山，故日月潭的源头为合欢山。

（五）资源

台湾是祖国的宝岛，有着得天独厚的各种资源。

（1）森林资源。台湾热量充足，降水丰沛，山地森林资源丰富，从山麓到山顶分布着热带、亚热带、温带、寒温带森林，树种很多。山地多松木、杉木，平地多樟树、楠树。台湾的樟树世界闻名，樟脑产量世界第一。

（2）丰富的农产。台西平原土地肥沃，盛产稻谷和甘蔗。台湾岛四季鲜果不断，香蕉、菠萝驰名中外。

（3）矿产丰富。台湾的地下矿藏多种多样，台湾山脉是金、铜等金属矿的重要产地；西部是煤、石油等资源的主要分布区；北部的火山区有丰富的天然硫磺；岛的周围蕴藏着石油、天然气资源。

（4）海产资源。台湾周围海域有宽广的大陆架和浅海海区，海产资源十分丰富。台湾海峡的鱼类特别多，是我国优良的渔场。西海岸日照充足，沙滩广布，自古就是我国重要的海盐产区，享有"祖国东海盐仓"的美称。

二、人文环境特征

（一）简况

1. 人口

台湾岛上的居民约有 2 289.44 万人（2005 年 7 月）。

2. 民族

汉族人口最多，占97%以上，少数民族以高山族比重最大，高山族约占人口的2%。台湾汉族大多数是福建、广东两省的移民。福建移民占据绝大多数，而且祖籍以福建泉州、漳州两地居多；广东省籍则以梅县、潮州人居多。

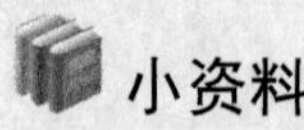

小资料

高山族的民族艺术

高山族是富有艺术天才的民族。文学、歌舞、音乐、雕刻等民族艺术驰名于世。

高山族的民间文学包括歌谣、神话、传说以及故事等，丰富多彩，古拙质朴。歌谣既有反映农耕、渔猎、采集等各种生产活动的歌谣，又有记载部落征战、抗击外侮、捍卫疆土的打仗歌。还有习俗歌，累如贯珠。时政歌，抨击时弊、铿锵有力。歌谣格调清新，音乐优美。高山族的神话内涵丰富，在传承过程中形成了以人祖溯源、洪水与同胞婚配、征服太阳等内容为核心的神话体系。反映了高山族同胞的信仰、愿望、价值观念和艺术修养。此外，还有许多以习俗、杰出人物、“小黑人”、动植物等为题材的传说、故事。

高山族无论是劳动、恋爱还是婚宴、祭祀等活动中，均有歌舞表演，挽手合围，顿足踏歌，摇头闭目，极具特色。雅美人的甩发舞、赛夏人的矮灵祭舞、阿美人的丰收舞等，都具有很高的艺术水平。

高山族历史上有构屋筓居、琴箫挑逗的婚俗，因而常用口琴、鼻箫等乐器吹奏悦耳的旋律。此外还有鼻笛、鼻哨等管乐器；木鼓、木琴、杵臼等打击乐器和弓琴等弦乐器，演奏出来的音乐悦耳动听。

木雕艺术具有太平洋地区原始艺术的独特风格，其中排湾人的木雕最为突出。无论住宅、武器与生活器皿均有雕饰，刀法粗犷，造型古朴。图饰以蹲踞状人像为主题，还有图腾特征的人头、蛇、鹿及几何形纹的组合，追求强烈的色彩对比和夸张的写实手法，藏魂魄于天然，纳灵秀于朴拙。排湾人的木雕饰品为海内外人士所乐于收藏。此外，雅美人的渔船也有别具一格的雕饰，其艺术境界为世人称赞叫绝。

3. 语言

台湾的语言以普通话和闽南话为主，但台湾通用的语言仍是以北京话（普通话）为主，台湾人把它叫做“国语”。

4. 宗教

台湾的宗教活动比较盛行，主要的宗教有佛教、道教、回教、天主教、基督教等。这些宗教大多是16世纪以后传入台湾的。

（1）道教。道教在台湾影响最大。在台湾超过200万人信仰道教。台湾几乎每个村庄都有道教小庙，大的城镇则有众多规模宏伟的道教宫观。

（2）佛教。高雄县的佛光山是台湾佛教中心，是规模宏伟的佛教圣地。

（3）天主教。17世纪传入台湾，19世纪中期广泛传播。目前教徒30万人，天主教在台湾很活跃，他们办教育、卫生和慈善事业。

其他宗教人数少，影响也较小。

（二）简史

台湾自古以来就是中国不可分割的一部分。在中国古代文献里，台湾被称为“蓬莱”、“瀛洲”、“岛夷”、“夷州”、“琉球”等。从三国时代开始，人们便逐渐开拓、经营台湾。元代元世祖，在澎湖首次设立了官府，负责台湾澎湖的事务，隶属泉州同安县。1624年，荷兰殖民者登陆入侵，在台湾实行了38年的殖民统治。几乎与此同时，西班牙人侵占了台湾北部的鸡笼镇（今基隆市），在淡水镇建筑碉堡，即今日的淡水红毛城。1642年，荷兰殖民者北上，击败西班牙，独霸台湾。

1661年，伟大的民族英雄郑成功率士兵，在台南登陆，打败了荷兰殖民者的军队，于1662年2月1日，迫使荷兰人投降，从此，郑成功收复台湾。收复台湾5个月后，郑成功逝世，由其子维持政权，前后达23年。

1683年，福建水师提督施琅奉诏率军跨海，攻克澎湖。台湾重新纳入中央政权的统一管辖之下。次年，台湾设府，隶属于福建台湾厦门道。

1885年，台湾正式升格为省。1894年中日甲午海战爆发，清廷战败，被迫签订丧权辱国的《马关条约》，把台湾、澎湖割让给了日本。

1945年8月15日，日本宣布无条件投降。10月25日，台湾重新回到了祖国母亲的怀抱。然而，令人遗憾的是，1949年，新中国建立后，被中国人民革命推翻的国民党政府逃到台湾。他们依仗着美国等外国势力的扶持和台湾海峡的天险，对抗新中国，使海峡两岸迟迟不能完成统一大业。台湾与祖国大陆又处于分离状态。

（三）经济

1. 发展水平

工业发达，农林资源也比较丰富，人均生活水平较高。

2. 主要部门

台湾工业分布基本上分3个工业区。以台北为中心的北部轻纺工业区，集中了全省工商业总数的1/3以上，资产总值占全省的3/4以上；以高雄为中心的南部重化工业区；以台中为中心的中部工业区。

轻纺工业是台湾发展最早、规模最大和最重要的产业之一，特别是纺织业，被称为台湾的“工业支柱”，曾是台湾最大出口商品源。

电子工业是台湾工业中发展最迅速的部门，其产品有电视机、电子表、录音机、电子游戏机和电子计算机等。

台湾气候温和，雨量多，土地肥沃，农业物产非常丰富，其中水稻、甘蔗和茶叶被誉为“台湾三宝”。台湾稻米驰名中外，曾大量出口。台湾是中国甘蔗集中产区之一，蔗糖产量占世界糖产量的5%。

3．重要财团

台湾重要财团有：

（1）蔡万霖集团。该集团主要从事国泰人寿、国泰建设等金融服务业。

（2）王永庆集团。该集团主要经营塑胶生产及加工，被称为“塑胶大王”。

（3）徐有庠集团。该集团主要经营纺织、百货、水泥等企业，是著名的远东企业集团。

（4）张荣发集团。该集团主要经营海运业。

（5）关进东集团。该集团主要经营纺织业。

（6）辜振甫集团。辜振甫集团又称台湾水泥集团。

4．对外贸易

台湾是外向型经济，对外贸易在台湾经济中占有极为重要的地位。20世纪60年代后台湾实行出口导向政策，逐渐增加工业品出口的比重。

台湾出口产品以纺织、电器、机械器材和一般金属制品、塑料四大类为主，其出口额占台湾出口总值的60%左右。其中在国际市场上具有竞争力，出口曾居第一位的有纺织品、家电产品、自行车、雨伞、鞋类、装饰灯等产品。20世纪90年代以来，电子产品成为第一大出口产业。

台湾的主要贸易伙伴是美国、日本和中国香港地区。

5．货币

台湾的货币是台币，是日本统治时期由台湾银行发行的，1949年6月实行货币改革，发行新台币。现在通行的台币是指新台币。

（四）文化

1．文学

台湾文学有乡土文学与现代文学两个流派。乡土文学几乎贯穿整部台湾新文学史，是台湾文学的主流。

台湾的现代派文学是在20世纪60年代，由夏济安创办《文学杂志》后形成的，著名作家有聂华苓、於梨华、白先勇和王文兴等。其中於梨华的《又见棕榈，又见棕榈》长篇小说曾轰动台湾。王文兴的长篇小说《家变》出版后，被人们称为“台湾一大奇书”，引起广泛而热烈的争论。

琼瑶的通俗言情小说在台湾和大陆有不少青年读者，她的42部长篇小说和一部分中、短篇小说被搬上银幕。

另外，三毛的游记散文也曾在台湾和大陆引起轰动。

2．艺术

台湾电影在20世纪60年代有了迅速的发展，其中60年代的《街头巷尾》、李翰祥导演的黄梅戏影片《梁山伯与祝英台》，70年代的《源》、《原乡人》、《香火》、《汪洋中的一条船》、《小城故事》都是备受观众欢迎的影片。

3．新闻媒介

台湾主要报纸有：

《中央日报》，国民党中央机关报，由国民党“中央宣传部”直辖，1928年2月创刊于上海。

《台湾新生报》，台湾省政府的机关报，1945年10月创刊。它是抗战胜利后国民党在台湾创办的第一家报纸，也是台湾发行历史最久的一家报纸。

《中国时报》，1950年10月创刊。《中国时报》最初是经济性专业报纸，后发展成为台湾综合性大报之一。

《联合报》，1951年创刊。由《全民日报》、《民族日报》、《经济日报》3家民营报纸联合而成，是目前台湾民营报纸中的一家大报。

台湾通讯社共40家，其中“中央通讯社”和“台湾通讯社”是台湾两大综合通讯社。“中央通讯社”在台湾有 8 处分社，在韩国等地有若干分支机构。台湾通讯社侧重地方新闻。

台湾广播事业单位共31家。其中“中央广播电台”于1954年成立。

台湾共有3家电视台：台湾电视公司，成立于1962年4月，周年10月开播；“中国电视公司”，1969年10月成立于台北，侧重古代知识性节目；“中华电视台”，1971年10月创办于台北，由台湾“教育部”和“国际部”合办，侧重文化教育。

（五）习俗

1．物质习俗

台湾人的衣食住行既反映了华夏传统，又反映了时代的变迁及地方特色。

在服饰方面，台湾人穿着打扮和闽粤等地的人有很多相似之处，这是在服饰方面较传统的一面；澎湖列岛妇女的服装式样是最有个性的，带有明显的地方特色。

在饮食风格上，台湾人大都喜吃中餐。其中，具有台湾特色的是食补。

槟榔是台湾的特产，咀嚼槟榔成为台湾人的一大嗜好，尤以台南、高雄、屏东一带的居民为甚。

2. 重要节日

台湾汉族人的岁时节俗，与大陆各省大同小异。最重要的节日有春节、元宵、上巳（清明前三天）、端午、七夕、中秋、重阳、冬至、祭灶和除夕等。台湾人欢度节日的方式，与大陆人也大致相似。如过春节意味着开春，人们互致节日的问候，即拜年；元宵节则要赛灯猜谜；上巳节修禊事；端午节赛龙舟，吃粽子；中秋节，赏明月，分瓜饼；重阳节，登高望远；除夕合家团圆。

台湾的特殊历史背景，使得一些岁时节俗具有特殊性。

台南地区盛行“初七七元，初八团圆”的风俗，在正月初八这一天，回娘家拜年的媳妇必须回婆家团圆。

在台湾，在上巳节那一天扫墓，没有清明节。原来郑成功反复思量清明节的含义，认为是“清在上，明在下”，与反清复明的志向相左，于是下令废除清明节，规定三月初三为扫墓日。

三月十九“太阳公祭”是只有台湾人才过的节日。这一天是明朝崇祯皇帝殉难日，台湾人在郑氏政权统治时期，每于此日向北遥祭崇祯帝。清兵入台以后，不能公开祭祀崇祯皇帝，就托辞祭太阳公，因为“太阳”意味着“大明”。在祭祀时，祭品用面粉做成，并被染成红色，暗喻“朱”姓。

3. 礼仪与禁忌

台湾很多礼仪禁忌与祖国大陆相同，但也有一些特殊禁忌。

禁以甜果赠人。甜果在台湾是指年糕，是台湾过年祭拜神明祖宗时的必备之物。如果将年糕赠送亲友，会使人联想到家里发生丧事。若有人以甜果送人，被送者即使接受，也要象征性地付钱，表示是买的。

禁以鸭子赠人作“月肉”。“月肉”是妇女在分娩后一个月内吃的肉。鸭子性冷，不宜产妇食用。台湾还有“死鸭硬嘴闭”，“七月半鸭仔，不知死期”等俗语。以鸭送人，使人感到有不祥兆头。

禁以手巾赠人。按台湾民间习俗，丧事办完，主人以手巾送给吊丧者，其意是让吊丧者与死者断绝往来。所以有“送巾，断根”之说。

禁以扇子赠人。扇子容易坏，夏季用完，“秋扇见捐”，给人一种实用、绝情的感觉，在台湾有“送扇，无期见”的俗语。恋爱中的青年男女赠送扇子，表示冷淡的意思。

禁以刀剪赠人。刀剪属伤人利器。民间有“一刀两断”、“一剪两断”之说。

禁以雨伞赠人。台语“伞”与“散”同音，若把雨伞送人，犹如与对方有“散”之意。另外台语中“雨”与“给”同音。“雨伞”与“给散”同音，容易引起对方误解。

禁以镜子送人。镜子容易打破，破镜难圆；还容易有一种错觉，让人照照镜子，看看自己丑陋的形象。

禁以钟送人。“钟”与“终”同音。“送钟”会让人联想“送终”的意思。

三、名城与名胜古迹

（一）名城

1. 台北

台北市坐落台湾岛北部，是台湾的政治、经济、文化中心，也是台湾的第一大城市。台北还是一座文化古城，台北的城区是历史官府和文化机关的所在地。

目前台北是台湾高等学府最多的城市。著名的台湾大学是规模最大的综合性大学。

台北是全台湾最大的工商业城市。

台北市的古迹名胜很多，有书院、牌坊和寺庙等建筑，如著名的龙山寺。台北的古建筑大多采用中国宫殿形式，古朴绚丽。此外台北市郊还有著名的北投温泉和风光秀丽的阳明山，花季时游人如织。

2. 高雄

高雄过去叫打狗，位于台湾的西南，扼台湾海峡的南口，是台湾南部的海陆大门，也是台湾的第二大城市。高雄市于 1863 年正式开港。高雄港附近的渔场面积很广，水产养殖业十分发达，是台湾西南最大的渔业基地。

高雄市历史悠久，该市很多地方都曾经是当年郑成功设镇屯兵之地。高雄的名胜很多，旅游之地除高雄港外，还有西子港。西子港在寿山山麓，海岸风景秀丽，浴场宽阔，是良好的避暑场所。

3. 台中

台中市位于台湾西部，现在是台湾第三大城市。市内街道整洁幽雅，被称为台湾最清洁的城市。市中心的中山公园建于清光绪年间，园内花草扶疏，假山宝石，风景秀丽。市内还有宝觉寺，建于 1928 年。台中市附近有城隍庙、乐天宫等古迹，并有著名的温泉瀑布。

4．台南

台南是台湾省最古老的城市，在台北市作为省城之前，一直是台湾的首府，历时达 200 多年。其文物古迹数量之多，为台湾之冠。仅佛寺、庙堂就达 200 多座。名胜古迹主要有赤嵌楼、安平古堡、开元寺等。

（二）名胜古迹

1．台湾八景

1953 年，台湾评选出八大景点：日月潭、玉山积雪、阿里云海、大屯春色、安平夕照、清水断崖、鲁阁幽峡、澎湖渔火。

（1）日月潭。日月潭位于白湾中部南投县，是台湾最大的天然湖泊。它是玉山和阿里山间的断裂盆地。北半湖形同日轮，南半湖细长，形状似上弦之月，故被清代一官吏命名为"日月潭"。日月潭四周青山环绕，潭内碧波荡漾，水清似镜。

（2）玉山积雪。玉山主峰位于南投、高雄、嘉义三县交界处，中央山脉以西。玉山主峰高达 3 997m，是台湾群山的最高点，有"台湾屋脊"之称，玉山因山高谷深，地势险峻，不易遭到人为的破坏，原始动植物资源相当丰富。玉山山巅终年积雪，白如玉雕，云雾澎湃，惊险万状。登高远眺，太平洋风光尽收眼底；回望台湾海峡，天气晴朗时，可隐约看见大陆的景象。

（3）安平夕照。安平城位于台南市安平区。安平古堡是此处最为人们向往、也是最值得凭吊的古迹。它是明朝天启四年（1624 年）荷兰侵略者所建的热兰遮城残留的城垣遗迹。郑成功攻克热兰遮城后，设置王府于此，因他怀念家乡安平，遂称此为安平县。堡前空地上立有一石碑，上写"安平古堡"4 个字。堡上有郑成功陈列馆，馆内有荷兰人所建热兰遮城原始模型，两旁陈列着郑成幼的墨宝和与郑氏有关的史迹资料。

小资料

郑成功收复台湾

郑成功（1624—1662）是福建南安县人，他自幼善于思考，英勇有为。父亲郑芝龙是明末福建总兵官。他的少年时代正处于中国明朝末年的大动乱时期，所以，救国救民的思想在他心里打下了深深的烙印。

荷兰殖民者于 1624 年侵占了台湾，对台湾人民进行了长达 38 年殖民统治与掠夺，台湾人民灾难深重，盼望祖国收复台湾。1661 年 4 月郑成功披甲执剑，率领大军浩浩荡荡从金门扬帆出发，凌波越海去收复台湾。

郑成功率兵 25 000 人、战舰近 500 艘，从金门料罗湾出航，经澎湖直抵台湾西海岸，在台湾人民的支持下，经过9个月激战，击败荷兰殖民者，迫使荷兰侵略者挂起了白旗投降，被侵占了38年之久的台湾，终于回到了祖国的怀抱，完成了收复祖国宝岛台湾的民族伟业。300多年来，郑成功的爱国主义精神一直备受海峡两岸人民的爱戴。

郑成功收复台湾后，首先废除了荷兰殖民者的残酷剥削，并把荷兰人所筑的赤嵌城改为承天府，把台湾改称东都。开辟田园，从事生产，设立学校，发展文化，使台湾的经济文化得到迅速的发展。

郑成功收复台湾5个月后，因戎马倥偬，操劳成疾，不幸逝世，时年只有38岁。

（4）清水断崖。位于台湾东部海岸，花莲县城东北，是太平洋西岸著名的大海崖区。断崖高出海面800m，凌霄壁立、睥睨狂澜，是世界罕见的奇景。断崖腰部筑有公路，车行其间，如空隙而过。凭崖远眺，碧波起伏；仰视悬崖杂错，山石凌空；俯看骇浪惊涛，海涛撞崖，飞溅数丈，惊心动魄。

（5）鲁阁幽峡。鲁阁幽峡是台湾东部花莲县北立雾溪和大峡谷的总称，是台湾最为雄伟险峻的风景区。由太鲁阁到天祥之间的20多千米的大峡谷，由结晶石灰岩形成，景色最为壮观，被称为“天下绝景”。其中大断崖山南侧的断崖高达千米，尤为山峡地形所罕见。这里绝壁千仞，怪石嶙峋。峡谷中可见飞瀑、古木、深洞、温泉。鲁阁山峡在台湾风景中独具特色，闻名全省。

（6）澎湖渔火。澎湖列岛位于台湾西南。据史书记载，澎湖开发比台湾本岛为早，是初期大陆移民到台湾的踏脚石，故有“台湾海峡之键”的称呼。因澎湖位于寒暖流交汇处，鱼类特别多，加上各岛海岸线曲折，可开辟渔场，所以居民大多是“以海为田，认舟为家”，“澎湖渔火”之美景早已闻名遐迩。每当夕阳西下，海帆纷归，炊烟与雾霭共升；深夜时分，万点渔火流动，明灭闪烁，与天上星斗上下相映，极富诗情画意。

（7）阿里云海。阿里山位于嘉义市东北，是阿里山脉中心群峰的总称，是驰名中外的风景区。它有森林、云海、樱花三大奇观。阿里山古木参天，是台湾著名的天然森林区，有台湾“森林宝库”之称。有一株被称为“神木”的老红松，高35m，有3 000多年的树龄。苍茫的云海更是气象万千，可与黄山云海媲美。阿里山山间气候温和，即使在盛夏，也远胜北国凉秋，加上风景瑰丽，林木葱郁，是台湾最佳的避暑胜地之一。每当春暖花开之时，阿里山遍布洁白的或粉红的樱花。台湾同胞赞美阿里山美景时说：“不上阿里山，不知台湾的美丽，不识台湾的宝藏。”

（8）大屯春色。大屯山是台湾最著名的火山区，位于台北市北郊和台北县境内。火山区海拔逾 1 000m 的山峰有 39 座。大屯山海拔为 1 087m。大屯山火山口直径 360m，深 60m，雨季积水成湖，旧有“天池”之称。大屯春天绿树繁花，美不胜收。大屯山与北投温泉、阳明山联成台湾北部著名风景区和游览中心，也是避暑胜地之一。

2．赤嵌楼

赤嵌楼位于台南市，是一座富有民族风格的建筑，是游客到台南的必游之地。

赤嵌楼原为荷兰人窃踞台湾后，于明永历年间建起的海上城堡，当地人称之为红毛楼。因其墙砖为红色，故又称赤嵌楼。1661 年，郑成功攻入台湾，以此楼为指挥部，征讨荷兰侵略军，收复台湾全部失地。从此，赤嵌楼成为具有历史意义的名胜古迹。清同治元年（1862 年）该楼毁于大地震，光绪年间在废墟上建文昌阁、海神庙等，即今日的赤嵌楼。楼内陈列着荷兰人的投降书，以及郑成功与荷军作战的海图等珍贵历史资料。城楼下排列着 9 座巨大石碑，为清乾隆皇帝所赐，上刻乾隆亲撰的碑文。赤嵌楼上，尚有巨炮及瞭望台的遗迹。楼前广场中心建有郑成功接受荷军献降书的群像雕塑。

赤嵌楼濒临大海，红色的砖墙在夕阳的西照下，如吐红霞，与海水波光辉映，景色更加艳丽，此景人称“赤嵌夕照”。

【思考与练习】

1．台湾位置、面积和所辖范围？

2．台湾的地形特点和主要地形区？

3．为什么说台湾是祖国的宝岛？其主要物产有哪些？

4．简述台湾发展简史，为什么说台湾自古以来就是中国不可分割的一部分？

5．台湾的“工业支柱”和“台湾三宝”各指什么？

6．台湾的岁时节俗有哪些特殊性？

7．台湾人送礼方面的特殊禁忌有哪些？

8．台湾有哪些著名的城市和名胜古迹？

9．简述台湾八景。

参 考 文 献

[1] 王兴斌．中国旅游客源国/地区概况[M]．北京：旅游教育出版社，2003．

[2] 东方出版中心编写组．世界地理概览[M]．上海：东方出版中心，1997．

[3] 韩杰．现代世界旅游地理学[M]．青岛：青岛出版社，1997．

[4] 王成家．各国概况[M]．北京：世界知识出版社，2002．

[5] 顾云深．世界文化史[M]．杭州：浙江人民出版社，1999．

[6] 李树藩，王德林．最新各国概况[M]．长春：长春出版社，1997．

[7] 佟玉华，张建国．百国/地区礼俗与食俗[M]．北京：中国商业出版社，1993．

[8] 柴本源，黄祥康，方芳．旅游地理学[M]．上海：上海人民出版社，1997．

[9] 张绪明，李树藩．走遍世界丛书[M]．长春：长春出版社，1995．

[10] 李清华，李晓晖．袖珍百科/世界风景名胜纵览[M]．北京：改革出版社，1997．